Краще, ніж одному
Теологія самотності

Валерія Чорнобай і Вікторія Гриценко

УДК 27-426:159.923
Ч75

Ч75 Чорнобай В., Гриценко В.
Краще, ніж одному. Теологія самотності. — Рівне : ПП «Формат-А», 2024. — 220 с.

ISBN 978 178 641 2669

Книга дає читачеві біблійний, а не просто філософський погляд на самотність. Розглядаючи п'ять типів самотності — соціальний, емоційний, культурний, екзистенційний і духовний, авторки пропонують опитувальник, щоб виміряти та визначити тип самотності, з яким бореться людина. Також у книзі з'ясовано найвагоміші причини самотності та найефективніші шляхи її подолання через відновлену ідентичність у Христі.

У книзі розкрито, як християнська церква розуміла та практикувала безшлюбність і одиночне проживання, а також як вони пов'язані із самотністю. Вона допомагає замислитися над тим, як сучасній церкві стати кращим місцем для тих, хто не перебуває у шлюбі.

Книга розрахована на широке коло читачів: пасторів, душеопікунів, консультантів, соціальних працівників та всіх тих, хто працює з людьми.

УДК 27-426:159.923

Originally published in English under the title *Better than One. A Biblical View of Loneliness*. This Ukrainian edition is translated and published with permission from Langham Publishing.

Вперше видано англійською мовою під назвою *Better than One. A Biblical View of Loneliness*. Українське видання перекладено та опубліковано з дозволу видавництва Langham Publishing.

ISBN 978 178 641 2669

© 2023 Langham Partnership
© 2024 Східноєвропейський інститут теології

Протягом останніх кількох десятиліть я з захопленням і радістю спостерігав за появою покоління дуже обдарованих українських євангельських богословів і мислителів-практиків. Ця книга написана зсередини їхнього контексту і є плодом ретельного вивчення та аналізу, а також понад десяти років співпраці з пасторами. Вона підносить двох авторів до числа провідних українських євангельських мислителів, у яких ми можемо повчитися, адже проблема самотності не обмежується лише їхнім слов'янським світом.

Стівен Дрей, доктор філософії
Член виконавчого комітету Співтовариства
європейських євангельських богословів
Баптистський служитель (у відставці), Великобританія

У наш час, коли постійний доступ до інших людей став простішим, ніж будь-коли, рівень самотності продовжує зростати. «Краще, ніж одному» допоможе вам проаналізувати та зрозуміти самотність незалежно від того, чи ви самотні, чи одружені. Це глибоке дослідження відкриє вам очі на самотність із погляду Біблії, історії та філософії. Цей цінний ресурс як для одружених, так і для неодружених християн допоможе зрозуміти самотність та дізнатися, як впоратися з нею.

Маріон Джонгкінд
Психолог

Ця чудово глибоко продумана книга об'єднує весь спектр філософських і богословських міркувань щодо концепції самотності як частини людського існування. Читання розділів про те, що таке самотність і як вона осмислювалася протягом тисячоліть філософією, психологією та соціологією, залишає нас із сильним усвідомленням того, що означає для нас бути людиною у світі, індивідуально та колективно. Який би тип самотності ми не переживали, ми самі повинні шукати і знаходити сенс нашого зв'язку та спілкування у стосунках з іншими, із собою та з вищим духовним існуванням. Іноді стан повної самотності відчувається дуже болісно, проте лише зіткнувшись із болем і зносячи його, ми знаходимо свою найглибшу сутність. Ця книга стане глибоким джерелом розуміння та втіхи для християнина у його стосунках із Богом. Вона також матиме велике значення для кожного, хто особисто чи науково прагне поглибити розуміння не лише існування, а й зцілення і зростання через самотність.

Саллі Кендалл, доктор філософії
Професор громадської медсестринської справи та охорони здоров'я
Університет Кента, Великобританія

Ця добре написана та інформативна праця стане вельми корисним інструментом для окремих людей, родин і церков, аби глибоко осмислити різні види самотності, що можуть впливати на життя людей. Це надзвичайно своєчасна книга в добу, коли стосунки між людьми стають дедалі більш відчуженими.

Стефан Лістон
Пастор
Церква одкровення, Лондон, Великобританія

«Краще, ніж одному» пропонує ґрунтовне богословське та психологічне дослідження самотності, яке матиме вирішальне значення в моєму власному контексті України та будь-якому іншому контексті, позначеному війною. Валерія Чорнобай і Вікторія Гриценко вивчають такі питання, як втрата близьких, страждання та біль, а також порушення ідентичності, зіпсуті та розірвані стосунки. Написана з української перспективи, ця чудова книга допоможе християнам у різних регіонах світу нести власні й чужі тягарі.

Ольга Марчак (Дятлик)
Директор регіональної освітньої платформи
Overseas Council-United World Mission

Ми були створені у стосунках, через стосунки і для стосунків. Однак у сьогоднішній постковідній реальності ізоляція та самотність, яка її супроводжує, спричинили справжнє цунамі загроз психічному, емоційному та соціальному здоров'ю в усьому світі. Своєчасне видання книги «Краще, ніж одному» пропонує ґрунтовно досліджений і дуже потрібний ресурс з цієї вкрай важливої теми. Читачі знайдуть на її сторінках послання біблійної надії та практичної допомоги, а також шлях до глибших і змістовніших стосунків з іншими.

Ерік Скаліс, доктор філософії
Старший віцепрезидент і директор зі стратегії розвитку служіння
«Надія для серця» (Hope for the Heart)

Зміст

Вступ 5

Частина 1. Богослов'я самотності

Розділ 1. **П'ять типів самотності: емоційна, соціальна, культурна, екзистенційна і духовна** 9
    1.1. Теорія прив'язаності для пояснення
        емоційної самотності 13
    1.2. Теорія прив'язаності для пояснення
        духовної самотності 15
    1.3. Типи самотності 17
    1.4. На що схожа самотність і чим вона не є 22
        Висновки до першого розділу 27

Розділ 2. **Бог не самотній. Чому ми маємо бути?** 29
    2.1. Реляційна природа Бога 29
    2.2. Реляційна природа людини 33
        Висновки до другого розділу 37

Розділ 3. **Біблійні оповіді про самотність** 41
    3.1. Самотність гріха: духовна самотність як результат
        гріхопадіння та соціальна ізоляція Каїна 41
    3.2. Самотність вибраних: культурна самотність
        народу Божого та служителів Бога 45
    3.3. Соціальна самотність у Книзі Еклезіаста 50
    3.4. Самотність зруйнованої близькості:
        емоційна самотність Осії 53
    3.5. Самотність порожнечі:
        екзистенційна самотність Еклезіаста 56
    3.6. Самотність страждання та втрати:
        екзистенційна самотність Йова 58
    3.7. Самотність Месії: багатоликість самотності Христа.
        Пекло як крайня форма духовної самотності ... 61
        Висновки до третього розділу 68

Частина 2. Біблійні підходи до подолання самотності

Розділ 1. **Причини і фактори самотності** 73
    1.1. Соціальні фактори самотності 73

	1.2.	Психологічні причини соціальної, емоційної, екзистенційної та культурної самотності 77
		Психологічні причини соціальної самотності 77
		Психологічні причини емоційної самотності 80
		Психологічні причини екзистенційної самотності 81
		Психологічні причини культурної самотності 88
	1.3.	Причини і фактори духовної самотності 91
Розділ 2.	**Ефективні стратегії подолання самотності** 99
	2.1.	Стратегії подолання емоційної самотності 108
	2.2.	Стратегії подолання соціальної самотності 116
	2.3.	Стратегії подолання культурної самотності 118
	2.4.	Стратегії подолання духовної самотності 120
	2.5.	Стратегії подолання екзистенційної самотності ... 125
		Висновки до другого розділу 130

Частина 3. Самотність і безшлюбність: слов'янський християнський контекст

Розділ 1.	**Безшлюбність у Святому Письмі** 135
	1.1.	Значення основних понять 135
	1.2.	Старозаповітний погляд на безшлюбність і цноту 137
	1.3.	Безшлюбність і цнота у Новому Заповіті 140
		Висновки до першого розділу 145
Розділ 2.	**Безшлюбність християн в історії церкви** 149
	2.1.	Генеза традиції 149
	2.2.	Причини популярності безшлюбності серед перших християн 155
		Висновки до другого розділу 159
Розділ 3.	**Безшлюбність у житті сучасних християн** 161
	3.1.	Причини безшлюбності 161
	3.2.	Виклики, з якими стикаються неодружені християни та біблійна відповідь на них 170
	3.3.	Одиночне проживання і зв'язок безшлюбності з самотністю 181
		Висновки до третього розділу 185

Висновки 187

Додаток 1. Визначення типу й рівня самотності 189

Анкета стосунків (RQ) 198

Бібліографія 201

Подяки 215

ВСТУП

Цю книгу ми пишемо на прохання багатьох християн, які або самі страждають від самотності, або знають інших, що переживають подібне, і бажають їм допомогти. Книга стала результатом понад десятирічних досліджень теми самотності ще від часів мого (Валерії) навчання в магістратурі духовної семінарії. Усе почалося з того, що, спілкуючись із багатьма віруючими з різних християнських деномінацій, я замислювалася, чому деякі з них, будучи приблизно в однакових життєвих обставинах (наприклад, не перебуваючи у шлюбі) та маючи, як мені здавалося, загальну «християнську систему цінностей», страждають від самотності, а інші — зовсім не почуваються самотніми і навіть не розуміють, про що йдеться. Мені стало цікаво, чи залежить це відчуття самотності від зовнішніх обставин і подій у житті людини (наприклад, розрив стосунків або смерть когось із подружжя), чи воно більшою мірою викликане внутрішніми суб'єктивними факторами та уявленнями людини про себе? І як такі соціальні фактори як сімейний стан та економічне забезпечення людини впливають на переживання нею самотності, якщо взагалі впливають? Чи все навпаки: якесь внутрішнє невичерпне переживання своєї самотності впливає на здатність людини формувати стосунки та врешті-решт на її соціальний статус і душевне благополуччя? Також мене хвилювало питання, чи можуть наші релігійні уявлення якось стосуватися переживання самотності? Як мені видавалося (або хотілося так вірити), християнська віра мала б якщо не нівелювати повністю, то хоча б пом'якшити переживання самотності серед християн.

Звісно, в процесі роздумів і досліджень цієї теми виникла потреба відповісти на питання, *що таке* взагалі самотність. Це лише емоція, почуття, що залежить від настрою, тобто щось таке, що приходить і минає? Чи це постійний стан людини на якомусь глибинному рівні, який деякі люди чомусь не відчувають? І, нарешті, чи є самотність якимось чужим, неприємним, хворобливим переживанням, з яким саме тому варто всіляко боротися, чи ж вона є природнім досвідом, так би мовити, дійсністю людського буття, з якою залишається просто змиритися, прийняти чи навіть полюбити її? А, може, самотність за своєю сутністю не є чимось монолітно-єдиним, а подібно до світла, що є як частинкою, так і хвилею одночасно, має цілий спектр відтінків і проявів? І чим самотність відрізняється від усамітнення та ізоляції? Відповідям на ці запитання присвячено першу частину цієї книги. Особливу увагу в ній приділено переосмисленню біблійних наративів, що ілюструють різні аспекти і типи самотності, та аналізу прикладів різних типів самотності на основі Святого Письма.

Незважаючи на наявність у книзі поважної кількості посилань на цитовані джерела та спробу розглянути проблему з усіх боків, щоб побачити зв'язок між різними типами самотності та деякими іншими явищами, що схожі на самотність, але по суті ними не є, незважаючи на те, що все це створює враження «нальоту науковості», ця книга далека від глибоких наукових, всеохопних досліджень і не претендує бути книгою «готових рецептів про те, як позбутися самотності». Це спроба зробити доступними для сприйняття широкого кола читачів результати тих наукових пошуків і досліджень, які провели ми та інші автори. Книгу написали прості християнки для простих християн, які бажають краще зрозуміти те дивне почуття самотності, яке охоплює їх деколи або навіть гризе їх постійно, щоб врешті-решт навчитися краще його долати.

Частина 1

Богослов'я самотності

За останні декілька століть під впливом ідей філософів-матеріалістів багато хто намагався довести людству, що люди — лише потік матерії, інстинктів і безумовних рефлексів, — і досяг у своєму переконуванні чималого успіху, про що красномовно засвідчили дві світові війни минулого століття, сексуальна революція 60-х та суцільне розчарування в релігії, що охопило всю Європу. Незважаючи на це, людина все-таки — істота не лише біологічна, але й соціальна, а з боку християнського світогляду — ще й духовна. Для кожної людської істоти потреба у собі подібному є нормою. З погляду теології людина створена для спілкування та взаємодії з іншими людьми і Богом. Однак дедалі частіше у засобах масової інформації та наукових колах самотність обговорюється як проблема, поширення якої викликає тривогу, особливо серед соціологів, психологів, священнослужителів та усіх тих, хто працює з людьми, їхніми переконаннями та внутрішнім світом. Складається враження, що люди стають щораз більш самотніми. За ключовим словом «loneliness» (самотність) в інтернеті за лічені секунди знайдеться понад 70 мільйонів посилань, що свідчить про актуальність цього запиту.

Цікаво, що деякі люди сприймають самотність позитивно, як щось природне і навіть бажане, тоді як інші — негативно, бо вона завжди для них пов'язана з відчуттям болю і втрати. Думаємо, вся різниця у відповіді на питання: «Що мається на увазі під поняттям "самотність"?». Як нам видається, неможливо дати об'єктивне визначення самотності, виходячи лише із зовнішніх ознак його виникнення, наприклад, зовнішніх обставин чи умов життя людини. Адже є люди, котрі, здавалося б, мають більшу соціальну підтримку, широке соціальне коло спілкування, але які все-таки почуваються жахливо хронічно самотніми. І навпаки, людина може залишитися без належної соціальної підтримки, яка у звичайному розумінні складається з любові, турботи, поваги близьких людей, а також прийняття у соціальній спільноті, однак не лише не страждати від самотності, але й навпаки, — прагнути її. Отже, перший розділ цієї частини присвячено відповіді на питання: чим власне є самотність як явище та від чого залежить відчуття самотності — внутрішніх переконань чи зовнішніх факторів, що впливають на людину, чи від них обох.

Розділ 1

П'ять типів самотності: емоційна, соціальна, культурна, екзистенційна і духовна

Як видно із назви цього розділу, самотність у нашому розумінні — це багатогранний феномен, що здатен виявлятися у різних аспектах стосунків людини із собою, іншими людьми та Богом. Ми думаємо, що самотність буває, щонайменше, п'ятьох основних типів: емоційна, соціальна, культурна, екзистенційна та духовна. Попри те, що в останні пів століття активно виникають і розвиваються різні типології самотності, у свідомості багатьох людей та в літературі за старою звичкою поширена думка про самотність як щось монолітне, просте. Часто її плутають з усамітненням та іншими явищами, що принципово неправильно та лише заплутає. Тому ми почнемо з невеличкого історичного огляду розвитку різних теорій та підходів до вивчення феномену самотності, без якого неможливо визначити його «термінологічні береги». Однак для тих читачів, яким таке заглиблення у нетрі філософських ідей та підходів видається не надто цікавим, пропонуємо «перескочити» безпосередньо до висновків наприкінці цього розділу, щоб довідатися, що саме вважається самотністю загалом та чим її типи відрізняються один від одного.

Отже, ще з часів античності розум філософів захоплював феномен самотності, до якого вони, загалом, ставилися відверто негативно. Наприклад, Арістотель, Цицерон, наголошуючи на соціальній природі людини, однозначно стверджували, що людина — істота, створена для спілкування з іншими, тому самотність суперечить людській природі, а людину, яка вважає себе самодостатньою та не потребує товариства інших, Арістотель вважав кимось на кшталт «звіра чи бога».¹

З погляду середньовічної богословської думки, наприклад, ісихазму,² самотність розглядали як ознаку «хворої, відокремленої від Бога душі».³ Духовне ж одужання вважалося можливим отримати завдяки «єднанню» людини з Богом, «поверненню» до Нього переважно через аскетичне і, як не дивно, — відлюдницьке життя, в усамітненні. Зокрема, Григорій Палама, засновник ісихазму, доводить, що «той, хто прагне … з'єднання з Богом… обирає чернецьке усамітнене проживання та … намагається без суєти і турбот перебувати у неприступному святилищі *ісихії*».⁴ Тут важливо зауважити, що в межах такого підходу розмежовуються поняття самотності та усамітненого відлюдницького проживання як однієї з форм усамітнення, наголошуючи на духовній негативній природі першого та рекреаційній силі останнього.

Для філософії епохи Просвітництва та гуманізму також притаманне беззаперечно негативне ставлення до самотності як до стану, що є протиприродним для людини. У розумінні філософів Джона Лока, Девіда Г'юма самотність була такою самою дикою практикою, як піст чи целібат.⁵ Подібно про самотність мислив і Адам Сміт, наголошуючи на важливості соціалізації для нормального розвитку людини. Він казав, що «усі члени людського суспільства потребують допомоги один одного… Там, де необхідна допомога взаємно надається з любові, вдячності, дружби та поваги, суспільство процвітає і щасливе».⁶

Якщо для античних філософів, християнських богословів-патристів та філософів епохи Просвітництва самотність в основному мала

---

1. Арістотель, *Політика*, пер. з давньогр. та передм. О. Кислюка (Київ: Основи, 2000), 239; див. Марк Туллий Цицерон, *О старости. О дружбе. Об обязанностях*, репринт текста издания 1974 г. (Москва: «Наука», 1993), 197.

2. У східному християнстві чернечий пошук божественної тиші через споглядання Бога.

3. Зважаючи на визнану в колах богословів практику, протягом усієї книги «Бог», «Божественний», «Божество», «Особа» та відповідні займенники, що використовуються стосовно Трійці та Осіб Бога в християнському розумінні, починатимуться з великої літери.

4. Григорий Палама, *Триады в защиту священно-безмолвствующих* (Москва: Канон, 1995), 322. Ісихазм (від грец. ἡσυχία — спокій, мовчання) — давня православна аскетична традиція та духовна практика, в основі якої є усамітнене, пустельницьке чернецтво (на відміну від проживання у спільноті), що протікає у мовчазній молитві.

5. Девід Г'юм, *Трактат про людську природу. Спроба запровадження експериментального методу міркувань про об'єкти моралі*, ред., передмов. Ернста К. Мосснера, перекл. Павла Насади (Київ: Видавничий дім «Всесвіт», 2003), 236.

6. Adam Smith, *Theory of Moral Sentiments*, Sixth Edition (Sao Paulo: MexaLibri, 2006), 77.

негативне забарвлення, то для трансценденталістів самотність, можливо, вперше почала осмислюватися у більш позитивному світлі.[7] Одним із провідних представників трансценденталізму вважають Генрі Торо, який висунув ідею вільного вибору самотності заради активізації творчих сил особистості завдяки наближенню людини до природи та духовного самовдосконалення. Головне призначення самотності в такому розумінні — пробудити можливості, приховані всередині самої людини. Загалом, Генрі Торо вважав, що «людина, яка мислить, завжди самотня. Найчастіше ми буваємо найбільш самотніми серед людей», — пише він.[8] Для Торо самотність не вимірюється відстанню від однієї людини до іншої. Радше, самотність — це відокремленість людини від самої себе через метушливість громадського життя. Отже, самотність розглядається тут крізь призму проблеми відчуження сучасної людини від природи та самої себе. Підкреслимо, однак, що у працях трансценденталістів самотність деколи розуміється як власне ізольованість — негативний хворобливий досвід, а деколи — як усамітнення — стан добровільного перебування наодинці з собою, необхідний для відновлення душевних сил людини.[9]

Для філософії екзистенціалізму самотність має дещо інше тлумачення. Екзистенціалісти бачать корені самотності у самій природі людини, тому що кожна людина унікальна та неповторна, остаточно зрозуміти її інша людина не може, і через це — вона від самого народження «приречена» до самотності.[10] Самотність для Сьорена К'єркегора, одного з найвідоміших богословів-екзистенціалістів, — це замкнений світ внутрішньої самосвідомості людини, до якого не може увійти жодна інша людина, тільки Бог. Самотність у такому розумінні — це певна

---

[7] Трансценденталізм був рухом письменників і філософів у Новій Англії XIX століття, які були слабко пов'язані між собою прихильністю до ідеалістичної системи мислення, заснованої на вірі в істотну єдність усього створеного, вроджену доброту людства, верховенство проникливості над логікою та досвідом для розкриття найглибших істин. Див: «Transcendentalism», *Encyclopedia Britannica*, accessed Dec. 4, 2022, https://www.britannica.com/event/Transcendentalism-American-movement.

[8] Генрі Девід Торо, *Волден, або життя в лісах*; пер. Я. Стріхи (Київ: Темпора, 2020), 432. https://readukrainianbooks.com/page-39-739-volden-abo-zhittja-v-lisah-genri-devid-toro.html.

[9] Хоча, як ми згодом побачимо, самотність та усамітнення — це зовсім різні поняття, які не варто плутати.

[10] Найбільш відомі представники цієї теорії: Микола Бердяєв, Мартін Бубер, Мартін Гайдеґґер, Сьорен К'єркегор, Бен Мюскович, Кларк Мустакас, Жан-Поль Сартр, Володимир Соловйов, Еріх Фромм.

«бездомність» людини в масштабах світу, переживання невлаштованості, «неприкаяності» людського духу у Всесвіті.[11]

Водночас в екзистенціалізмі наголошується ідея корисності самотності. Незважаючи на весь біль і жах самотності, саме завдяки їй людина осмислює свою унікальність та неповторність, тому що самотність є, так би мовити, спеціальним простором для роздумів, де можливо знайти себе, «скласти докупи», де людина має можливість наблизитися до себе і Бога. Мартін Гайдеггер підкреслює цю думку, коли пише, що шлях до пізнання самого себе проходить через самотність.[12]

Така самотність як втеча від світу та суспільства всередину себе, за словами К'єркегора, є ще й «ознакою духовної зрілості людини».[13] Із ним погоджується російський філософ українського походження, представник екзистенційного напряму, Микола Бердяєв, кажучи, що «самотність онтологічно є виявленням журби за Богом… Самотність майже завжди соціальна, бо актуалізується не у відсутності, а лише в присутності „іншого"».[14] Тому, з позиції екзистенціалізму, усвідомлення людиною своєї сутнісної самотності чи окремості є показником глибини її особистості. Микола Бердяєв був одним із перших, хто запровадив поняття так званої пророчої самотності, про яку піде мова далі. Витоки цього типу самотності містяться не в самій людині, а в суспільстві, яке «нав'язує» людині чужі їй стереотипи. Ось тому-то певні люди можуть свідомо опиратися будь-якому ототожненню себе із суспільством, що їх оточує, або групою, тим самим прирікаючи себе на неприйняття, самотність, ізоляцію, а деколи — вигнання.

Хоча самотність — це результат саморефлексії людини, так би мовити, «побічний ефект» її своєрідного пошуку себе, свого місця у Всесвіті, але вона — явище також і соціальне. Тому в кінці XX ст.

---

[11] Jean-Paul Sartre, *Kierkegaard Vivant: Collogue Organise par Unesko a Paris* lu 21–23 April 1964 (Paris, 1966), 27, 108. Див. також: Alexander Dru, ed., transl. *The Journals of Kierkegaard.* (New York: Harper and Raw Publishers, 1958), 134.

[12] Мартин Хайдеггер, *Основные понятия метафизики: мир-конечность-одиночество,* пер. В. В. Бибихина, Л. В. Ахутина, А. П. Шурбелева (Санкт-Петербург: Владимир Даль, 2013), 29. Див. також: Назіп В. Хамітов, *Самотність у людському бутті. Досвід метаантропології,* 2 вид. перероб. та доп. (Київ: КНТ, 2017), 54.

[13] Ларс Свендсен, *Філософія самотності,* 9. Див. також: Серен Кьеркегор, *Страх и трепет* (Москва: Республика, 1993), 95.

[14] Бердяєв, *Я и мир объектов,* 86, 87, 89.

феномен самотності привернув до себе увагу і соціологів.[15] Основний внесок соціологів у вивчення самотності, передусім, полягає в тому, що вони підкреслювали роль соціокультурних факторів, які впливають на формування самотності у людини: особливості процесу соціалізації, виховання, впливу ЗМІ, культури, конкретних життєвих ситуацій тощо.

Якщо для всіх соціологічних теорій причини самотності людини загалом вкорінені у зовнішніх процесах або в життєвих ситуаціях, які переживає людина, то на думку психології причиною самотності є певні особливості самої людини. Заслуга психологів у вивченні самотності особливо неоціненна при визначенні деяких особливостей особистості, характерних для самотніх людей, а також при виділенні соціального (комунікативного) та емоційного (інтимного) типу самотності. Під соціальною самотністю розуміємо результат усвідомлення людиною своєї невдоволеності якістю чи кількістю своїх міжособистісних стосунків, а під емоційною самотністю — суб'єктивне відчуття відсутності близькості, прив'язаності до іншої людини.

1.1. Теорія прив'язаності для пояснення емоційної самотності

Окремої уваги для розуміння відмінностей між соціальною та емоційною самотністю заслуговує теорія, що стала особливо популярною з 80-х років минулого століття — теорія прив'язаності Джона Боулбі.[16] Суть цієї теорії полягає в тому, що у стосунках між людьми існують чотири основних стилі прив'язаності — один надійний і три ненадійні: амбівалентно-тривожний (або залежний, як його часто називають у літературі), відсторонений та дезорганізований (або хаотичний). Найближчу людину називають фігурою прив'язаності. Ця теорія стверджує, що всі стилі прив'язаності формуються з дитинства і, хоча й можуть

---

[15] Серед основних вчених, що зробили внесок у вивчення самотності як явища соціокультурного, неможливо не згадати Л. Пепло, Д. Рассела, Д. Перлмана, К. Катрону, Е. Рокача, Р. Патнема, Н. Покровського, Д. Рісмена, П. Слейтера, П. Сьюдфельда.

[16] John Bowlby, *Attachment and Loss: Attachment,* Second edition, Vol. 1 (Tavistock Institute of Human Relations: Basic Books, 1982); Див. також: John Bowlby, *Attachment and Loss: Separation,* Vol. 2 (New York: Basic Books. 1973); John Bowlby, *Attachment and Loss: Loss,* Vol. 3 (New York: Basic Books. 1980). Розробкою та вдосконаленням цієї теорії займалися також дослідники Мері Ейнсворт, Тімоті Клінтон, Гаррі Сібсі, Сінтія Хазан, Філіп Шейвер та інші. Для більш детального ознайомлення із сутністю теорії прив'язаності з християнської перспективи рекомендуємо книгу Timothy E. Clinton, Gary Sibcy, *Attachments: Why You Love, Feel and Act the Way You Do* (Brentwood: Integrity Publishers. 2002), 166.

змінюватися, але мають дуже стійкі характеристики і тому часто переносяться у дорослі стосунки, наприклад, у шлюб чи дружбу.

Люди, що мають надійний стиль прив'язаності, переважно демонструють довіру до своїх фігур прив'язаності, тобто вони шукають їхнього товариства і підтримки, особливо у стресові часи. Фігури прив'язаності, зі свого боку, слугують їм «безпечною гаванню» та «надійною базою» у «невизначеному та небезпечному» світі. Було встановлено, що чотири стилі прив'язаності засновано на базових переконаннях людини про себе та інших. Зокрема, для людей з надійною прив'язаністю характерне позитивне ставлення як до себе, так і до інших людей. Їм комфортно усвідомлювати свою взаємозалежність від інших, вони вільно та легко виявляють почуття любові, довіри, близькості і тепла в стосунках із фігурами прив'язаності та іншими близькими людьми.

Амбівалентно-тривожний (залежний) стиль прив'язаності характеризується негативним ставленням людини до себе і позитивним — до інших, а фігури прив'язаності сприймаються як непередбачувані — часом теплі, люблячі і надійні, та часом — холодні і далекі. Залежний стиль прив'язаності формується у дітей, коли їхні батьки непостійні у своєму ставленні до них: то вони піклуються, часто занадто опікуючи дитину, то вони виявляють несхвалення, злість, байдужість, особливо, коли дитина висловлює свою думку чи незгоду. Як наслідок, такі діти стають невпевненими у собі, стурбованими, пригніченими відчуттям власної нікчемності, неповноцінності, маючи постійну потребу в схваленні з боку інших людей. Проблема полягає в тому, що часто люди переносять свою надмірну залежність від думки інших людей у дорослі стосунки і зазвичай стають надто «надокучливими» та вимагають схвалення і підтримки власної значущості у стосунках із близькими людьми.

На відміну від них людям, яким притаманний відсторонений стиль прив'язаності, характерне заперечення своєї потреби чи бажання в емоційній близькості, вони схильні «пригнічувати» свої справжні глибинні потреби, щоб захистити себе. Вони вірять, що є самодостатніми, невразливими, а інші люди не є ані надійними, ані достойними їхньої повної довіри. І тому у стосунках із ними вони постійно емоційно холодні та далекі. Зазвичай такий стиль формується у дітей, які виховуються в умовах відсутності виявлення почуттів: через надмірно суворе, вимогливе, байдуже до почуттів дитини виховання, що пригнічує її особистість, або внаслідок відкинення дитини.

І, нарешті, виділяється так званий дезорганізований або хаотичний стиль прив'язаності, який є по суті комбінацією попередніх двох ненадійних стилів. Він характеризується негативним ставленням людини до себе і недовірою до інших людей, а також страхом і розгубленістю. Такий стиль прив'язаності часто формується у дітей, які виховуються в образливих, насильницьких сімейних умовах, де батьки через, наприклад, своє зловживання алкоголем та/або наркотиками не забезпечували елементарних потреб дітей у любові та турботі. Звісно, такі діти звикають ухилятися від близькості через недовіру і страх, вони бояться саме тих людей, від яких сподіваються безпеки та захисту. Ставши дорослими, вони схильні ставити під сумнів як власне почуття гідності, так і інших. Усе це, як наслідок, повністю дезорганізовує їхні уявлення про любов і безпеку в світі та руйнує їхні міжособистісні стосунки.

Для нас ця теорія була цікавою особливо тому, що її розробники встановили зв'язок між стилями прив'язаності людей у міжособистісних стосунках і самотністю.[17] Їхні висновки також підтверджують результати нашого нещодавнього дослідження, метою якого було визначення рівня та типів самотності християн України.[18] Зокрема, було виявлено суттєвий негативний зв'язок між надійним стилем прив'язаності та всіма без винятку типами самотності, коли водночас усі ненадійні стилі прив'язаності демонструють чітку позитивну кореляцію з всіма типами самотності. Можна зробити висновок, що християни, які мають надійний стиль прив'язаності у стосунках з іншими значущими людьми, загалом менш схильні до самотності.

1.2. Теорія прив'язаності для пояснення духовної самотності

Ознайомившись уперше з теорією прив'язаності, у мене (Валерії) з'явилася свіжа думка: а що якщо спробувати застосувати основні її висновки до стосунків між нами, людьми, та Богом? Вивчивши це питання детальніше, я з'ясувала, що ця моя думка була не такою вже й новою, — вона приходила значно раніше й до інших розумних людей та отримала свій належний розвиток.[19] Як виявилося, певна група

---

[17] Див.: Phillip R. Shaver and Cynthia Hazan, «Adult Romantic Attachment: Theory and Evidence», In *Advances in Personal Relationships*, eds. W. Jones, and D. Perlman, vol. 4 (London: Jessica Kingsley, 1992), 300.

[18] Опитування відбувалося в 2019–2020 рр., у якому брали участь 333 респонденти — представники різних деномінацій християн України.

[19] Основні думки про зв'язок між теорією прив'язаності та релігійністю викладено у мoїй статті «Attachment to God as a Deterrent against Loneliness», яка частково відтворюється тут. Повністю цю статтю можна знайти за посиланням: Chornobai, Valeriia, «Attachment to God as a Deterrent against Loneliness», *Modern Science — Moderní Věda* 1 (2018): 79–85.

дослідників справді бачила, що такі аспекти релігійності, як близькі стосунки людини з Богом, найкраще можна описати за допомогою теорії прив'язаності.[20] Ці дослідники припустили, що у близьких стосунках між людьми та Богом існують усі критерії, необхідні для прив'язаності, тобто: прагнення близькості з фігурою прив'язаності, сприйняття Бога як «безпечного прихистку» в часи небезпеки і нужди, а також ставлення до Бога як до «надійної бази», що надає вільний вибір і всі необхідні ресурси для життя. Зокрема, вчені Лі Кіркпатрік та Філіп Шейвер у своїй праці «Теорія прив'язаності та релігія» стверджують, що в більшості християнських традицій Бог достатньо точно відповідає ідеї надійної фігури прив'язаності.[21] Емпіричне підтвердження тому, що більшість християн сприймає Бога як фігуру прив'язаності, можемо знайти і в інших наукових працях. Наприклад, дослідження Кеннета Паргамента і колег (1988 р.) з'ясувало, що в період переживання стресу і труднощів люди переважно звертаються по допомогу до Бога.[22] Така поведінка віруючого, що прагне близькості з Богом як із Кимось сильнішим і водночас люблячим, явно може слугувати прикладом виявлення функції безпеки у стосунках прив'язаності. Згодом вчені навіть спробували точно визначити стилі прив'язаності у взаєминах між людьми і Богом і розробили певні методики їх вимірювання. Прикладом такої методики є опитувальник «Вимірювання прив'язаності до Бога» («Attachment to God Inventory», AGI), розроблений Енджі Макдональд і Річардом Беком у 2004 р.[23]

На нашу думку, відсутність надійної прив'язаності до Бога у християнина свідчить про те, що він переживає духовну самотність. Коли йдеться про духовну самотність, звичайно, виникає питання, які її головні ознаки, критерії, за якими можна було б її розпізнати? Якщо духовну самотність ми визначаємо як брак відчуття зв'язку, близькості

---

[20] Bradshaw, M., Ellison, C.G., Marcum, J. P. «Attachment to God, Images of God, and Psychological Distress in a Nationwide Sample of Presbyterians», *The International Journal for the Psychology of Religion* 20, 2 (2010): 131.

[21] Kirkpatrick, L., and Shaver, P. «Attachment Theory and Religion: Childhood Attachments, Religious Beliefs, and Conversion», *Journal for the Scientific Study of Religion* (1990): 329.

[22] Pargament, Kenneth, Kennell, Joseph, Hathaway, William, Grevengoed, Nancy, Newman, Jon and Jones, Wendy, «Religion and the Problem-Solving Process: Three Styles of Coping», Journal for the Scientific Study of Religion 1988, 03, 01, Vol. 27, doi: 10.2307/1387404.

[23] Для детального ознайомлення з цією методикою див.: Richard Beck, Angie McDonald, «The Attachment to God Inventory, Tests of Working Model Correspondence, and an Exploration of Faith Group Differences», *Journal of Psychology and Theology* 32, 2 (2004): 92–103.

з Богом, то як визначити ступінь близькості християнина з Богом? На наше переконання, *не стільки* доктринальні вірування християнина чи виявлення зовнішньої релігійності (участь у церковних служіннях, кількість годин, проведених у молитві та читанні Біблії тощо) визначають якість і близькість стосунків віруючого з Богом. Адже, як влучно зауважили дослідники Бонні Заль і Ніколас Гібсон, те, у що християни «*повинні вірити*» відповідно до образу Бога і те, що вони особисто та *дійсно переживають* у своїх стосунках із Ним, на практиці може відчутно різнитися».[24] Окрім того, існує певний зв'язок між уявленнями християн про Бога і стилем їхньої прив'язаності до Нього.

Більш детально ми звернемося до опису та прикладів виявлення всіх типів самотності в наступному розділі. А поки що, зробивши досить поверховий огляд різних філософсько-богословських, соціологічних і психологічних підходів стосовно розуміння сутності та причин виникнення самотності людини, доходимо висновку, що самотність — поняття, яке має багато вимірів, та феномен, що може проявлятися у різних аспектах життя людини.[25]

1.3. Типи самотності

У найбільш узагальненому розумінні самотність — це розрив стосунків. І як уже було згадано, вона може виявлятися у трьох вимірах: по-перше, у стосунках людини з іншою близькою людиною, іншими людьми, групами людей та усім суспільством. По-друге, у стосунках людини з самою собою, і по-третє — з Богом. Отже, можемо виокремити такі основні типи самотності: соціальна, емоційна, культурна, екзистенційна та духовна.

Перший тип — *соціальний* або, як його ще називають, комунікативний тип самотності, — є наслідком позбавлення людини можливості змістовного обміну інформацією або спілкування на рівні розуміння ідей. Така самотність спостерігається за відсутності спілкування людини зі звичним колом своїх друзів, рідних, церквою, а також під час біль-

---

[24] Bonnie Poon Zahl and Nicholas J. S. Gibson, «God Representations, Attachment to God, and Satisfaction with Life: A Comparison of Doctrinal and Experiential Representations of God in Christian Young Adults», *International Journal for the Psychology of Religion* 22, 3 (2012): 225. Див. також: Beck and McDonald, «Attachment to God», 100.

[25] Заради справедливості варто зазначити, що ідею про те, що самотність — багатомірний феномен, підтримують не всі вчені. Серед противників цієї теорії: Л. Пепло, Д. Рассел, Д. Перлман, К. Катрона та інші.

менш тривалого перебування серед великого числа незнайомих чи майже незнайомих людей. Саме таку самотність найчастіше переживає новачок у групі. Цей тип самотності може доповнюватися й культурною самотністю, про яку піде мова трохи згодом, у разі довготривалого відрядження людини в невідому місцевість, переїзду закордон, коли нові соціальні зв'язки ще не було сформовано, а культурні норми є мало знайомими, чужими або неприйнятними для людини.

Варто відрізняти соціальну самотність від *емоційної* або інтимної самотності, яка виникає за відсутності або руйнування глибоких душевних стосунків довіри, зокрема інтимних, з іншою значущою людиною чи декількома найближчими людьми. Це трапляється через відсутність відчуття глибокого розуміння, єдності, душевної близькості, іноді навіть незважаючи на наявність контактів та спілкування з іншими близькими людьми. Термін «інтимна самотність» використовується тут і в інших джерелах для позначення цього типу самотності не у значенні сексуальної близькості, а радше у значенні душевної близькості та прихильності. Отже, соціальна самотність не тотожна емоційній. Справді, існує відмінність між тим відчуттям самотності, що відчуває жінка, яка щойно овдовіла, та парочка, яка, хоч і нещодавно одружилася, але тужить за своїми друзями. Перше є емоційною самотністю, пов'язаною з відчуттям спустошеності та втрати, а друге є комунікативною, схожою на звичайну нудьгу.

Також можна виділити і так званий *культурний* або пророчий тип самотності.[26] Це відчуття відчуженості людини від культурних і суспільних цінностей навколо неї, глибоке невдоволення суспільством. Цікаво зазначити, що такий досвід відчуження, неприйняття суспільних норм, значною мірою притаманний усім біблійним пророкам, реформаторам, творчим ініціаторам, філософам і борцям за справедливість. І таке внутрішнє відкинення людиною культурних і суспільних норм своєї епохи виявляється або в її спробах так або інакше змінити суспільство, або в спробі психологічно чи фізично «втекти» від суспільства. Історично крайніми виявами такої реакції було чернецтво та анахоретство. Більш детально про приклади такої культурної самотності, записані на сторінках Святого Письма, піде мова трохи пізніше.

Часто відчуження, неприйняття людиною суспільно-культурних цінностей та норм викликає зворотну реакцію взаємного відкинення цієї людини з боку суспільства, яке згодом саме викреслює, відкидає таку

---

[26] Бердяєв, *Я и мир объектов*, 23.

людину, позбавляє її можливості спілкування чи навіть належності до суспільства. У такому разі людина буде переживати часткову чи повну ізоляцію, яка може проявитися у формі вигнання, остракізму, вилучення з церкви, неприйняття групою ровесників тощо. Іноді, коли неприйняття визнаних норм взаємодії та сумісного проживання людей викликане гріховною природою людини, а не покликанням від Бога «плисти проти течії», — така реакція відкинення, ізоляції з боку суспільства є виправданою, а іноді навіть необхідною. Наприклад, вона може бути у формі покарання злочинця шляхом одиночного ув'язнення.

Емоційний, соціальний та культурний типи самотності можна назвати «самотністю в натовпі», тому що ці типи самотності виникають попри те, що людина перебуває серед інших людей, проте позбавлена якісної взаємодії та розуміння з ними, а можливо, саме через це перебування серед людей, вона й переживає самотність.[27]

Існує також *екзистенційна* самотність, яку ми визначаємо як втрату людиною відчуття гармонії, єдності з собою та природою, наче якесь самовідчуження, відособленість людини самої від себе. Проявляється така екзистенційна самотність як відчуття розчарованості в житті та нерозуміння сенсу і мети власного життя. Відповідно, долається така самотність шляхом усвідомлення людиною не лише своєї принципової «інакшості», унікальності, але й завдяки розумінню свого місця та ролі, призначеної їй Богом, свого покликання, свого «Я».

І, нарешті, *духовна* або метафорична самотність — це переживання розриву, відсутності зв'язку та довіри у стосунках людини з Богом, відчуття покинутості Богом, «богозалишеності». За М. Бердяєвим, цей тип самотності усвідомлюють і переживають не всі люди, а лише ті, хто дійшов до відповідного самоусвідомлення того, що «глибина людського існування — духовна... Та лише в цій глибині долається самотність, яка може бути знаком цієї глибини».[28] Це те відчуття туги за Богом, яке не в змозі заповнити жодна інша людина, тому що це місце призначене для перебування у ньому Бога. Про це переживання, схоже на тугу, журбу, спрагу, мабуть, і писав Блаженний Августин: «Все життя доброго християнина — це святе прагнення... Життя наше й полягає в тому, щоб

---

[27] Гузалия Р. Шагивалеева, «Культурологическое и психологическое понимание феномена одиночества», *Концепт*, Спецвыпуск 1 (2013): 10.

[28] Бердяев, *Я и мир объектов*, 116.

пройти випробування спрагою».²⁹ Логічно буде зробити висновок щодо тих людей, які усвідомлюють себе християнами та водночас переживають певною мірою духовну самотність, — наявність у їхньому житті такої самотності може свідчити про певні проблеми у стосунках з Богом та, можливо, про їхнє розчарування у вірі. Ймовірно, духовна самотність підштовхує до екзистенційної самотності, адже віра та стосунки з Богом є тими факторами, що надають сенс і напрямок у житті більшості християн. Наголошуючи на цій думці про свій досвід подолання екзистенційної самотності завдяки вірі, М. Бердяєв каже: «Моя самотність долається тому, що існує Бог. Бог і є подоланням моєї самотності, отриманням повноти та осмисленості мого існування».³⁰

Іноді деякі люди сприймають самотність як позитивний, навіть бажаний стан, до якого вони добровільно прагнуть (наприклад, усамітнення чи чернече життя). Однак по суті ні усамітнення, ні чернецтво не є самотністю і не викликають почуття самотності, якщо їх обирає людина добровільно і свідомо. Отже, самотність і усамітнення не є взаємозамінними поняттями. Усамітнення має позитивний відтінок для людини, є бажаним, а іноді й необхідним кроком, оскільки пов'язане з кількома позитивними терапевтичними ефектами, про які детальніше йтиметься в наступних розділах. Існують також мимовільні, примусові, навіть вимушені умови, які викликають самотність. Прикладами таких можуть бути примусова ізоляція, вигнання, покарання у вигляді одиночної камери, карантин через якесь інфекційне захворювання тощо. Ці умови майже завжди викликають самотність, негативні почуття, тугу та страждання.

За тривалістю переживання самотності можна виділити наступні три види: короткочасна, періодична (ситуативна) та хронічна (постійна) самотність. Вважають, що ситуативна самотність найчастіше виникає через певні зовнішні обставини (переїзд, розлучення, смерть одного з подружжя тощо), тоді як хронічна бере витоки всередині самої особистості.

Важливо зазначити, що на практиці ці види, типи та форми самотності часто поєднуються, але людина може переживати їх паралельно, у декількох (соціальному, емоційному, культурному, духовному та

---

²⁹ St. Augustine, «Homily 4 on the First Epistle of John», in *Nicene and Post-Nicene Fathers*, trans. H. Browne, ed. Philip Schaff, Kevin Knight, Vol. 7 (Buffalo, NY: Christian Literature Publishing Co., 1888), http://www.newadvent.org/fathers/170204.htm.

³⁰ Бердяев, *Я и мир объектов*, 113.

екзистенційному) вимірах одночасно.³¹ На основі декількох наукових досліджень було встановлено, наприклад, що страждання людей через відчуття хронічної самотності пов'язане з наявністю в таких переживаннях показників екзистенційної самотності, тобто — розчарування в житті за відсутності ясної мети та розуміння свого призначення, або духовної самотності, тобто — відчуття розколу у стосунках із Богом. Самотність стає особливо нестерпною, коли людина переживає її безперервно й одразу ж у декількох вимірах. І що більший розрив зв'язків із зовнішнім світом та собою відчуває людина, то гострішим є відчуття самотності. І навпаки, міцні зв'язки, що задовольняють на всіх рівнях, ведуть до найбільш повного відкриття цілісних якостей особистості. Відчуття загрози для зв'язків народжує страждання від певного типу самотності.

Але, напевно, в реальному житті втримати баланс і бути задоволеною своїми стосунками у всіх сферах людині не завжди вдається. Можна, звісно, на цю тему дискутувати, але, досліджуючи Біблію, помічаємо, що якщо людина розуміє своє призначення, покликання та має налагоджені тісні стосунки із Богом, це часто призводить до розколу в її стосунках з іншими людьми та суспільством загалом.³² Такий розвиток подій помічаємо в житті майже всіх пророків і самого Христа. На основі цього можемо припустити, що вирішення проблеми екзистенційної та духовної самотності в житті окремої людини іноді може призвести до загострення проблеми культурної та соціальної самотності. І навпаки: чудові стосунки окремої людини з іншими людьми, що передбачають відсутність у неї культурної та соціальної самотності, не є запорукою відсутності в неї екзистенційної та духовної самотності.

Як бачимо, самотність має багатогранний характер. Людина може переживати самотність одночасно у декількох вимірах, у соціальній, душевній і духовній сферах життя, які взаємно впливають одна на одну. На індивідуальному рівні самотність породжується втратою або незнанням сенсу свого життя, на соціальному рівні — невдоволеністю спілкуванням.³³

---

³¹ Валерія Чорнобай, «Богословське осмислення феномена самотності» (Дис. канд. філос. наук, Київ: НПУ Драгоманова, 2020), 43.
³² Див., наприклад: Мт. 10:34–35; 2 Тим. 3:12.
³³ Елена Мазуренко, «Одиночество как феномен индивидуальной и социальной жизни» (Автореф. дис. Архангельск: Поморский государственный университет имени М. В. Ломоносова, 2006), 22.

Нижче спробуємо окреслити «термінологічні береги», тобто дати визначення терміну «самотність» і близьким до нього поняттям.

1.4. На що схожа самотність і чим вона не є

Із попереднього короткого огляду різних наукових підходів до вивчення самотності бачимо, що цю тему в науковій літературі розглядали із двох боків: як об'єктивну реальність фізичної чи соціальної відокремленості людини, і як суб'єктивну рефлексивну усвідомленість людиною своєї самотності. При цьому іноді самотність сприймається як належний і навіть бажаний стан, а інколи — як хворобливе внутрішнє переживання, що супроводжується стражданнями, різними психічними розладами та проблемами. На нашу думку, таке неоднозначне, часом полярне сприйняття самотності пояснюється не лише самою складністю цього феномену, а також певною плутаниною в поняттях, пов'язаних із ним. Наприклад, до середини XX ст. самотність розглядали переважно як фізичний стан повної або часткової ізоляції індивіда, і в літературі з цього питання досі спостерігається змішання понять «усамітнення» та «самотність». Тому виникає потреба у визначенні більш чітких кордонів, що окреслюють поняття «самотність», «одиночне проживання», «ретрит», «усамітнення», «відлюдництво», «ізоляція», «відчуженість» і «депривація».

Почнемо аналіз із визначення поняття «ізоляція». Тлумачний словник української мови дає таке визначення поняттю «ізолювати»: «помістити окремо, позбавити можливості контакту, зв'язку з іншими (говорячи про інфекційних хворих, ув'язнених тощо) відокремлення від середовища; відособлення» — що тотожне поняттю «карантин».[34] Енциклопедія соціології доповнює це визначення, наголошуючи, що ізоляція «характеризується мінімумом соціальних контактів і максимумом соціальної дистанції стосовно інших членів суспільства» чи спільноти.[35]

Ізоляція може бути абсолютною, тобто повною (як різновид сенсорної депривації чи повного позбавлення людини контакту із зовнішнім світом, наприклад, ситуація Робінзона Крузо чи тюремне покарання одиночним ув'язненням) та відносною, тобто частковою. Прикладом останньої є вигнання зі спільноти, відлучення від церкви, специфіка

---

[34] «Ізолювати» у *Словник української мови* у 20 т. Т.6. Тараненко О. О., Єрмоленко С. Я. наук. ред. (Київ: Укр. мов.-інформ. фонд, 2015), https://sum20ua.com/Entry/index?wordid=38810&page=1213.

[35] «Изоляция», у *Энциклопедия социологии*, Академик, https://dic.academic.ru/dic.nsf/socio/1177.

окремих видів професійної діяльності, наприклад, моряків дальнього плавання. Поняття «ізоляція» є близьким до поняття «депривація», яке загалом розуміється як «скорочення чи позбавлення можливостей задоволення основних життєвих потреб індивідів або груп».[36] Отже, соціальна самотність як позбавлення можливості спілкування чи недостатній рівень задоволення потреби у соціальних контактах є комунікативною депривацією.

Зауважимо, соціальний і культурний типи самотності відрізняються від повної ізоляції тим, що в межах досяжності є люди, але взаємодія та спілкування з ними ускладнені через нездатність спілкуватися чи небажання розуміти одне одного. Мабуть, в умовах глобальної соціальної ізоляції та дистанціювання, що охопили цілий світ через вимушені заходи запобігання поширенню та ускладненню ситуації з пандемією COVID-19, найбільш звичним і поширеним типом самотності є саме соціальна самотність.

Далі зазначимо, що характер ізоляції загалом залежить від того, якого сенсу людина надає цьому стану. Зазвичай припускають, що ізоляція має бути примусовою та недобровільною, і відповідно — болісною. Саме тому вона досі використовується як форма покарання у більшості педагогічних і пенітенціарних практик. Й справді, у всі часи, здається, не існувало більшого покарання, аніж вимушена ізоляція, вигнання, позбавлення волі та спілкування.[37] Таке покарання в церковному середовищі за умови порушення його основних догматів чи норм відбувалося у вигляді анафеми чи відлучення від церкви, яке фактично залишало людину поза спільнотою, відокремлювало від спілкування з нею. Аналогічно на рівні держави за порушення її законів застосовували позбавлення волі, права перебування чи мешкання в певній місцевості. Також у багатьох традиціях сімейного виховання застосовується покарання ізоляцією дітей у формі тимчасової заборони вільно пересуватися у приміщенні. Здається, ми всі знайомі з таким покаранням, яке висловлюється у формі наказу «Стань у кут!», або у формі заборони «Гуляти надвір не підеш, поки не зробиш уроки!». Таке покарання є дуже поширеним і часто ефективним. Усі ці форми впливу є різновидами ізоляції, адже

---

[36] Тетяна Я. Любива, «Депривація», у *Енциклопедія сучасної України*, Т. 7, ред.: Іван Дзюба (Київ: Інститут Енциклопедичних Досліджень НАН України, 2007), https://esu.com.ua/article-26041.

[37] Игорь С. Кон, *Многоликое одиночество, популярная психология*, Хрестоматия (Москва: Просвещение, 1990), 162–170.

означають повний тимчасовий відрив індивіда від звичного для нього кола спілкування, рівня культури, чогось приємного чи комфортного.

Зважаючи на описане вище, зазначимо, що поняття «ізоляція» пов'язане з поняттям «відчуження» (англ. «alienation»). Якщо ізоляція є реакцією суспільства на неприпустиму чи небезпечну поведінку його окремих членів, то відчуження — це внутрішня емоційна реакція, нездатність до сприйняття самим членом такого суспільства прийнятих там норм і цінностей, відкинення інших людей і суспільства загалом. За визначенням «відчуження» характеризується розривом початкової єдності між чимось цілим і його частиною. І такий розрив веде до збіднення природи цього цілого та зміни або переродження природи відчуженої його частини або функції.[38] Отже, відчуження схоже на культурну самотність, яка характеризується внутрішнім відкиненням, розривом початкової єдності індивіда із суспільством і його нормами, частиною якого цю людину вважають.

З іншого боку, філософська думка кінця XX ст. приділяє особливу увагу темі самовідчуження, коли людина, позбавлена частини характеристик своєї сутності, втрачає свою природу, «людяність».[39]

Повертаючись до поняття ізоляції, спробуємо провести різницю між ізоляцією та самотністю. У загальному розумінні ***самотність*** осмислюється як *гостре негативне переживання реального та уявного розколу чи відсутності стосунків і зв'язків особистості, що призводить до незадоволення потреби людини у стосунках з іншими значущими людьми, з собою та Богом*. На відміну від ***ізоляції*** — стану об'єктивного, фізичного, зовнішнього та певною мірою контрольованого, самотність — суб'єктивне внутрішнє переживання. Ці терміни не ідентичні, тому спрощення складного феномену самотності до переживання лише відособленості індивіда від інших людей не розкриває всіх його сторін. Адже не секрет, що багато людей з особливою гостротою відчували самотність

---

[38] Ірина М. Грабовська, Сергій І. Грабовський, «Відчуження», у *Енциклопедія сучасної України*, Т.4. Ред. Іван Дзюба та ін. (Київ : Інститут енциклопедичних досліджень НАН України, 2005), https://esu.com.ua/article-34424.

[39] Там само. Основним показником такого самовідчуження визнається наявність у світосприйнятті сучасної людини таких домінант: відчуття безсилля та неконтрольованості долі індивіда; уявлення про безглуздість та ірраціональність існування; сприйняття навколишньої дійсності як світу, в якому втрачені взаємні обов'язки людей дотримуватися певних соціальних норм і цінностей; відчуття самотності, «відірваності» людини від наявних соціальних зв'язків, тобто маргіналізація людини в суспільстві; відчуття втрати індивідом свого «справжнього Я», руйнування автентичності особистості. На нашу думку, усі названі вище характеристики є ознаками екзистенційної самотності.

якраз не в ізоляції, а в певному товаристві, в сімейному колі чи посеред друзів. А з іншого боку, історія знає чимало християн, які, перебуваючи в умовах строгої ізоляції, гонінь і відкинення суспільством у період свого тюремного ув'язнення за віру, наприклад, не почувалися самотніми, але знаходили розраду та душевний спокій у близьких стосунках із Богом.

Важливо зазначити, що є істотна відмінність також між ізоляцією та усамітненням. Вони схожі, тому що й усамітнення, і ізоляція найчастіше означають, що людина перебуває сама, а не в присутності інших людей. Але усамітнення — це тимчасове уникання або обмеження в спілкуванні, мотивоване добровільним бажанням індивіда побути наодинці з собою чи залишитися з окремими вибраними людьми. Отже, важливою рисою, що відокремлює усамітнення від ізоляції, є волевиявлення людини. І тому усамітнення найчастіше пов'язують із позитивними почуттями, воно для багатьох є бажаним станом, якого вони добровільно та свідомо прагнуть, і який навіть необхідний для повноцінного розвитку людини.

Усамітнення буває двох видів: добровільне відносне (усамітнення як ритуал чи релігійна практика, творче усамітнення, перебування наодинці з собою, «у своїх думках») — коли людина психологічно тимчасово відокремлюється, дистанціюється від спілкування зі всіма іншими або конкретними людьми, тоді як фізично та у просторі вона може залишатися посеред людей; та добровільне абсолютне (наприклад, відлюдництво, анахоретство).

Однією з форм усамітнення в сучасній практиці є «ретрит», що у перекладі з англійської означає «відступ, зупинка, відхід, відсторонення». Отже, ретрит — це нетривалий період особистого чи групового усамітнення для духовної чи психологічної роботи над собою, безпечного перебування у спокійній атмосфері, час відпочинку та навчання. Така духовна практика часто застосовується у багатьох релігіях, а в християнстві часто передбачає піст із молитвою, зосереджений на духовних питаннях, роздумах, відхід від повсякденного марнотного життя для зустрічі з Богом та відновлення душевного спокою і рівноваги.

Більш радикальною формою усамітнення є відлюдництво, особливостями якого є добровільне та повне зречення чи уникання стосунків з людьми, життя на самоті, відхід від світських справ, фізичне відокремлення людини від життя в суспільстві ради якоїсь вищої, часто релігійної мети.[40] Синонімами поняття «відлюдник» є «анахорет» (від грец. «ana» — «у бік», і «choreo» — «йду»), «пустельник» та «ерміт» (від

---

[40] «Відлюдник» в *Словник української мови* у 20 т. Т.2. (Київ: Наукова думка, 2012), 683

«hermit», грец. — «усамітнений», «одинокий»), тобто людина, що з релігійних міркувань проводить життя окремо, в повному усамітненні. Як відомо, з кінця III ст. християнські відлюдники стали селитися в Єгипті та сусідніх пустельних краях. Деякі з них (наприклад, Антоній Великий, Пахомій, Св. Василь Великий та інші) мали великий авторитет і своїм аскетичним життям привертали увагу паломників і популяризували чернечий спосіб життя.[41] Відлюдництво, здається, ніколи не втрачало своєї популярності, починаючи ще з часів античного християнства в IV ст., коли воно набуло великого поширення, і донині особливо серед представників католицизму та православ'я.

Мимоволі запитуєш себе, чи не сприяє таке усамітнення, а тим паче, відлюдництво, розвитку самотності? Адже людина позбавляє себе найбільш елементарного — спілкування із собі подібними! Багато уваги зв'язку самотності з життям відлюдника відводиться в працях відомого сучасного католицького монаха-трапіста XX ст. Томаса Мертона. Про відлюдницьке проживання він роздумує в своїй «Філософії самотності», переконуючи, що справжнє життя відлюдника в християнському розумінні має проходити в молитві та роздумах про Бога. Він пише:

> «...Саме вона (самотність) і занурює відлюдника в мовчання, де він більше не ставить запитань і здобуває впевненість у тому, що Бог присутній у його нікчемності як єдина реальність. (...) Це встановлений факт. Це є. Це достовірно та по суті неминуче. Це все. Це вміщає Бога, оточує його в Бозі, занурює його в Бога. (...) Він ніколи не віддаляється від Бога настільки, щоб подивитися на Нього збоку, як на об'єкт. Він поглинутий Богом, якщо можна так сказати, і тому ніколи Його не бачить».[42]

Хоча зазначимо, що у цьому есе Томас Мертон, найпевніше, має на увазі не самотність як таку, а відлюдництво, яке сприймає одночасно і як факт буття, і як потребу для кожного, хто повністю присвятив себе Богу. Відомий історик християнства Сергій Санніков вважає, що швидкий розвиток відлюдницької форми чернецтва був зумовлений протестом багатьох християн проти секуляризації церкви того часу.[43]

---

[41] Див.: Сергій В. Санніков, *Популярна історія християнства. Двадцять століть у дорозі* (Київ: Самміт-Книга, 2012), 83, 96, 117.

[42] Томас Мертон, *Философия одиночества* (Москва: Общедоступный православный университет Александра Меня, 2007), 31.

[43] Санніков, *Популярна історія християнства. Двадцять століть у дорозі*, 83, 96, 117.

Якщо припустити, що мотивом такого уникання суспільства є протест окремого християнина проти певних соціокультурних норм чи цінностей, то таке відлюдництво можна вважати також зовнішнім виявом внутрішньої культурної самотності. Однак детальніше про зв'язок відлюдництва як однієї з форм одиночного проживання та безшлюбності із почуттям самотності йтиметься в останньому розділі цієї книги.

Висновки до першого розділу

Отже, зробивши короткий аналіз того, яке смислове навантаження мають такі близькі поняття як «самотність», «ретрит», «усамітнення», «відлюдництво», «ізоляція», «відчуження» та «депривація», можемо зробити декілька головних висновків.

По-перше, самотність — це явище, яке має багато аспектів і корениться в дефіциті емоційних, соціокультурних, когнітивних і духовних зв'язків особистості з зовнішнім світом і собою, що супроводжується відчуттям болю, печалі, пригнічення та неспокою. Відповідно, ми виокремили такі типи самотності: емоційна (або інтимна), соціальна (або комунікативна), культурна (або пророча), екзистенційна та духовна. Зазвичай самотність — це суб'єктивний внутрішній стан або переживання, яке не завжди збігається з об'єктивною реальністю соціальної ізольованості людини.

По-друге, самотність практично незалежна від усамітнення. Ці поняття не є тотожними і тому не є взаємозамінними. На думку дослідника Л. Свендсена, не настільки важливо, хто і скільки інших людей є навколо тебе, як те, як саме ти переживаєш свій зв'язок з іншими, тобто яке емоційне забарвлення має цей зв'язок для тебе.[44] «Не добре бути людині одній, та ще й самотній», — каже відома приказка. Але ще гірше — бути не одному, а серед інших людей, та все одно самотнім. Тобто, виявляється, якість соціальних стосунків важливіша за їхню кількість.[45]

По-третє, самотність сприймається особистістю негативно та породжує страждання, тоді як усамітнення — навпаки, зазвичай бажане та необхідне для функціонування психічно здорової людини. Згідно з думкою Ентоні Сторра, відомого психоаналітика, здатність до усамітнення є

---

[44] Свендсен, *Філософія самотності*, 25.
[45] Див.: Harry T. Reis, «The Role of Intimacy in Interpersonal Relations», *Journal of social and clinical psychology* 9, 1 (1990)15–30, https://doi.org/10.1521/jscp.1990.9.1.15.

цінним ресурсом: «Усамітнення сприяє навчанню, розумовій діяльності та інноваціям».[46] І хоч усамітнення і може супроводжуватися переживанням самотності, але самотність долається легше, коли усамітнення є результатом волевиявлення людини.

По-четверте, ми з'ясували, що існує і позитивний аспект власне самотності. Звісно, зазвичай людям більше подобається проводити час з іншими, аніж наодинці, саме через власне невміння ефективно використовувати можливості, які людина має під час усамітнення. Але навіть і в такому разі переживання самотності має свою цінність, оскільки може підштовхнути людину до пошуку спілкування, любові та взаємного зв'язку з іншими людьми. Тобто самотність, з одного боку, допомагає переоцінці цінностей людини, усвідомленню нею, наскільки вона потребує інших людей, а з іншого боку — створює чудову можливість для роздумів про власну унікальність, несхожість, що сприяє кращому розумінню людиною того, ким вона є. І самотність у цьому значенні (за умов, що вона не переходить у хронічний стан) — лише сприятливий ґрунт у процесі формування ідентичності та самоусвідомлення.

Тепер звернімося до дослідження природи самотності людини, описаної на сторінках Святого Письма.

---

[46] Усамітнення дозволяє покращити спілкування з іншими, краще розуміти власні почуття, змиритися з якоюсь втратою чи поразкою та змінити ставлення до певних обставин у своєму житті. Anthony Storr, *Solitude: A Return to the Self* (New York: The Free Press, 1988), 240.

Розділ 2

Бог не самотній. Чому ми маємо бути?

Питання самотності як відчуття відчуження людини від Бога та інших людей з погляду Біблії старе, як і саме людство. Своїми коріннями воно сягає в історію створення світу.

2.1. Реляційна природа Бога

Такі категорії, як спілкування, єдність і взаємодія можна знайти уже в перших рядках Святого Письма. У процесі створення світу видно ідею реляційності Бога у взаємодії усіх трьох Осіб Трійці, з чого можна зробити висновок, що самотність не є чимось типовим і притаманним Богу.[1] У першому вірші першого розділу Книги Буття сказано: «На початку створив Бог...» (євр. «берешит бара Елохім»)[2]. Звернімо увагу на цікаву особливість, ледь помітну для читача, який не знайомий з мовою оригіналу, а саме — на використання загального терміну «Бог» (євр. *Елохім*) — іменника в множині у поєднанні з дієсловом *створив* (євр. «бара») в однині. Богослови ще від часу отців церкви бачили в цій

---

[1] Реляційність (від лат. relatio — «стосунок») — наявність стосунків; Р. — філософська категорія, базова умова існування, ознака та загальна властивість всіх об'єктів, що мають здатність до рефлексії (відображення іншого в собі). Без неї та поза нею немає ані світу, ані руху, ані простору, ані часу, ані пізнання. Див.: Іван Русин, «Місіональна теологія Леслі Ньюбігіна» (Дисертація канд. філос. наук, НПУ ім. Драгоманова, Київ, 2019).

[2] Всі уривки зі Старого Заповіту мовою оригіналу цитуються за Ленінградським кодексом Старого Заповіту (WTT) українською мовою — в перекладі Українського біблійного товариства (UCVNTR), якщо інше не вказано окремо.

особливості першу вказівку на повноту Божественної Особи та вчення про Трійцю.³

Однак у часи модерну думку, що автор Книги Буття намагався зобразити тут тринітарний характер Божої сутності, переважно відхиляли. Одним із пояснень такої граматичної особливості дехто вважав використання множини стосовно Бога як ввічливої форми «ми» у зверненні до земної влади. Але, на думку видатних знавців давніх єврейських текстів та екзегетів, Карла Кейла і Франца Деліча, використання такого мовного звороту не має жодного підтвердження в інших уривках Біблії.⁴

Подібну тринітарну ідею можна простежити у вірші 26 того самого розділу Книги Буття: «І *сказав* Бог: *"Учинімо* людину за *Нашим* образом, за *Нашою* подобою"». Аналогічно до першого вірша, тут використовується слово «Елохім» разом із дієсловом «сказав» в однині та дієсловом «учинімо» в множині, і на додаток до цього — займенник «Нашою» у множині. Існують цікаві інтерпретації подібної лексики. Окремі тлумачі (наприклад, Абен Езра, Франц Деліч, Філон Олександрійський) вважають, що використання множини пояснюється тим, що «Бог тут радиться з ангелами» або Землею (Моше бен Маймонід), або із Самим Собою (Маркус Каліш).⁵ Ідея про те, що тут Бог радиться з ангелами чи Землею, однак, малоймовірна. Як доводить Карл Барт у своїй «Церковній догматиці», до кого б ця фраза («учинімо людину за Нашим образом...») не була звернена, він має поділяти образ і подобу саме Бога, а не когось іншого. Однак піднесення ангелів або будь-якого іншого творіння до рівня Бога у Святому Письмі неприпустимо.⁶ Думка про те, що Бог радиться із Самим Собою, також викликає сумніви, тому що в подібних уривках Святого Письма ми бачимо стосовно Бога використання

---

[3] Серед них, наприклад: Іреней Ліонський, Феофіл Антіохійський, Юстин. Схожої думки дотримувалися: М. Лютер, Ж. Кальвін, И. Кокцеюс, П. Ломбард, Р.С. Кендліш та ін. «Genesis», The Pulpit Commentary, Electronic Database, accessed January 17, 2018, http://biblehub.com/commentaries/pulpit/genesis/1.htm.

[4] Див.: Carl F. Keil and Franz Delitzsch, «Commentary on Genesis 1: 4 (1854–1889)», in *Bible Commentaries*, accessed August 31, 2019 https://www.studylight.org/commentaries/kdo/genesis-1.html.

[5] The Pulpit Commentary, «Genesis».

[6] Karl Barth, *Church Dogmatics, The Doctrine of Creation*, Vol. 3, Part 1: The Work of Creation, transl., J. W. Edwards, O. Bussey, H. Knight, ed., G. W. Bromiley, T. F. Torrance (London: T&T Clark International, 1958), 192.

займенників та дієслова в однині.⁷ Коментуючи цей уривок із Буття, Карл Барт продовжує: «Це наближення до християнської доктрини про Трійцю — образ Бога, який хоч і є таким Одним Єдиним за суттю, але який саме з цієї причини зовсім не є самотнім, але містить у Собі відмінності та взаємини між мною і тобою».⁸

Ця думка про те, що Бог, який існує в трьох Особах, — *Єдиний, але не самотній* — дуже важлива, хоч і не схвалюється одностайно всіма богословами. Зокрема, професор релігієзнавства Бостонського університету Веслі Вайлдмен у своїй статті «На похвалу самотності» стверджує, що «зробити винятковий висновок про те, що (...) самотність не узгоджується з природою Бога, неможливо».⁹ Однак більшість християн традиційно вірить, що Бог є Триєдиним за Своєю природою і поміж усіма Особами Трійці від вічності було і є спілкування, вічна динаміка завдяки єдності Їхніх відмінностей та співучасті у діях Одне Одного.

Усе, що відкриває нам Біблія про взаємини всередині Святої Трійці, неможливо повністю зобразити навіть у межах цілої книги, тим паче — у цій частині. Проте варто згадати, що Їхня взаємодія відобразилася не лише в процесі творіння, про що коротко згадувалося вище, але й у тому, що «Дух досліджує все, навіть глибини Божі» (1 Кор. 2:10). І Бог є Дух, Який очікує поклоніння Йому в Дусі та правді (Ів. 4:24). Дух Господній названо також духом правди, що походить від Отця (Ів. 15:26), духом мудрості й розуму, духом поради і сили, духом знання і Господнього страху (Іс. 11:2). Його посилає Син, Він походить від Отця, свідчить про Сина і прославляє Сина (Ів. 16:7, 14). Як і Син, Дух прославляє Отця, а Отець — Сина (Ів. 17:1).

Намагаючись усвідомити та знайти відповідні слова для опису природи Єдиного Бога в трьох Особах, ще ранні отці християнської церкви, починаючи з Каппадокійців, стали застосовувати грецьке слово «періхорезіс» (букв. грец. «обертання»). Термін «періхорезіс» церква завжди розуміла як «взаємне проникнення без втрати індивідуальності». Цю ідею про взаємне проникнення та спілкування трьох Осіб Святої

---

⁷ Наприклад, для порівняння, див. Бут. 3:22, 11:7, 18:17, Ос. 11:8 та ін. Детальніший аналіз різноманітних текстів Старого Заповіту, де використовується множина стосовно Бога, див.: David T. Williams, «Who Will Go for Us? (Is.6:8): The Divine Plurals and the Image of God», *Old Testament Essays* 12, 1 (1999): 173–90.

⁸ Karl Barth, *Church Dogmatics*, 192.

⁹ Wesley J. Wildman, «In Praise of Loneliness», in *Loneliness: Boston University Studies in Philosophy and Religion*, vol. 19, ed., Rouner, Leroy S. (Indiana: University of Notre Dame, 1998), 35.

Трійці як співучасті в діях Одне Одного розвиває також один із відомих сучасних протестантських теологів Ю. Мольтман: «Періхорезіс означає, що (…) через Свою вічну любов, Божественні Особи існують настільки тісно Одна *з* Одною, Одна *для* Одної й Одна *в* Одній, що Вони являють Себе у Своїй незрівнянній та повній єдності».[10]

Східна традиція в особі митрополита Іоанна Зізіуласа просувається далі у визначенні стосунків у Трійці, пропонуючи розуміння, що сама сутність Бога є по суті спільністю Божественних Осіб, та що взагалі «не існує істинної сутності без спільності».[11] На думку І. Зізіуласа, спільність є частиною сутності Бога. Кожна із трьох Осіб Трійці не живе Сама для Себе, але Вони взаємно проникають і перебувають Одна в Одній. Існування власної особистості кожної із Осіб Бога-Трійці ототожнюється зі стосунками любові, в яких кожен одночасно віддає і приймає.[12]

Отже, у Самому Бозі є всі елементи, які перемагають самотність: *відмінність*, тобто розмежування Осіб Божества, що забезпечує їхню вічну динаміку у взаємодії; *близькість*, тобто єднання у стосунках або «постійне прагнення до спільності»; а також *любов* та *гармонія* у спілкуванні. Триєдиний Бог — Один такий за Своїми якостями, унікальний, немає рівних Йому. І Він не самотній. Самотність стає неможливою завдяки єдності Осіб Божества в рівності між Ними. Отже, самотність перемагається рівністю у спілкуванні.

Джон Сейлхамер у своєму тлумаченні Книги Буття розвиває цю думку, стверджуючи: «Використання множини стосовно імені Бога (…) може вказувати на подальше створення людини у множинності її сутності — чоловіка та жінки, — надаючи тим самим особистим стосункам між людьми вагомої ролі у відображенні самої сутності Божественної Особистості».[13] Отже, можемо стверджувати, що Святе Письмо вказує нам на те, що хоч Бог і Один, але не самотній, до того ж, ніколи. А спілкування та взаємодія між Особами Бога є Його суттєвими невід'ємними характеристиками.

---

[10] Jürgen Moltman, *The Trinity and the Kingdom*, trans., Margaret Kohl (San Francisco: Harper and Row, 1981), 175.

[11] John D. Zizioulas, «Human Capacity and Human Incapacity: A Theological Exploration of Personhood», *Scottish Journal of Theology* 28, 5 (October, 1975): 408.

[12] Мирослав Вольф, *По подобию нашему. Церковь как образ Троицы*, пер. с англ. О. Розенберг (Черкассы: Коллоквиум, 2012), 275.

[13] John H. Sailhamer, *Expositor's Bible Commentary*: Genesis, Vol.1, ed. Longman III, T., Garland, D. E., rev. ed. (Grand Rapids, MI: Zondervan, 2008), 70. Цит. за: Andreas J. Köstenberger, Margaret E. Köstenberger, *God's Design for Man and Woman: a Biblical — Theological Survey* (Wheaton, IL: Crossway, 2014), 29.

Чому це важливо для нас? Тому що це означає, що в самому Бозі є спільність, якою насолоджується Бог у трьох особах і до якої Він запрошує нас. Цей огляд природи Бога принципово важливий і необхідний для подальшого коректного розуміння природи людини як образу та подоби Бога, а також для осмислення сутності самотності.

2.2. Реляційна природа людини

Отже, повертаючись до біблійного тексту першого та другого розділу Книги Буття, читаємо:

> «І створив Бог людину за Своїм образом, —
> за Божим образом створив її;
> Він створив їх чоловіком і жінкою.
> Бог поблагословив їх… І побачив Бог усе, що вчинив.
> І було воно дуже добре» (Бут. 1:27, 28, 31).

Зазначимо, що за оцінкою самого Творця все Його творіння стало не просто «добрим», а «дуже добрим», щойно люди — не просто один чоловік, а саме чоловік і жінка — були поміщені у світ. Цікаво, що Бог створив чоловіка спершу самого, та, називаючи тварин у саду, Адам, напевно, поступово починав розуміти: «Мурашки ходять строєм, бджоли рояться, коні живуть табуном… всі разом, разом… А Я?! Один… Недобре…» (Бут. 2:19–20).

Далі біблійний наратив продовжується словами, що детальніше пояснюють процес творіння: «І сказав Господь Бог: Недобре бути чоловікові самотнім. Учиню для нього помічника, відповідного йому» (Бут. 2:18). Є декілька пояснень, чому ж не добре чоловікові бути самотнім. Рабиністична традиція переважно пропонує тлумачити це як певну недосконалість людини (зокрема, чоловіка), як його нездатність існувати без жінки.[14] Але через те, що оцінка «недобре бути чоловіку самотнім» дана Творцем у контексті оволодіння та керування Адамом Землею, коли він не знайшов для себе відповідної помічниці, інші богослови пропонують тлумачити Божу оцінку «недобре» з функціонального погляду, тобто як «неефективно» для реалізації його функцій оволодіння Землею; не корисно для його виду, тому що тоді він не буде здатним продовжувати

---

[14] Keil and Delitzsch, «Commentary on Genesis».

його, тобто заселяти Землю; або як неприємно і незручно, не властиво для його природи, тому що людина є соціальною істотою.[15]

Читаючи історію створення Єви, складається враження, що «поміч» чоловікові була дана саме за ініціативою Творця, а не самого чоловіка. Здається, Адам був не проти володіти творінням одноосібно. Але, вочевидь, Бог, маючи Свій задум, був проти. Карл Кейл і Франц Деліч доходять висновку, що фразу «помічника, відповідного йому» (євр. «езер кенегдо») буквально можна перекласти як «помічник, що стоїть навпроти (а іноді й проти) нього, і є належним (і незалежним), і відповідним йому».[16] Ця думка збігається з взаємодоповнювальними парами, створеними Богом: світло і темрява, небо і земля, море і суша тощо. Безперечно, цей вислів відображає принцип певної відповідності: жінка, майбутня помічниця, повинна була мати його природу (бути кісткою від кістки), мати подібний, але незалежний від чоловіка характер, бути схожою і всіляко пристосованою бути його партнером і компаньйоном для виконання покладених Богом на них обох функцій.

Погоджуючись із дослідниками Андреасом і Маргарет Кестенбергер, зазначимо тут, що слово «поміч» (євр. «*езер*»), зображує, радше, відмінність і впорядкованість ролі чоловіка та жінки, аніж другорядність, неповноцінність особистості жінки,[17] бо Старий Заповіт неодноразово згадує Самого Бога саме як нашого помічника.[18] Отже, у союзі чоловіка та жінки, в єдності двох в одному, закладається основа для божественного інституту шлюбу, який згодом був призначений для їхніх нащадків, і який стане відображенням великої таємниці, кажучи словами апостола Павла, — союзу Христа і Церкви (Еф. 5:32). Ми також можемо подивитися на ці рядки дещо ширше, вбачаючи у них вказівку на початкову соціальну природу людини, яка була створена із базовою потребою у належності та спілкуванні. І саме така соціальна природа людини є відображенням Божественної природи Триєдиного Творця.

Якщо розглядати ці два наративи про створення людини у першому та другому розділах Книги Буття як частини однієї історії, що взаємно доповнюють одна одну, очевидно, що три головні думки утворюють їхню серцевину: перша — створення людини за образом і подобою Бога; друга — створення її як сексуально диференційованої істоти: чоловічої

---

[15] Там само.
[16] Там само.
[17] Köstenberger and Köstenberger, *God's Design for Man and Woman*, 36.
[18] Див.: Вих. 18:4, Пс. 33:20, 70:6, 115:9–11, 121:1–2, 146:5 та ін.

та жіночої статі; і третя — створення людини як соціальної істоти. Кожна із цих думок є винятково важливою та підштовхує нас до розуміння того, що у початковий Божественний задум для людини входило як її спілкування з Богом, так і з іншою людиною.

Але з цього приводу виникає декілька запитань, пов'язаних із розумінням самотності, а саме: що конкретно соціальна та сексуально диференційована природа людини як образу і подоби Бога мала відображати? І якщо людина була створена від початку, до гріхопадіння, досконалою, маючи близькі особисті стосунки з Богом, то чому виникла потреба у створенні іншої людини, до того ж, іншої статі? Іншими словами, невже Адаму було недостатньо мати спілкування з Богом, щоб не почуватися самотнім? Чи пов'язана сексуальність людини з її самотністю? Зрозуміло, що всі ці питання торкаються суті людської ідентичності.

Богослов Себастьян Мур — представник католицької гілки християнства — вважає, що біблійна оповідь (із Книги Буття 2:7) про створення людини каже, що спочатку Бог створив людину невизначеної статі (Адама), а потім (у віршах 22–24 того самого розділу) «розколов» її на дві статі: чоловіка (євр. «*іш*») та жінку («*іша*»).[19] Однак, на нашу думку, така інтерпретація виглядає сумнівною, адже з біблійного тексту не видно, що після «хірургічної операції» зі створення жінки будь-які з первинних або вторинних ознак статевої належності Адама змінилися, хіба що кількість його ребер. Вживання слова «Адам», тобто «людина» до створення Єви, просто вказує на те, що жінка мала спільну природу з чоловіком.

Можливо, Адам не до кінця усвідомлював свою чоловічу ідентичність та сексуальність, а також свою потребу «не бути одному», поки не з'явилася жінка. Богослов Стенлі Гренц із цього приводу зауважує: «описуючи моделювання жінки, яку чоловік зустрів із величезним ентузіазмом, автор відкриває фундаментально сексуальну природу самотності Адама як втіленої істоти. Лише у присутності жінки Адам отримав здатність розрізняти, що самотність була частиною його буття як сексуальної істоти».[20] Тут, очевидно, Стенлі Гренц має на увазі емоційну самотність Адама, яка згідно із досконалим задумом Бога-Творця мала зникнути з появою жінки, що була відповідною Адаму. У такий

---

[19] Sebastian Moore, *The Inner Loneliness* (New York: Cross Road, 1982), 58.
[20] Stanley J. Grenz, *The Social God and the Relational Self. A Trinitarian Theology on the Imago Dei* (London: Westminster, John Knox Press, 2001), 276.

спосіб, продовжує Гренц, сексуальність міцно пов'язана з соціальною природою людського єства.[21]

Але чому Бог вирішив створити людей саме так — двох статей — чоловіка та жінку? Для розмноження, відповісте ви? Але ж чи не міг Бог створити людей так, щоб вони розмножувалися якось інакше, вегетативним способом, або, скажімо, як рослини — брунькуванням!? Але Він придумав близькість. Історія створення Всесвіту закінчується словами: «Були ж вони обоє нагі — Адам і його жінка, — і не соромилися» (Бут. 2:25). Цікаво, мене одну завжди дивував такий кінець цієї історії? «Нагі»... Чи не «хепі-енд»?! Але тут автор Книги Буття бажає повідомити нам дещо важливе: їхня нагота означає силу бути побаченим таким, як вони є, і бути прийнятим, сміливість бути вразливим, радість пізнавати іншого та бути пізнаним.[22] І у цьому ідеальному, задуманому Богом світі така близькість, повна відкритість, довіра на духовному, душевному та фізичному рівні — були дуже добрими. Тому що це відображає Його сутність, як ніщо інше.

З приводу того, як сексуальна природа людини покликана відображати Бога, найбільш популярним і традиційним для християнства поглядом є ідея, що Бог Біблії виходить за межі статевих відмінностей, та, відповідно, статево-рольові образи стосовно Бога, що містяться у Біблії, належить розуміти метафорично. Карл Барт зі свого боку розвиває цю думку, підкреслюючи, що «в самій сутності Бога існує певна єдність протилежностей: справжнє та гармонійне самовиявлення і саморозкриття; вільне співіснування та взаємодія; відкрите спілкування та взаємність. Людина є точною копією та відлунням цього Божественного життя».[23] Відомий католицький богослов Ганс Урс фон Бальтазар коротко додає також, що у Трійці, так само, як у чоловікові та жінці, ми «маємо відстань заради близькості, індивідуальність заради стосунків і любові, відмінності заради істинної єдності».[24]

---

[21] Там само.
[22] Rob Toonstra, *Naked and Unashamed: Exploring the Way the Good News of Jesus Transforms Sexuality* (Oro Valley: Doulos Resourses, 2014), 27.
[23] Barth, *Church Dogmatics*, 185. Цит. за: Grenz, *The Social God and the Relational Self*, 297.
[24] Hans Urs Von Balthazar, *The Theology of Karl Barth, trans. John Drury* (Garden city, N.Y.: Doubleday, 1972), 106.

Висновки до другого розділу

Здійснивши аналіз перших розділів Книги Буття, які вперше згадують про самотність людини, можемо зробити декілька головних висновків.

По-перше, від початку людина була створена за подобою Бога повноцінною (Екл. 7:29). Той факт, що іще до створення жінки із ребра Адама, той мав спілкування з Богом, виконував своє призначення та функції правителя над творінням, свідчить про те, що людська ідентичність та самосвідомість не обмежуються лише сферою її сексуальності, але існують у Бозі та відтворюються у виконанні християнином свого призначення. Себастьян Мур у своїй книзі «Внутрішня самотність» влучно висловився про людську ідентичність так: «Для чоловіка, який знаходить свою ідентичність в Бозі... жінка — не просто якась таємнича інша особа, його половина, але цілісна особистість, чиї витоки — у Вічному».[25] Вчення про істинну безшлюбність (целібат) пояснюється можливістю знайти свою ідентичність у Бозі за межами сексуальності, про що детальніше йтиметься у третьому розділі.

По-друге, самосвідомість людини, тобто усвідомлення нею своєї індивідуальності, народжує необхідність її «існування для іншого»,[26] оскільки лише за наявності цього «іншого» унікальність має сенс. Водночас самосвідомість вимагає необхідності визнання та прийняття тим іншим у спілкуванні та взаємодії. Ці дві потреби кожної особистості — у визнанні її унікальності та прийнятті, в належності — є невід'ємними людським потребами, які заклав у людину Бог, тому що вони відображають Його образ і початковий задум для людства.

Звідси отримаємо третій висновок, а саме, що хоч від початку чоловік і був створений за подобою Божою повноцінною та цілісною, однак не самодостатньою особистістю, а такою, що має внутрішню, вроджену потребу у формуванні тісних зв'язків, у належності (Бут. 2:18) до подібних собі. Створення і побудова таких близьких душевних зв'язків можливі у благочестивих дружніх стосунках. Але найкращим чином формування таких міцних інтимних душевних зв'язків, а також задоволення потреби у визнанні особистості та прийняття в спілкуванні, відбувається в межах нуклеарної сім'ї — у посвячених одне одному взаємних стосунках чоловіка та жінки, які прийнято називати шлюбом. Також той факт, що люди були створені як істоти жіночої та чоловічої статі в тілах і залишаться

---

[25] Moore, *The Inner Loneliness*, 59.

[26] Сам вислів «існування-для-іншого» ми запозичили у С. Мура.

такими у вічності, свідчить про те, що сексуальність людини є базовою невід'ємною частиною її ідентичності. І в цьому прагненні до союзу чоловіка та жінки, таких схожих і різних, рівних і вільних, у цій динаміці єдностей та протилежностей також виявляється та примножується образ і подоба Творця в людях.

По-четверте, в Новому Заповіті ми знаходимо думку, що віруючі мають «повноту» у Христі: (Кол. 2:10; Еф. 1:23; Ів. 1:16). Здається, що ця повнота стосується сутності людської ідентичності з соціального погляду. Саме у Христі, в Другому Адамі, християни як спільнота тих, хто належить Йому, мають можливість знову отримати цілісність особистості, незважаючи на різницю в статусі та статі, як і перша людина до гріхопадіння, бо «...немає чоловічого роду, ні жіночого, бо в Ісусі Христі ви всі — одно» (Гал. 3:28). У цій «повноті» кожен, хто «у Христі», має не лише все необхідне для свого спасіння, життя та освячення, але й повноту своєї особистості, розуміння своєї ролі та місця в Його Церкві, «яка є Його тілом, повнотою Того, Хто наповняє все в усьому!» (Еф. 1:23). Для Юргена Мольтмана «у Христі» є соціальним поняттям. Бути у Христі означає відкрити справжню спільноту.[27] Отже, ця повнота людської ідентичності «у Христі» практично реалізується завдяки соціальній, реляційній природі людини.

І хоча у Святому Письмі ми знаходимо окремі приклади того, що люди задовольняли фізичні потреби через спілкування з Богом напряму (Мойсей на горі Синай, пророк Ілля, Ісус у пустелі постив сорок днів), та це були радше винятки. Зазвичай Бог забезпечує наші природні земні потреби, особливо соціальні, переважно за допомогою іншої людини, друга, суспільства, церкви. Цю саму думку передано і в Псалмі 68, який стверджує, що саме Бог — «Він Отець сиріт і Суддя вдів, — Бог у Своїй Святині. Бог дає самотнім оселю для проживання, виводить в'язнів на волю задоволеними...» (Пс. 68:6–7). Фраза «Бог дає самотнім оселю для проживання» в оригіналі має конотацію належності до сімейства, набуття права поселитися в домі, бути прийнятим у суспільство, захищеним і забезпеченим Самим Богом. З цієї причини, коли люди знаходять спілкування з Богом у дружбі, товаристві, церкві, тоді задум Божий про нас як про соціальних істот, які здатні формувати міцні благочестиві душевні зв'язки і в такий спосіб примножувати Божий образ на землі, — реалізовується.

---

[27] Jürgen Moltmann, *The Coming of God: Christian Eschatology*, First Edition, transl. by Margaret Kohl (Minneapolis, Fortress Press, 1996), 267.

І останнє, відсутність задоволення цих потреб людини викликає почуття самотності. Інтимна або емоційна самотність, наприклад, народжується від нереалізованої потреби у близькій прив'язаності, прийнятті та належності. Нерозуміння людиною своєї ідентичності, свого місця в світі, так само, як і нерозуміння того, хто такий Бог, формування негативного образу Бога в свідомості людини, призводить до руйнації стосунків із Ним та народжує почуття екзистенційної та духовної самотності відповідно, які, зокрема, можуть викликати соціальну самотність, пов'язану із проблемами у стосунках з іншими людьми. Біблійні наративи, до розгляду яких ми перейдемо у наступному розділі, чудово ілюструють усі типи самотності. Історія гріхопадіння перших людей є яскравим прикладом, що розкриває витоки самотності.

Розділ 3

Біблійні оповіді про самотність

3.1. Самотність гріха: духовна самотність як результат гріхопадіння та соціальна ізоляція Каїна

Перші два розділи Книги Буття розповідають про ідеальний світ, у якому були створені та проживали перші люди. Але, як відомо, ця ідилія досить швидко добігла кінця через гріхопадіння Адама та Єви. Біблійна історія гріхопадіння багата на глибокі теми та смисли, які у межах цієї невеличкої книги розглянути неможливо. Але й не звернути на неї увагу також неможливо, оскільки вона досить виразно показує, як формування певного негативного образу Бога в свідомості людей впливає на зміну стосунків між людьми та Богом, народжуючи самотність та ізоляцію між ними. Богослов Себастьян Мур називає історію гріхопадіння «початком космічної самотності».[1]

Як відомо, історія починається із сатанинської спокуси та бажання людей володіти знанням і панувати незалежно від Бога. У своєму зверненні до Єви сатана («сатана» з єврейської означає «обвинувач») застосовує сумнів, метою якого було підірвати її віру в добрий характер та наміри Бога: «Чи справді Бог звелів: Не їжте з жодного дерева раю?» (Бут. 3:1). Далі читаємо: «І сказав змій жінці: Ні! Ви не помрете! Адже знає Бог, що того дня, коли скуштуєте з нього, відкриються ваші очі, і станете, як Бог, знаючи добро і зло» (Бут. 3:4-5). Зазначимо, що тут сатана намагається посіяти думку в свідомість Єви, що Бог, нібито, приховує щось добре від людей. «Першим нападом сатани на людський рід була його хитра спроба знищити впевненість Єви в доброті Бога. На жаль, і для неї, і для нас, йому це вдалося надто добре. З того дня люди мали

---

[1] Moore, *The Inner Loneliness*, 67.

хибне уявлення про Бога», — зазначає А. Тозер.² Далі прийняття сумніву у доброму характері Бога призводить спершу до формування у Єви іншої системи цінностей: «Побачила жінка, що дерево придатне для їжі й на вигляд приємне, і дерево вабило, бо давало знання». Тобто Єва раптом побачила якусь особливу цінність саме у цих заборонених плодах та, звісно ж, захотіла заволодіти ними. Ця омана автоматично призвела до непослуху, незважаючи на заборону: «Тож вона взяла плід і їла, а також дала своєму чоловікові, що був із нею, і він їв» (Бут. 3:6).

Як бачимо, недовіра людей до Бога будується на негативному образі Бога в їхній уяві як такого, що приховує від них щось і позбавляє чогось доброго. Стосунки неможливо побудувати без довіри; а недовіра завжди призводить до руйнування стосунків, і врешті-решт — до самотності. У цій біблійній історії привертає увагу той факт, що після того, як Адам і Єва вчинили непослух, вони починають бачити свою наготу, соромитися одне одного і ховатися від Бога. Замість обіцяного «всезнання», яке б уподібнило їх до Бога, вони, навпаки, втрачають цю славну подобу, а разом і цим, як наслідок, — і розуміння Бога як Того, Хто все знає і присутній всюди.

Відомий християнський психолог та автор багатьох книг, Крег Еллісон, аналізуючи історію гріхопадіння, доходить висновку, що врешті-решт, гріх перших людей зруйнував не лише їхні стосунки з Богом, але й одне з одним. Він пояснює:

> «Оскільки абсолютна любов передбачає та вимагає абсолютної непорочності, Адам і Єва уже не могли переживати Божу любов так, як раніше. Вони вже не могли любити ні одне одного, ні Бога так, як раніше. Замість любові та довіри прийшли страх та обвинувачення. Через сором гріх змусив їх ховатися. Близькість було зруйновано через втрату непорочності. І досі гріх штовхає нас, егоцентричних людей, ховатися, захищатися та ізолювати себе від інших. Отже, через власну гріховну природу люди уже не можуть дозволити собі бути відкритими та пізнаними такими, якими вони є насправді, тому що те, якими вони є насправді, — воістину ганебне».³

---

² Aiden. W. Tozer, *The Best of A. W. Tozer* (Baker Book House Company, 1980), 120.
³ Ellison, *Saying Good-Bye to Loneliness and Finding Intimacy*, 48.

Завершується наратив гріхопадіння розповіддю про те, що хоча люди самі не послухалися Бога та розірвали свої стосунки з Ним, Він першим виявляє ініціативу у відновленні спілкування з людьми (Бут. 3:9). А. В. Тозер якось сказав: «Якщо ми будемо думати про нього [Бога] як про холодного й вимогливого, для нас буде неможливо любити його, і наше життя буде охоплене рабським страхом».[4] Отже, можна сказати, що першопричиною гріха стала зміна переконань у свідомості людей стосовно образу Бога, а неминучою платою за гріх стала передусім духовна самотність як результат руйнування взаємних стосунків довіри із Богом, та як наслідок — з іншими людьми. А в деяких виняткових випадках платою за гріх була соціальна ізоляція.

Наскільки відомо з біблійної історії про гріхопадіння, серйозне порушення Божих постанов і законів совісті передбачає суворе покарання — вигнання Адама та Єви з Едемського саду. Насіння гріха, посіяне через непослух перших людей, принесло свої плоди в житті їхніх нащадків. Каїн, первісток Адама і Єви підступно та незаслужено вбиває свого молодшого брата Авеля. За скоєне братовбивство Бог прирікає Каїна на вигнання, кажучи: «Ти будеш блукати й тинятися по землі» (Бут. 4:12). Точний переклад цих двох слів «блукати та тинятися» (в оригіналі: «нуа-ва-над») важко знайти українською. Слово, що перекладене як «блукати», означає «той, хто плететься та хитається від слабкості, нестабільності або втоми», а слово «тинятися» має відтінок безглуздого блукання, кочування з одного місця до іншого. Прокляттям Каїна стала доля вигнанця.[5]

Два аспекти варто зазначити у цьому покаранні Каїна. По-перше, його виганяють із культивованого ґрунту (а, як відомо, обробка землі була його основним родом занять до вбивства брата). Інакше кажучи, тепер його вигнали в пустелю якнайдалі від знайомого та спокійного поселення на землі, від товариства та спілкування з його мешканцями; і особливо — його вигнали з тієї місцевості, де він народився і де його виховували, де він працював, де жили його родичі. Безхатченко,

---

[4] Aiden. W. Tozer, *The Root of the Righteous* (Camp Hill, Pennsylvania: Christian Publishing Inc., 1985), 5.

[5] «Genesis», *Cambridge Bible for Schools and Colleges*, accessed September 01, 2019, https://biblehub.com/commentaries/genesis/4-12.htm. Мені здається цікавим, що в українській мові є вислів «тинятися як неприкаяний», що буквально означає «ходити, не знаючи, що робити, не знаходячи собі місця від тривоги, кидатися з місця на місце, бути неспокійним». Це споріднене слово з дієсловом «каятися», що означає «визнавати свою провину, звинувачувати себе». Коріння цього слов'янського слова може походити від біблійного персонажа Каїна.

невпевнений і неспокійний, тепер він вигнанець у чужу країну, безлюдну, та ще й на далекій відстані від тих, із ким він раніше жив. Віднині він змушений жити не життям землероба, а блукаючого бедуїна пустелі. По-друге, його кочове життя не було наслідком докорів його сумління, але Божественного вироку. Для нього це було найбільш болючим покаранням. «І сказав Каїн до Господа: „Більший мій гріх, аніж можна знести"» (Бут. 4:13, переклад Огієнка). Тут слово, перекладене як «гріх» (євр. «авон»), може означати як, власне, «покарання за гріх» (як у 2 Цар. 7:9), так і сам «злочин, гріх, провину» (як у 2 Сам. 14:9). Деякі інтерпретатори вважають, що така реакція Каїна відображає його переконання, що вчинений гріх надто великий, аби його можна було б пробачити.[6] Але більшість тлумачів усе-таки згідна з думкою, що тут Каїн не стільки спокутує важкість власного гріха, скільки нарікає на непропорційно суворий Божий вирок. Цю думку доводять слова Каїна: «Ось Ти проганяєш мене сьогодні з лиця землі (євр. «адама» — оброблювана, культивована земля, ґрунт), і я ховатимусь від обличчя Твого, буду блукати й тинятися по землі (євр. «арец» — місце проживання людини і тварин, суша, країна); і станеться, — усякий, хто мене зустріне, уб'є мене» (4:14). Вочевидь, Каїна мучить тут не усвідомлення всього жаху свого злочину, а переживання за своє життя та безпеку. Справжньою причиною його відчаю було те, що Каїн вважав Божий вирок несправедливо тяжкою відплатою, яка так несподівано спіткала його, і яку він зрозумів як позбавлення Божої присутності: «…І я ховатимусь від обличчя Твого». Звернімо увагу, що Каїн, здається, не мав жодного уявлення про всюдисутність Бога. Тікаючи зі своєї рідної землі, яку він раніше обробляв, він думав, що тепер вже буде неможливо насолоджуватися Божественною присутністю й захистом ніде більше. Каїн не мав уявлення про Божу всюдисутність, на відміну від Еноха, про якого сказано, що той «ходив з Богом», тобто, постійно в Його присутності, думаючи про Бога (Бут. 5:22, 24); і на відміну від царя Давида, що вигукував: «Куди піду від Твого Духа і куди втечу від Твого обличчя? Якщо б я піднявся на небо, — Ти там. Зійшов би я в шеол, — і там Ти» (Пс. 139:7–8). Отже, Каїн сприймає своє покарання, як незаслужено важке і доходить висновку: «Я буду ховатися від лиця Твого». Це є досить показовим. Варіант покликати Бога навіть там, у землі

---

[6] Такий переклад цієї фрази хоч і використовується в Септуагінті, Вульгаті та сучасних перекладах Біблії українською мовою (наприклад, Сучасний переклад із давньоєврейської на давньогрецької мов), але він є малоймовірним, беручи до уваги наступний вірш (Бут. 4:14). Для більш детального ознайомлення див.: «Genesis», The Pulpit Commentary.

вигнання, він не розглядає. А Давид, навпаки, вірить у всемогутність, всюдисутність і доброту Бога, він не знає, де можна сховатися від очей і рук Господа — навіть у шеолі, Давид переконаний, що знайде Його.

Історії гріхопадіння та братовбивства Каїна демонструє, що негативне уявлення про Бога як далекого, обмеженого та жорстокого призводить до переживання духовної самотності та соціальної ізоляції. Згодом ізоляція та вигнання як способи покарання позбавленням спілкування, обмеженням права пересування чи проживання в певній місцевості часто використовувалися в історії суспільства.

Прикладом абсолютної тимчасової ізоляції у Святому Письмі може слугувати випадок із життя пророка Єремії, якого за відважне проголошення пророчого слова було кинуто в одиночну яму. Ось як пророк описує свої переживання: «...Оскільки в ямі не було води, а лише болото, то Єремія погруз у тому болоті» (Єр. 38:6). Зазвичай ізоляція буває болісною, тому що вона є вимушеною чи насильницькою. Саме тому її і застосовують як форму покарання. Якщо ізоляція Каїна була наслідком вчиненого гріха, то абсолютна ізоляція пророка Єремії у формі ув'язнення була наслідком його культурної самотності, відчуження, про які згадаємо нижче і які часто стають невід'ємною частиною шляху християнина у його слідуванні за Богом.

3.2. Самотність вибраних: культурна самотність народу Божого та служителів Бога

Правда в тому, що самотність і соціальну ізоляцію можна відчувати не лише через нестачу близьких стосунків із Богом, а і завдяки ним. Адже людина, яка твердо вирішила йти слідом за Богом, може стикнутися з нерозумінням і навіть протистоянням з боку найближчого оточення та суспільства, відчуваючи при цьому так звану «культурну самотність», яка стане предметом нашої уваги далі.

Культурну самотність іноді називають «пророчою» самотністю саме тому, що її досить часто змушені були переживати люди, покликані до служіння Богу (наприклад, пророки) через свою «інакшість», відмінність від світу і неприйняття цінностей тогочасного суспільства. Культурна самотність пов'язана також із певним взаємним відкиненням таких «пророків» суспільством і часто супроводжується відчуттям залишеності, незрозумілості, навіть зради з боку інших людей. Думаємо, що саме таку самотність і відкинення мав на увазі Христос, кажучи, що жоден пророк не буває визнаним у своїй батьківщині (Лк. 4:24; Ів. 4:44). Саме цей аспект самотності відчувають ті, хто навернувся щойно у християнську віру, залишаючи свої гріховні звички та товариства, і часто бувають емоційно, а іноді й буквально, фізично покинутими своїми друзями та родичами-нехристиянами. Вважаємо, не буде перебільшенням сказати, що культурна самотність тією чи іншою мірою відома практично усім великим служителям Божим, імена яких залишилися на сторінках Біблії, починаючи від Йосипа і закінчуючи апостолом Павлом.

Досліджуючи насичене подіями життя Мойсея, яким воно постає перед нами на сторінках Біблії, досить часто знаходимо його у самотньому протистоянні. Він був сам при єгипетському царському дворі в усвідомленні своєї національної ідентичності, сам вступився за свого співвітчизника перед єгиптянином, був сам у марних спробах примирити двох євреїв, які посварилися. Як влучно зазначає Еллі Візель, розчарований, розшукуваний, незрозумілий для свого народу, розбитий і загублений, Мойсей сам був змушений покинути Єгипет, свою нещодавно знайдену сім'ю та єврейську спільноту, як виявиться, ще на сорок наступних років.[7] У своєму подальшому прагненні здійснити покликання визволителя обраного народу Божого, Мойсей, напевне, не раз почувався самотнім і незрозумілим серед жорстокого, пихатого та впертого рідного народу, який то нарікав, то повставав, то погрожував його убити. Також Мойсей був самотнім і у своєму заступництві за народ перед Самим Богом, Який у праведному гніві Своєму не раз хотів остаточно його знищити (Вих. 32:11-14, 33:15-16).

Можливо, і Давид, котрий, як і Мойсей, був не лише пастухом, але й керманичем народу Божого, відчував схожі переживання культурної самотності. Як і Мойсей, Давид закликає Бога не залишати його та не віддалятися, про що переконливо свідчать його псалми. Зокрема, в Псалмі 13 Давид запитує Господа: «Доки, Господи, Ти не звертатимеш зовсім на мене уваги? Доки відвертатимеш Своє обличчя від мене?» (13:2), він просить «зглянутися і вислухати його» (13:4). А в псалмі 25 Давид прямо називає себе «самотнім та нещасним» (25:16) через вороже ставлення і люту ненависть до нього людей, що були навколо нього. Схожу думку знаходимо і в псалмі 34: «Свідки встають неправдиві, чого я не знав — питають мене, віддають мені злом за добро, осирочують

---

[7] Elie Wiesel, «The Lonely Prophet», in *Loneliness, Boston University Studies in Philosophy and Religion*, ed. Leroy S. Rouner, Vol. 19 (Notre Dame, IL: University of Notre Dame Press, 1998), 127–142.

душу мою!.. Господи, чи довго Ти будеш дивитись на це? Відверни мою душу від їхніх зубів, від отих левчуків одиначку мою!» (34:11-12, 17, переклад Огієнка). Ми бачимо, що через свої стосунки з Господом Давид почувається чужим серед своїх, відкиненим і посоромленим з боку тих, кого він вважав друзями, та навіть серед своєї сім'ї:

> «Тих, котрі без причини ненавидять мене,
> стало більше, ніж волосин на моїй голові.
> Вороги, які безпідставно мене переслідують,
> стали сильними...
> Адже заради Тебе я терплю зневагу,
> і сором покрив моє обличчя.
> Чужим я став для моїх братів
> і стороннім для синів моєї матері...
> бо ревність щодо Твого Дому з'їдає мене;
> на мене впало знущання тих, що Тебе
> зневажають», —

читаємо ми вірші, які стали пророчими із псалма 69:5, 8-10.

Далі бачимо, що Давид страждає від знущань і зневаги з боку як тих, «котрі сидять при брамі», так і п'яничок (тобто знатних людей і тих, що в соціальному плані «опустилися» якнайнижче). Давид як цар не знаходить підтримки та співчуття ні від кого: «Ганьба розбила серце моє, і я знесилився; я сподівався на співчуття, але надаремно; не знайшов я і втішителів» (69:21).[8] Події в житті Давида, опис яких ми знаходимо у Першій книзі Самуїла, підтверджують думку, що в молодості Давид зазнав переслідувань від царя Саула та не мав особливої поваги навіть у власній сім'ї, принаймні, до моменту свого сходження на престол. У часи небездоганного правління Давида, коли було написано цей 69-й псалом, як нам відомо, також було чимало невдоволених його владою, разом із його власним сином Авесаломом. Але незважаючи на всіляке відкинення, переслідування та внутрішнє переживання самотності, Давид покладав свою надію на Господа: «Не закривай від мене Свого обличчя, не відвертайся в гніві від раба Свого. Будь моїм помічником, не

---

[8] Вважають, що цей псалом написав Давид майже наприкінці свого життя. Хоча описані в псалмі події далеко перевищують будь-який досвід, що переживав Давид особисто. Зважаючи на новозаповітне розуміння, ми знаємо, що багато в чому цей псалом є пророчим, месіанським, що справдився у житті Ісуса Христа (наприклад, вірші 10, 22). «Psalm 78. Probable Occasion When Each Psalm Was Composed», accessed December 5 2022, https://www.blueletterbible.org/study/parallel/paral18.cfm.

відкидай мене і не залишай мене, Боже, Спасителю мій! Хоча б мій батько і моя мати залишили мене, та Господь мене прийме» (Пс. 27:9–10).

Ми вже згадували раніше історію пророка Єремії, який безсумнівно відчував власне відчуження від решти народу. Через своє відважне служіння та проголошення Слова Господа він був ув'язнений до одиночної ями при царському дворі. Розуміючи, що через своє покликання Богом він змушений «плисти проти течії», Єремія жаліється: «Горе мені, моя мамо, що ти мене народила чоловіком, з яким сперечається і свариться вся країна. (...) усі мене проклинають» (Єр. 15:10). І знову: «Господи, Ти все знаєш, (...) Ти знаєш, що заради Тебе я терплю ганьбу» (15:15). Про свою самотність він також каже у вірші 17: «Я ніколи не сідав у товаристві веселих глумливців. Під тягарем (відповідальністю) Твоєї руки (доручення) я сидів один...». У двадцятому розділі Книги пророка Єремії читаємо: «Коли священник Пашхур... почув усі ці слова пророцтва Єремії, то вдарив Пашхур пророка Єремію, і наказав закувати його в колоди (диби), що були в горішній Веніяміновій Брамі Господнього Дому» (20:1–2). Можливо, у цей момент пророк відчув певне розчарування в служінні Господу, коли він отримав несприйняття з боку як релігійної, так і державної влади, невірство серед народу, а також гоніння, знущання, публічні тортури й ув'язнення через своє служіння Богу. Звертаючись до Того, Хто уповноважив його на служіння, пророк промовляє: «Господи, Ти мене до цього схилив, і я піддався Тобі; Ти міцно схопив мене і подужав. Адже я став повсякденним посміховиськом, — кожен глузує з мене» (20:7).[9] Більшість тлумачів зазначає, що слово «схилив» у цьому уривку можна перекласти як «переконувати», а також «зваблювати, оманювати».[10] Так чи інакше, але служіння Господу для пророка Єремії обернулося, напевно, зовсім не тим, чим він уявляв його спочатку, коли Бог обіцяв йому, що поставить його над царствами, щоб «викорінювати і руйнувати, губити й нищити, а також відбудовувати й

---

[9] Цей вірш у Четвертому повному перекладі Біблії з давньогрецької мови звучить дивовижно: «Господи, Ти мене обманув, і я обманений, Ти скріпився і переміг. Я став посміховищем, я закінчував кожний день висміяним». Див.: «Єремія 20», Четвертий повний переклад Біблії з давньогрецької мови (UTT), accessed July 12, 2023, https://www.ukrbs.org/bible/UTT/JER.20/%D0%84%D1%80%D0%B5%D0%BC%D1%96%D1%97-20/.

[10] Те саме дієслово (євр. «пата») застосовуване в Ос. 2:14 в значенні «вмовляти». Воно вжите і в історіях про Самсона і Делілу (Суд. 16:5), про зваблення царя Ахава (1 Цар. 22:20 та 2 Хр. 18:19), в Пр. 25:15 та інших уривках у значенні «спокусити когось», «говорити м'яко та переконливо, щоб схилити на свою сторону або змусити зробити щось». Для більш детального аналізу дивіться: «John Gill's Exposition of the Bible», accessed February 27, 2020, https://www.biblestudytools.com/commentaries/gills-exposition-of-the-bible/jeremiah-20-7.html.

насаджувати... Вони виступлять проти тебе війною, але не здолають тебе, тому що Я з тобою, — говорить Господь, — аби тебе рятувати!» (1:10, 19). Але, висловлюючи перед Богом своє обурення та розчарування, і нагадуючи собі обіцянки, що дав був Бог, Єремія, схоже, розуміє, що Господь не обіцяв йому берегти його *від* усілякого лиха та труднощів, а зміцнити пророка *посеред* них, зробити його незламним і здатним подолати будь-яке протистояння. Єремія проголошує: «Але ГОСПОДЬ зі мною, як могутній витязь! Тому мої переслідувачі спіткнуться, і не переможуть мене!» (20:11).

Далі, ми дізнаємося зі Святого Письма, що і такий великий пророк в Ізраїлі, як Ілля, також, незважаючи на свою нещодавню перемогу над лжепророками, почувався вкрай пригніченим і самотнім: «Ізраїльтяни відкинули Твій Заповіт, зруйнували Твої жертовники, а Твоїх пророків знищили мечем, — залишився я один, але й мене шукають, щоб відібрати життя» (1 Цар. 19:10, 14). Із відповіді Бога ми розуміємо, що таке нарікання Іллі на свою самотність було дещо суб'єктивною та гіпертрофованою реакцією втомленого та знесиленого боротьбою служителя, яка не відповідала дійсності. Бог відповів Іллі, що в Ізраїлі у той час були ще окрім самого пророка, щонайменше, сім тисяч інших людей, котрі залишилися вірними Богу (1 Цар. 19:18). Тобто насправді пророк не був настільки самотнім у своїй боротьбі проти відступників, як він себе відчував.

Пригадується також пов'язане із цим тюремне ув'язнення апостола Павла, коли він наприкінці свого земного служіння був залишений майже усіма своїми соратниками та змушений був постати перед судом кесаря без жодної людської підтримки: «При моїй першій обороні нікого не було зі мною, але всі мене покинули. Хай не буде їм це зараховано. А Господь став при мені й підкріпив мене» (2 Тим. 4:10, 16–17; Дії 18:10). Отже, переживання культурної або пророчої самотності часто характерне для людей, чиї ідеї, місія випереджають їхній час, і які через своє покликання Богом, так би мовити, змушені йти «проти течії».

До того ж така самотність може стосуватися як окремої людини, так і цілого народу. Народу вибраного, але який ще не досягнув осмислення та прийняття своєї вибраності, про що й розповідає більшість історичних і поетичних книг Старого Заповіту. Ще на зорі становлення єврейського народу вустами сповненого протиріч провидця Валаама було виголошено досить дивні слова пророцтва, які характеризують обраний Богом народ, як той, що живе окремо (євр. «бадад» — «поодинці, одиноко, відокремлено») та серед людей (євр. «ґоїм» — «язичники») не рахується

(Чис. 23:9). Це є певною мірою відображенням основної риси Божого народу — його «окремості»: в тому, як ізраїльтяни мали займатися повсякденною діяльністю, забезпечувати свої сім'ї, виховувати дітей, служити Богу, — в усьому вони мали б дійсно відрізнятися, відокремлюватися від усіх інших народів.[11] І саме в цьому полягало їхнє основне призначення та суть обрання: своєю «інакшістю», відокремленістю від навколишнього гріховного світу, своєю святістю — відображати характер Самого Творця. Ця надзвичайно важлива тема — вибраності та самотності нації саме через свою вибраність і неприйняття іншими націями — згодом проходитиме через усю історію ізраїльського народу, а потім також і християн.

Отже, поняття «культурна самотність» містить у собі такі конструкти як «окремість», «особливість», «неповторність» і «відчуження». Вона сприяє усвідомленню християнином своєї унікальності, несхожості, кристалізації власної ідентичності та переоцінці цінностей людиною, — і в цьому полягає позитивний аспект такого типу самотності. Крег Еллісон ясно передає цю думку: «Якщо й існує якась форма відчуження, що мала б бути частиною християнського досвіду, то це буде культурне відчуження — відрив від основних цінностей, що превалюють у суспільстві. Вас відкинуть, якщо ви занадто хороші. Христа відкинули».[12] Отже, цей конфлікт цінностей і світоглядів, а разом із ним — і переживання християнина, вірного Богові, культурної самотності у певний момент свого життя, — неминучі. До такої самотності кожен християнин має бути готовим.

Бог часто використовував культурну самотність із певною метою. Вона є корисною як християнам, які її переживають, так і тим, кому вони несуть послання від імені Господа, виконуючи своє покликання та служіння. Проте культурна самотність відрізняється від соціальної самотності, про яку ми поговоримо далі.

3.3. Соціальна самотність у Книзі Еклезіаста

У Книзі Еклезіаста (авторство традиційно приписують Соломону) Проповідник, розмірковуючи про сенс життя, визнає певні переваги

---

[11] Shubert Spero, «A People That Shall Dwell Alone: Curse or Blessing?» *Jewish Bible Quarterly* 43, 2 (April — June 2015): 1.

[12] Craig W. Ellison, *Loneliness: The Search for Intimacy* (New York: Christian Herald Books), 98.

соціальних взаємин, які щонайменше позбавляють людину від соціальної самотності. Він каже:

> «Людина одинока, й немає в неї нікого більше —
> > ні сина, ні брата,
>
> проте не видно також кінця всім її зусиллям,
> > а її очі не можуть наситись багатством,
>
> і вона не запитає себе:
> > Для кого ж я працюю,
>
> відмовляючи самій собі в задоволеннях?
> > Тож справді, хіба це не безглузда
> > та непотрібна справа?!» (Екл. 4:8).

Тут посеред своїх розлогих міркувань про сенс життя, Проповідник звертає увагу на самотню та скупу людину і доходить висновку, що накопичення матеріальних багатств без співпраці, без взаємодоповнювальних сімейних і дружніх стосунків — це марна праця. Далі він зміцнює свою думку такими аргументами:

> «Двом усе-таки краще, ніж одному,
> > адже в них є добра винагорода в своїх трудах;
>
> і якби хтось з них впав,
> > то інший підніме свого товариша.
>
> Але горе самотньому, коли він упаде,
> > й не буде іншого, котрий його підняв би» (4:9–10).

Ці вірші можна застосувати і до моральних падінь, а не лише до спотикань, зумовлених фізичними перешкодами. Святе Письмо неодноразово попереджає нас про небезпеку свідомої самоізоляції чи уникання стосунків з іншими християнами (Євр. 3:13, 10:24–25; 1 Петр. 5:8–9). Також у Старому Заповіті вірш із Приповістей Соломонових 18:1 каже: «Примхливий схильний до свавілля і кепкує з усього розумного». Тут слово, перекладене українською як «примхливий», дослівно означає того, хто навмисно і добровільно відокремлює, ізолює себе від інших. Біблія застерігає нас, що подібне відокремлення себе заради потурання своїм бажанням і примхам є ознакою зухвалості та егоїзму. І практика доводить, що перебуваючи у церковному, братерському та сестринському спілкуванні, маючи підтримку інших, опиратися спокусі та протистояти ворогу в духовній війні легше. Схожу думку знаходимо й у 1 Івана: «Коли ж ходимо у світлі, як Сам Він є у світлі, то маємо спільність одне з одним, і кров Ісуса [Христа], Його Сина, очищає нас від усякого гріха» (1 Ів. 1:7).

Звісно ж, таке перебування у спілкуванні передбачає певну відкритість, довіру та підзвітність у взаєминах між віруючими, що з огляду на різні причини не всім «до душі», адже воно означає ризик.

Проповідник продовжує ілюструвати переваги дружніх стосунків: «Так само, коли двоє разом лежать, то їм тепло, а одному як зігрітись?» (Екл. 4:11). Інтерпретуючи цей вірш, Таргум має на увазі чоловіка та жінку, особливо коли в холодні сезони вони зігрівають одне одного, лежачи разом.[13] Образно можна також застосувати цей вірш і до теплих дружніх стосунків, які походять із соціальних зв'язків, душевного тепла та прихильності друзів, особливо об'єднаних спільною метою та вірою (1 Сам. 18:1; Дії 4:32; Еф. 4:2–6).

Наступною перевагою спільності Еклезіаст вважає певний захист і відчуття безпеки: «І якщо би хтось напав на одного, то вдвох вони зможуть протистояти йому; навіть нитка, скручена втроє, не скоро порветься» (Екл. 4:12). Отже, двом краще також і тому, що вони допомагають одне одному, захищають, піклуються, а взаємовигідні стосунки роблять життя більш приємним.[14] Отже, відсутність близьких стосунків довіри з людьми через певні риси характеру, зокрема закритість, схильність до відлюдництва, нездатність чи небажання створювати або підтримувати такі стосунки, створює основу для формування відчуття соціальної самотності. Дані досліджень із самотності доводять, що саме такі люди, які відокремлюють себе від спілкування, рідко усвідомлюють і ще рідше визнають себе самотніми, хоча по суті такими є. І навпаки, люди відкриті, здатні створювати душевні стосунки, засновані на довірі, рідко фактично відчувають соціальну самотність, тому що люди навколо, переважно самі до них «тягнуться».

Підсумовуючи основні думки в розглянутих нами уривках Книги Еклезіаста, можна виділити такі ключові принципи. Проповідник підкреслює соціальну природу людини та важливість дружніх взаємин для відчуття благополуччя, тоді як егоїстичні амбіції, що домінують у цьому світі і та виявляються як пихатість і жадібність, ускладнюють формування значущих взаємних дружніх стосунків, без яких людина приречена на переживання соціальної самотності.

---

[13] Таргум, який ми тут згадуємо, — це переклад Старого Заповіту арамейською мовою. Цит. за: The Pulpit Commentary, «Genesis». Така практика «зігрівання», вочевидь, була поширеною на Сході (див. 1 Цар. 1:2).

[14] Ernst Wilhelm Hengstenberg, *Commentary on Ecclesiastes with Other Treatises* (New York: Sheldon and Company, 1890), 130.

3.4. Самотність зруйнованої близькості: емоційна самотність Осії

Як ми уже згадували, існує велика різниця між соціальною та емоційною самотністю. Соціальна самотність виникає через брак або відсутність контактів з друзями, рідними, тоді як емоційна самотність пов'язана з відсутністю відчуття близькості у стосунках, браком взаємного розуміння з друзями, рідними і коханими людьми, та не має нічого спільного із кількістю цих контактів, а радше — з якістю стосунків. За словами дослідника Р. Вейса, який першим розмежував емоційну та соціальну самотність, соціальна самотність виникає за відсутності доступного кола спілкування та задоволення потреби в соціальних зв'язках, у соціальній інтеграції, тоді як емоційна самотність є суб'єктивною реакцією людини на відсутність сильної емоційної прив'язаності (схожої на любовну), на нездатність знайти душевний відгук і розуміння в іншої значущої людини.[15] Такий тип самотності часто переживає людина внаслідок розриву дружніх чи любовних стосунків, через віроломство, зраду, смерть подружжя чи близького друга.

Мабуть, найкращою ілюстрацією цього типу самотності у Святому Письмі є приголомшлива історія стосунків пророка Осії зі своєю дружиною на ім'я Ґомер. Звісно, прямої вказівки на емоційну самотність чи на прив'язаність ми в тексті не знайдемо, хоча уважний погляд нам дозволяє побачити в цій історії всі належні складові прив'язаності. Це щире піклування та турбота про життя коханої людини, визнання значущості цієї людини для себе, бажання близьких взаємних душевних стосунків з об'єктом своєї прив'язаності, а також визнання свободи дій та повага щодо його вибору.

Події, описані в Книзі пророка Осії, від самого початку розгортаються інтенсивно, «з порогу» приголомшуючи читача Божим наказом благочестивому та порядному пророку одружитися з Ґомер — жінкою «розпусної поведінки» (Ос. 1:2). Хоч цей шлюб і був, м'яко кажучи, «нерівним», все-таки пророк Осія зробив, як йому було сказано, не лише винятково із послуху Господу, а й тому, що він полюбив Ґомер. Полюбив усією душею. Незважаючи ні на що. Ми бачимо, що Осія, незважаючи на відкриття від Господа про те, що вона буде його зраджувати, офіційно бере шлюб із цією жінкою, приймає її, приводить у свій дім, дає їй своє ім'я, піклується про неї та виховує її дітей. Можливо, по-людськи він

---

[15] Robert Weiss, *Loneliness: The Experience of Emotional and Social Isolation* (Cambridge: MIT press, 1975), 236.

сподівався, що тепер з її невірністю буде покінчено, що його любові достатньо буде для неї. Але він помилявся. Всупереч усій його турботі, любові та вірності, Ґомер іде від Осії та повертається до свого минулого ремесла. Господь відкриває, що причиною такої поведінки є «...дух блудства» та незнання Господа (Ос. 5:4, 4:12). Парадоксально, але незважаючи на добровільний вибір Ґомер піти від свого чоловіка до коханців, Осія продовжує таємно піклуватися про неї. А вона думала помилково, що отримані нею кошти і подарунки були платою за її «послуги» від коханців (2:8). Можемо тільки здогадуватися, як себе почував Осія.

Кульмінацією трагічних подружніх стосунків, розірваних через невірність і невдячність, отруєних втраченою довірою, був наказ Бога до Осії незважаючи ні на що знайти Ґомер, полюбити її знову та повернути назад за будь-яку ціну. І в третьому розділі книги ми бачимо, що Осія нарешті знаходить свою Ґомер, принижену, яка продавалася, наче товар на ринку. Він буквально купує її за великі гроші, напевно, з якогось чергового борделю.

Мабуть, найбільш дивним у цій історії вірного пророка та його порочної дружини-блудниці є те, що історія їхніх стосунків стала живою ілюстрацією стосунків Бога зі Своїм народом. Вражає те, що Сам Бог застосовує таку відверту мову подружніх стосунків, говорячи про Свої стосунки із вибраним народом. Він ревнує, обурюється та сумує через їхню невірність Йому, порівнюючи їхнє ідолопоклонство з подружньою зрадою: «Адже Я бажаю милосердя,[16] а не жертви, й пізнання Бога — більше за всепалення. Вони ж, як перші люди, порушили Заповіт, зрадили Мене там» (6:6–7). У Книзі пророка Осії, як ніде інше, за винятком деяких розділів у Книгах пророків Ісаї (54 розділ), Єзекіїля (16 та 23 розділи) та Єремії (2 і 3 розділи), ми бачимо Бога як відкинутого, зрадженого Чоловіка, який прагне відновлення стосунків зі Своєю «дружиною» — народом Ізраїлю. Тому що Він досі так сильно любить її — як і раніше.

Водночас Книга Осії — це книга зі щасливим кінцем, вона сповнена надії на відновлення стосунків. Незважаючи на усе відступництво народу Божого від Господа, на їхню вперту відмову повернутися до Нього, на їхню «закостенілість» у постійних зрадах, Бог неодноразово

---

[16] Це єврейське слово «хесед» є широким за своїм значенням. Воно описує правильні взаємини, які мають бути між особистостями (між людьми чи між людиною і Богом), пов'язаними взаємним союзом чи заповітом. Це слово має як значення доброти, прихильності та милості, так і значення відданості і вірності і, залежно від контексту, підкреслює той чи інший відтінок значення.

закликає їх повернутися до Нього (6:1, 12:7, 14:2, 3). Причому саме Він виступає ініціатором відновлення стосунків. Він каже: «І все ж Я її вмовлю й поведу її в пустелю та говоритиму до її серця» (2:16). Тут дієслово «вмовити» передає ідею зацікавленості у побудові довірливих близьких стосунків.[17] Та сама думка розвивається й надалі у віршах 21 та 22 другого розділу, де Бог обіцяє: «Я заручу тебе із Собою навіки; візьму тебе Собі на засадах справедливості й права, милосердя й любові. Я заручу тебе Собі у вірності, і ти пізнаєш Господа». Потрійне вживання дієслова «заручу», тобто «візьму Собі як дружину» тут несе ідею вічного шлюбного заповіту, посвячення та відданості в близьких стосунках. Така риторика свідчить про те, що Бог прагне знайти у Своєму народі зустрічне бажання, а не порожню покору через страх, Він зацікавлений у їхній добровільній любові, в пізнанні Його близько, в особистих стосунках, одним словом, у їхній здоровій прив'язаності до Нього.

Безумовно, невірність підриває довіру, руйнує емоційну близькість, викликає бажання помститися, покарати або принаймні відкинути і залишити у відповідь на зраду та невірність (див. Ос. 8:13, 9:1). Очевидно, така реакція сторони, що постраждала, цілком виправдана і навіть необхідна, щоб допомогти винуватцеві визнати свою помилку, невірність, свою самотність — і нарешті повернутися назад та відновити стосунки: «Підемо, — скажуть вони, — й повернемося до Господа! Він нас розшарпав, але Він і вилікує нас; поранив нас, і перев'яже наші рани. (...) і ми будемо перед Ним жити. Тож пізнаймо, намагаймося пізнати Господа» (Ос. 6:1–3).

У другій частині Книги пророка Осії Бог застосовує як аналогію Своїх взаємин із вибраним народом образ стосунків Батька зі Своєю дитиною. Вірші 1, 3-4 одинадцятого розділу Книги Осії говорять про ніжну турботу, готовність захищати Своє дитя, про прихильність і ненав'язливу любов Бога-Отця до Свого народу: «Коли Ізраїль був дитиною, Я його полюбив, і з Єгипту покликав Я Свого сина. Але ж це Я навчив Єфрема ходити; брав їх на Свої руки, та вони не розуміли, що це Я лікував їхні рани. Я їх притягував поворозками людяності — пов'язами любові, і був для них, як той, котрий знімає ярмо з його шиї, притуляючись до щоки, нахилявся до них і годував». Але, незважаючи на всю турботу і любов батька, син бунтував і дратував Бога-Отця.

---

[17] У значенні «звабити» це дієслово застосовується наприклад, у Вих. 22:16, Суд. 14:15 та 1 Цар. 22:20, як вже згадувалося вище.

Скільки емоційного напруження і теплоти відчувається в словах Господа: «Як же мені залишити тебе, Єфреме? Як видати тебе, Ізраїлю? (…) Моє серце перевертається в Мені, і Я сповнений милосердя. (…) Я не зроблю за спонуканням Мого гніву…» (Ос. 11:8, 9). Книга Осії як ілюстрація емоційної самотності через розрив інтимної прихильності підбадьорює, адже містить пророчі зворушливі обіцянки відновлення стосунків.

Зараз давайте проілюструємо Святим Письмом екзистенційну самотність, яка свідчить передусім про те, що людина, яка переживає її, не має розуміння свого місця і покликання у житті.

3.5. Самотність порожнечі: екзистенційна самотність Еклезіаста

Книга Еклезіаста вважається однією з найбільш дискусійних і філософських частин Старого Заповіту, у якій розглядаються екзистенційні та моральні основи життя людини значно більшою мірою, аніж питання доктрин. Мабуть вона є однією з найкращих книг, у якій настільки яскраво і, кажучи мовою оригіналу, у «належних висловах» правильно викладено суть екзистенційної самотності, що полягає у відсутності розуміння людиною сенсу свого життя та місця «під сонцем» (Екл. 12:10). Американська філософиня Рут Путман вважає, що, найпевніше, книга відображає глибоку екзистенційну самотність самого автора. Вона доводить, що така екзистенційна самотність виявляється передусім у нездатності Еклезіаста дивуватися, захоплюватися або бачити щось нове «під сонцем», тобто на землі (1:9). А також у тому, що життя у всіх його виявах видається йому нікчемною «наймарнішою марнотою» і «гонитвою за вітром» (1:2, 4:6, 1:17).[18] Як зазначає богослов Девід Мур — автор тлумачення Книги Еклезіаста — слово, перекладене тут як «марнота» (евр. «хавель»), можна перекласти також як «туман», тобто щось порожнє, невизначене і химерне. Так само як і фразу «гонитва за вітром», що в біблійній літературній мудрості несе ідею гонитви за чимось короткочасним і несуттєвим, що не має в собі тривалої цінності, що по суті, є справою марною і безглуздою.[19]

---

[18] Ruth A. Putman, «The Loneliness of Koheleth», in *Loneliness, Boston University Studies in Philosophy and Religion*, ed. Leroy S. Rouner, Vol. 19 (Notre Dame, IL: University of Notre Dame Press, 1998), 145.

[19] Див.: David G. Moore, «Ecclesiastes, Song of Songs», in *Holman Old Testament Commentary* (Nashville, Tennessee, 2003), 3–4.

Водночас, можемо цілком погодитися із Соломоном у тому, що, справді, принципово «немає нічого нового під сонцем» (1:9), адже циклічність життєвих процесів, необхідність працювати та прагнення людини отримувати насолоду, а також несправедливість і насилля, що походять від гріховної натури людини — по суті, нічого не змінилося ще з часів гріхопадіння. Девід Мур вважає, що власне у цьому й полягає головна думка Соломона — «звернути нашу увагу на той факт, що влада, багатство та задоволення — це ті самі речі, у гонитві за якими люди завжди прагнули досягнути „хорошого життя"»,[20] а досягнувши, — відчували гірке розчарування, тому що усе це саме по собі — марнота. Ось коли народжується екзистенційна самотність: коли людина досягає певного успіху в житті, має приголомшливі досягнення, усі можливі насолоди, багатства, славу та владу, і раптом розуміє, що *ніщо з усього цього не робить її щасливою*. Така людина переймається питанням: «То ж у чому сенс життя?»

Читаючи Книгу Еклезіаста, бачимо, що Проповідник постає перед нами з усіма ознаками екзистенційної самотності: у пошуках сенсу життя (1:3), в усвідомленні марності своїх турбот і старань (2:22, 3:9), в певному розчаруванні своїм життям і ненависті до нього (2:17-20), в безпорадності та невизначеності перед лицем смерті, яка вирівнює всіх — багатих і бідних, мудрих і нерозумних, праведних і нечестивих (2:14-15, 3:19-21, 8:8 та 10, 9:2). Разом із тим, у словах Еклезіаста відчувається переживання певного відчуження не лише від самого себе чи інших людей, але й від Бога. І хоча він, як видається, долучається у всіх аспектах до релігійного життя євреїв (4:17, 5:3), ніщо із цього не вказує нам на те, що автор має особисті стосунки з Богом: він часто говорить про Бога і ніколи — з Ним особисто, згадує Його лише як Творця чи суворого Суддю, якого потрібно не забувати і боятися, та ніколи — як Захисника чи люблячого Батька. Проповідник жодного разу не називає у цій книзі Бога на Ім'я, що, враховуючи авторство Соломона (до якого Бог двічі приходив уві сні), виглядає досить дивним.

Отже, Соломон у Книзі Еклезіаста приділяє увагу важливим філософським питанням буття людини, таким як місце та сенс, марнота та мінливість її життя, неможливість досягнути цілковитого задоволення на цій землі, розуміння марності земної праці та неминучості людської смерті. Все це — цілком доречні переживання за відсутності особистісних і довірливих стосунків із Богом. Висновок, до якого доходить Еклезіаст

---
[20] Там само.

наприкінці своїх роздумів про сенс життя людини, полягає в усвідомленні того, що можливість мати достаток, бачити добро, користуватися ним і насолоджуватися — це Божий дар (5:18), а сенс усього життя — ось у чому: «Бійся Бога, і дотримуйся Його Заповідей, бо саме у цьому сутність справжньої людини. Адже Бог приведе на суд кожну справу» (12:13–14). Отже, у Книзі Елезіаста ми бачимо певний принцип: причина та вирішення проблеми екзистенційної самотності лежить у площині віри та стосунків із Богом, оскільки вони є основними факторами, що формують сенс життя людини.

У наступному розділі ми розглянемо роль страждань людини та образу Бога у формуванні відчуття екзистенційної самотності.

3.6. Самотність страждання та втрати: екзистенційна самотність Йова

Страждання, що є основним лейтмотивом Книги Йова, можуть бути одним із каталізаторів екзистенційної самотності. Будучи однією з найбільш відомих стародавніх історій у всій Біблії та водночас однією із найменш зрозумілих, вона не перестає викликати подив у читача. У цій історії Йов постає перед нами як людина праведна, впливова та відома, яку Бог всіляко благословив великими прибутками та маєтком, жінкою і десятьма дітьми, здоров'ям і владою, але яка втратила усе це (окрім дружини) впродовж декількох днів. Звертає увагу на себе той факт, що Сам Бог також оцінює Йова як людину справедливу та непорочну, яка богобійна та ухиляється від зла і «немає на землі рівного йому чоловіка» (Йов 1:8). Тому, здається, Йов менше за своїх сучасників заслуговував на такі страждання, які випали на його долю. Саме це — незаслужені страждання праведників, особливо беручи до уваги те, що Бог справедливий, — робить історію Йова такою важкою для сприйняття та водночас такою привабливою.

Страждання є болючим переживанням, і люди часто схильні сприймати свої страждання як покарання від Бога. Вони прагнуть віднайти сенс своїх страждань, переймаючись питанням, що вони зробили аби їх заслужити. Особливо, коли страждання трапляються у житті праведників, так би мовити, «добрих» людей, — часто їхні причини є незрозумілими, викликаючи думку: «Якщо Бог такий всемогутній, люблячий та справедливий, то чому ж Він допускає страждання праведних людей?» Такі питання піднімаються і в Книзі Йова.

Сюжет книги розгортається у такий спосіб, що у своїх стражданнях Йов почувався абсолютно ніким незрозумілим і самотнім, що, безсумнівно, підсилювало його страждання. Зі слів автора ми дізнаємося, що усі слуги та знайомі відсторонилися від Йова, уникали його і, як йому здавалося, змовилися проти нього (6:15, 16:9, 19:13–17, 19). Навіть дружині його «дух став бридкий». Через свою зневагу до чоловіка або через відчай вона запропонувала Йову проклясти Бога та вмерти (2:9). Коли друзі Йова почули про його проблеми, то спершу прийшли підтримати його, але замість того, щоб надати допомогу і виявити співчуття, глузували і критикували його (12:4), використовуючи цю ситуацію для звинувачення Йова у різних гріхах, щоби хоч якось узгодити ці жахливі події у житті їхнього друга зі своїми власними уявленнями про Бога (15:4–6, 22:5–7, 34:7–8).

Варто зазначити, що страждання кожна людина переживає досить індивідуально і по-особливому. Людині здається, що так, як страждає вона, більше не страждає ніхто. Навіть одні й ті самі обставини, такі як хвороба, наприклад, одна людина сприймає як неприємне ускладнення, з яким можна продовжувати жити, або як перешкоду, котру слід подолати, а для іншої це означає кінець життя. Переживання людиною самотності ще більше підсилює цю унікальність страждання. Як відомо, підтримка з боку значущих людей тих, хто має справу з обставинами, загрозливими для життя та здоров'я останніх, має виняткове значення. Авіва Мейєрс і Мартін Свартберг, відомі дослідники досвіду самотності серед ВІЛ-інфікованих людей, вважають, що

> «значущі інші люди у нашому житті, такі як батьки та друзі, сім'я та суспільство слугують для утвердження нашого існування завдяки нашій здатності спілкуватися з ними та відчувати на собі їхню заспокійливу присутність та інтерес. Така взаємна турбота дозволяє мати переконання, що людина не одна і може розраховувати на підтримку інших перед лицем смерті та страждань, (…) у такий спосіб дозволяючи мінімізувати виникнення ізоляції, тривоги та екзистенційної самотності».[21]

---

[21] Aviva M. Mayers and Martin Svartberg, «Existential Loneliness: A Review of the Concept, Its Psychosocial Precipitants and Psychotherapeutic Implications for HIV-Infected Women», *British Journal of Medical Psychology* 74 (2001): 544.

Мабуть найважче для розуміння у Книзі Йова — це те, що протягом усієї історії душевних і фізичних тортур героя Бог майже до самого кінця зберігає мовчання. Йов, як бачимо із тексту, відчував, що Бог, у Якого він завжди вірив і Якого шанував, і Який допустив усі ці страждання, здавалося б, відвернувся чи сховався від нього, та навіть вважає Йова Своїм ворогом (13:24, 19:11), ущент розбив і кинув його (16:11-14), ненавидить і розриває його на шматки (16:9). Йов вражений, він не знає, за що йому оце все. І де знайти йому Бога, щоб поговорити? Як виправдатися та захиститися перед Ним, як довести свою невинність? (23:3-9, 31:6). І хоч Йов, незважаючи на усе це, все одно висловлює свою надію на Бога як Викупителя (19:25), Свідка та Заступника (16:19), водночас він і чесно висловлює свої сумніви стосовно справедливого та милосердного характеру Бога (9:22-29, 10:3,6, 9:16-18, 24:12).

Окрім приголомшливого нерозуміння та своєї самотності у своєму горі, Йов страждає від почуття несправедливості, природно сприймаючи свою скорботу як незаслужене покарання від Бога, Який забирає у нього можливість отримати хоча б якусь розраду в житті, і тому Йов благає Бога відступити, відвернутися від нього (10:20, 14:6). Взагалі, як стверджує психолог Крег Еллісон, страждання «добрих» людей не узгоджуються із нашим почуттям справедливості, змушуючи декого сумніватися в Бозі.[22] Однак питання «справедливості» знімається, коли сприймати страждання не як покарання за гріх, а як певну перевірку, випробування на вірність. Так і було з Йовом.

Цікаво зазначити, що до самого кінця Бог так і не повідомив Йову, у чому полягає сенс його страждань. Можливо, Йов цього і не зрозумів, але, витримавши таке випробування своєї віри, він отримав подвійне благословення, відшкодування своєї втрати у сім'ї, майні та здоров'ї (42:11-17). Але мабуть найголовніше, що отримав Йов як наслідок своїх страждань, — це краще розуміння Бога як Всемогутнього, Суверенного Всезнавця (42:2), як Заступника та Доброго Бога (38:27-41, 42:2-6). Йов став більш смиренним і сильнішим у своїй довірі до Бога. З огляду на вічну перспективу богослов Стівен Лосон робить висновок: «вічний духовний здобуток Йова переважив його тимчасові фізичні втрати» і душевні страждання, адже він зрозумів, що навіть у часи страждань він не самотній, тому що Бог його знає, бачить і відповідає йому.[23]

---

[22] Ellison, *Saying Good-Bye to Loneliness and Finding Intimacy*, 57.
[23] Steven J. Lawson, «Job», in *Holman Old Testament Commentary*: (Nashville, Tennessee: Broadman and Holman Publishers, 2004), 366.

Отже, на сторінках Святого Письма ми знаходимо не лише пояснення сутності соціальної, емоційної та екзистенційної самотності в житті, але й певні настанови, як віруючий може уникнути потрапляння в «пастки» таких типів самотності навіть посеред кризових життєвих потрясінь і страждань. Однак практика життя виявляє, що схожі потрясіння призводять до того, що деяким людям здається, що Бог їх залишив, вони переживають крах віри. На питання, чому одні віруючі втрачають свою віру під тиском страждань, а інші — ні, спробуємо дати відповідь в наступних двох розділах, які присвячено розкриттю сутності духовної самотності та відчуттю богозалишеності з огляду на біблійну перспективу.

3.7. Самотність Месії: багатоликість самотності Христа. Пекло як крайня форма духовної самотності

У псалмах царя Давида у Старому Заповіті ми знаходимо яскраві свідчення нової та принципово глибшої рефлексії самотності, а саме — духовної самотності. Для того, щоб зрозуміти суть духовної самотності, необхідно більш детально розглянути ті місця Святого Письма, які найвиразніше описують її.

Давид, переживаючи самотність, неодноразово звертався в молитві до Бога. Наприклад, у Псалмі 25:16: «Обернися до мене і помилуй мене, бо я самотній і нещасний». У цьому псалмі Давид кається та журиться, висловлюючи свою потребу у відновленні правильних стосунків із Богом. І тому тут, як і у багатьох інших місцях Книги Псалмів, самотність пов'язується не стільки з втратою спілкування з іншими людьми, скільки із відчуттям відчуженості від Бога.

Найбільш виразним описом переживання духовної самотності, на наш погляд, є 22-й псалом: «Боже мій, Боже мій! Чому Ти мене покинув? Далекі від мого спасіння слова мого голосіння... Ти ж, Господи, не віддаляйся! Сило моя, поспіши мені на допомогу. Врятуй мою душу від меча і від собачих лап, — єдину мою» (22:2, 20–21). Як відомо, цей псалом вважається одним із месіанських псалмів, який, що є особливо цікавим, Ісус цитував перед Своєю смертю, коли висів на хресті. Логічно зробити висновок, що Ісус не випадково цитував саме цей текст Писання, і не лише для того, щоб виконалося стародавнє пророцтво, а радше тому, що ці пророчі слова точно передавали саме те, що Син Божий переживав у той момент на хресті, — відчуття богозалишеності.

Окремі єврейські тлумачі вважають, що у цьому псалмі Давид описував безпосередньо деякі власні переживання, інші ж вважають, що він стосується народу Ізраїлю в полоні, але безперечним, на нашу думку, є те, що цей псалом описує страждання Месії. Навіть один із стародавніх рабинських мідрашів VIII ст. Песікта Раббаті,[24] також пов'язує слова із цього псалма з описом страждань Месії: «Наш істинний Месія (...) шкіра твоя прилипла до кісток твоїх, і тіло твоє було сухе — подібно до сухого дерева; (...) і сила твоя — висохла як черепок — всі ці страждання — за гріхи наших дітей».[25] Отже, 22-й псалом є наочним описом страти Месії: кістки Його роз'єдналися, що варто розуміти як те, що кістки було вибито із суглобів (22:15), Він зневоднений (22:15–16) і оточений ворогами, що кидають жеребок, розділяючи поміж собою Його одіж, у той час коли Він помирає (22:17–19). І щоб посилити Його публічне приниження ще більше, Його руки та ноги проколоті і Він роздягнутий наголо — щоб всі дивилися та глузували з Нього (22:17–18). Всі ці описи дивовижно схожі на особливості страти через розп'яття, яку, що цікаво, не застосовували до виникнення Римської імперії, і тим паче, у часи написання цього псалма. Значить, у цьому псалмі Давид пророчо дивиться на ці події, які не відбувалися безпосередньо у його житті, які не схожі ні на що із того, що він особисто переживав колись раніше, але як пророк він говорить про майбутнє страждання Месії на хресті.

Також ми можемо знайти й інші пророчі уривки в Біблії, в яких містяться провіщення смерті, страждань і прославлення Месії.[26] Порівнюючи слова стародавнього пророцтва, записані Давидом у 22-му псалмі за багато століть до самих подій, з текстом Євангелій, що описують останні хвилини життя Христа, дійсно, вражає той факт, наскільки точно вони збуваються (див. Табл. 1 нижче).

---

[24] Мідраш (євр. «тлумачення») — тлумачення Письмової Тори за допомогою алегорій та притч. Песікта Раббаті (євр. «Великі Розділи») є середньовічною збіркою проповідей чи уроків щодо святкових дат року. Див.: «Pesikta Rabbati», *Encyclopedia.com*, accessed December 14, 2022, https://www.encyclopedia.com/religion/encyclopedias-almanacs-transcripts-and-maps/pesikta-rabbati.

[25] Песікта Раббаті 37:1. Зі стандартного перекладу англ. мовою Вільяма Дж. Брауде, *Pesikta Rabbati: Homiletical Discourses for Festal Days and Special Sabbaths*, trans. William George Braude, 2 vol. (New Haven: Yale, 1968), 685–86.

[26] Див. наприклад: Зах. 13:7, Пс. 2:1–2 тощо. Думка запозичена з книги: Роберт Харман, *Основания веры: понимание доктрин спасения, крещения и суда вечного* (Global Vision Ministries «Antikva», 2003), 77.

Таблиця 1. **Порівняльна таблиця пророцтв, що збулися із Псалма 22**

Вірш псалма 22	Вірш Євангелії
[2] Боже мій, Боже мій, — нащо мене Ти покинув?	Мт. 27:46 А о дев'ятій годині Ісус скрикнув гучним голосом, кажучи: Елі, Елі, лема савахтані? Тобто: Боже Мій, Боже Мій, чому Ти Мене покинув?
[7] Я ж не людина, а черв'як, посміховисько в людей і презирство народу.	Мт. 27:44 Так само і розбійники, розп'яті з Ним, насміхалися з Нього.
[8] Всі, хто мене бачить, глузують з мене, кривлять губи і похитують головами.	Мт. 27:39 А ті, хто проходив повз Нього, лихословили Його, похитуючи своїми головами.
[9] Покладався на Господа, — нехай тепер Він його рятує, нехай його визволить, якщо він Йому любий!	Мт. 27:43 Він покладав надію на Бога; нехай тепер Його визволить, якщо хоче, бо Він сказав: Я — Божий Син!
[15] Я розлитий, як вода	Ів. 19:34 Але один з воїнів списом проколов Йому бік, і тут же витекли кров та вода.
[16] Як черепок, висохла моя сила, а мій язик прилип до мого піднебіння.	Ів. 19:28 Після цього, знаючи, що все вже завершилося, каже Ісус, аби збулося Писання: Прагну!
[17] Мене обступили пси, зборище злочинців оточило мене, вони пробили мої руки й ноги.	Лк. 23:33 Коли прийшли на місце, яке зветься Черповище, тут розп'яли Його й злочинців — одного праворуч, а другого — ліворуч.
[18] Я можу перерахувати всі мої кості, а вони дивляться, спостерігаючи за мною.	Лк. 23:35 А народ стояв і дивився. Насміхалися і начальники [з ними], кажучи: Він інших спасав, тож нехай спасе і Себе Самого, якщо Він Христос, Божий Обранець!
[19] Вони ділять мій одяг між собою, а щодо мого плаща кидають жереб.	Мт. 27:35 А ті, які розп'яли Його, кидаючи жереб, поділили Його одяг.

Перші слова цього псалма, процитовані Ісусом, мали б нагадувати книжникам, що там стояли і принижували Його, про це пророцтво; власне, ці вислови, які Його вороги застосовували, намагаючись принизити Ісуса, поки Він страждав на хресті, так само як і їхні дії, Його скривавлене і пробите тіло та смертна кара, яка викликала зневоднення та задуху, розділення Його одягу та кидання жеребу римськими солдатами — все це відбулося та ретельно записано, щоб у читача не залишилося жодного сумніву, що саме Він — Ісус — є Героєм цього псалма.

Що ж насправді відчув Син Божий на тому хресті? Те, що Ісус цитує 22-й псалом під час Своїх хресних страждань, свідчить насамперед про те, що Він Сам Себе бачив Тим, Хто виконує це пророцтво про Месію, вважає Тім Хегг, автор численних книг про священні стародавні тексти.[27] Ісус вигукнув «Боже Мій, Боже Мій, чому Ти Мене покинув?» не просто ради того, щоб збулися слова пророцтва, а справді переживаючи крайню ступінь фізичних, душевних і духовних страждань, особливо протягом трьох останніх годин на хресті. Логічно буде зробити висновок, що у той момент Ісус насправді пережив цілковите спустошення та духовну самотність, яка досягнула свого апогею — відчуття богозалишеності.

Отже, бувши зрадженим, висміяним, опльованим і, нарешті, розіп'ятим на хресті за гріхи всього людства, Ісус відчув майже всі форми самотності, які лише можливо собі уявити. Адже, протягом Свого земного життя Він був у самотності спокушуваний у пустелі (Лк. 4:1-2), не зрозумілий у власній сім'ї (Ів. 7:5), відкинений тогочасними релігійними та світськими правителями і народом (Ів. 19:14-15), а згодом — зраджений і покинутий Своїми учнями (Мр. 14:50), і воістину — самотній. Відома американська теологиня Рутледж Флемінг також зазначає, що для євангеліста Марка втеча учнів була ще одним знаком того, що така ганебна смерть Ісуса була свідченням Божого незадоволення Ним, оскільки справжній герой не буває покинутим всіма своїми послідовниками. Але у той момент учні не бачили в Його принизливій та безглуздій смерті ніякого послуху Богу, ніякого виконання Його місії чи героїчної мученицької самопожертви. Навпаки, якраз тому, що це було саме розп'яття, вони могли бачити в цьому лише повну дискредитацію служіння Ісуса перед людьми та ознаку прокляття від Бога.[28]

---

[27] Tim Hegg, «Studies in the Biblical Text: Psalm 22:16», accessed January 17, 2018, https://www.torahresource.com/EnglishArticles/Ps22.16.pdf.

[28] Адже, згідно з Повт. 21:22-23: «Якщо хтось скоїв гріх, буде винесений йому смертний вирок, і він буде вбитий через повішення на дереві, то його труп не повинен залишатися на дереві протягом ночі, але неодмінно поховайте його того самого дня, бо кожний, хто висить на дереві, проклятий Богом». Див.: Rutledge Fleming, *The Crucifixion: Understanding the Death of Jesus Christ* (Grand Rapids, Michigan / Cambridge, U.K: William B. Eerdmans Publishing Company, 2015), 89.

Звернімо увагу, що хоча й зрада друзів не була для Ісуса несподіванкою, а радше виконанням стародавнього пророцтва, однак, мабуть, до останнього моменту на Голгофі усвідомлення того, що Бог-Отець не залишив Його як Сина Самого, втішала та підкріплювала Ісуса. «Ось надходить година, і [вже] настала, що розбіжиться кожний до свого, а Мене Самого залишите. Та Я не Сам, бо зі Мною Отець», — попередив учнів Ісус, ніби нагадуючи Собі цю істину під час останньої вечері (Ів. 16:32). Тому, мабуть, найстрашнішим і найбільш болісним переживанням для Нього були не фізичні болі та навіть не відкинення людьми, а відчуття залишеності Самим Богом-Отцем, притаманне кожній грішній людині, яке Він, безгрішний Син, повинен був витерпіти, ототожнивши Себе із грішними людьми. Я вірю, що саме це відчуття пережив Ісус у передсмертній агонії на Голгофському хресті, вигукнувши: «Боже Мій, Боже Мій, чому Ти Мене покинув?» (Мт. 27:46, Мр. 15:34).[29] Як зазначає Флемінг,

> «не може бути чесної інтерпретації цієї події без урахування цього унікально страшного висловлювання з хреста — єдиної фрази, про яку повідомляє нам не один, а два євангелісти. Ісус у цей момент на хресті втілює в Своїй власній боротьбі всю безплідність людських старань подружитися із байдужою тишею космосу — особливо, релігійних старань».[30]

Відомий богослов Джон Стотт із цього приводу висловився так:

> «Я заходив до багатьох буддистських храмів у різних азійських країнах і стояв із повагою перед статуєю Будди, який, схрестивши ноги і склавши руки, закривши очі, ледь посміхався мені. Але щоразу в своїй уяві я повертався до тієї самотньої, спотвореної, замученої фігури на хресті (...), яка занурилася у покинуту Богом темряву. Оце мій Бог! Він відкинув Свій імунітет до болю та увійшов до нашого світу тіла та крові, сліз і смерті».[31]

Без спроби зрозуміти, що саме відбулося на хресті і після нього, та в чому полягає особливість смерті Ісуса, нам важко буде збагнути і всю велич викуплення та примирення людства з Богом у Христі. Адже

---

[29] Схожа думка висловлена у книзі Рутледж Флемінг «Розп'яття: розуміння смерті Ісуса Христа». Fleming, *The Crucifixion*, 97.

[30] Там само.

[31] John Stott, *The Cross of Christ* (Downers Grove: InterVarsity, 1986), 335–36.

те, що там відбулося, дозволило нам подолати причину, передусім, духовної самотності, — тобто розрив людини із Богом через людський гріх. Жахіття та безбожність розп'яття Ісуса свідчать про серйозність, із якою Бог ставиться до гріха. Святе Письмо каже: «Адже заплата за гріх — смерть» (Рим. 6:23), тобто відокремлення від Бога. Гріх одного разу розділив перших людей з Богом і з часом змусив Бога-Отця відвернутися від Свого Сина, коли «Він Сам Своїм тілом підняв наші гріхи на дерево, щоб ми, померши для гріхів, жили для праведності; Його ранами ви оздоровлені» (1 Петр. 2:24). У Посланні до галатів Павло також пише: «Христос викупив нас від прокляття Закону, ставши за нас прокляттям, тому що написано: Проклятий кожний, хто висить на дереві» (Гал. 3:13).

Р. Флемінг щодо цього зазначає:

> «Таємничий вислів Павла в Другому посланні до коринтян 5:21: «Того, Хто не знав гріха, Він зробив за нас гріхом, щоб ми в Ньому стали Божою праведністю» — ніколи не був повністю зрозумілий, але багато тлумачів відзначали його зв'язок із криком богозалишеності. Бог зробив Ісуса гріхом, хоч Він і не знав гріха, і в цій неймовірно страшній та унікальній ситуації Ісус, вочевидь, відчув всю силу повного відокремлення від Отця. Саме це Він і переніс для того, щоб відродити нашу людську природу — не для того, щоб її прийняти, покращити чи удосконалити, а для того, щоб взагалі повністю відродити її. Він «став гріхом», щоб ми «стали Божою праведністю».[32]

Святий Ісус, добровільно ставши гріхом і прокляттям за людей, пережив смерть і самотність, щоб зруйнувати відчуження, розділення людини з Богом, подолати відвічну духовну самотність людини та наблизити її до Отця.

Ми віримо, що згідно зі Святим Письмом, страждання Христа ради викуплення людства не закінчилися на хресті, але Йому заради нас довелося спуститися в пекло (1 Петр. 3:18–19; Еф. 4:9). Адже фізичної смерті для звершення викуплення було б недостатньо, тому що коли Святе Письмо каже, що «заплата за гріх — смерть», не йдеться лише про смерть фізичну, але й про смерть духовну, що означає пекло. Кальвін висловлює цю думку так:

---

[32] Fleming, *The Crucifixion*, 533.

«Якби Христос помер лише тілесною смертю, це не було б ефективно. Ні! Йому належало прийняти на Себе всю суворість Божого покарання, щоб вгамувати Божий гнів та задовольнити Його справедливий вирок. Із цієї причини Він повинен був також битися віч-на-віч з арміями пекла та страхом вічної смерті».[33]

Концепція пекла в Біблії розкривається поступово. У Старому Заповіті там, де у перекладі застосовується слово «пекло» або «ад», в оригіналі міститься слово «шеол», яке означає певне місце в центрі Землі, де, як вважалося, перебували померлі, геєна, тартар (Повт. 32:22; 1 Сам. 2:6; Йов 17:13 та ін.). У єврейській традиції шеол як царство мертвих розумівся як те місце, де немає пізнання про Бога, немає прославлення Бога, діл, пам'яті, нема спілкування, і звідки немає повернення (див. Йов 7:9; Пс. 88:6–7; Іс. 38:18; Екл. 9:5–6).

Термін «пекло» (грец. «адес») частіше застосовується у Новому Заповіті та відображає ідею не стільки про царство мертвих, скільки проклятих, місце перебування тих, хто відбуває покарання. У Новому Заповіті терміни «пекло» і «геєна вогненна» застосовуються як взаємозамінні поняття, маючи на увазі місце цілковитої скверни, нечисте, похмуре, відокремлене та приготовлене для покарання та мук померлих грішників (Мт. 5:22, 13:42; Лк. 13:28).[34]

Отже, образ сходження Христа в підземні глибини (пекло) означає Його сходження у те місце, де явленої присутності Бога немає. Цю думку підкреслює Ганс Урс фон Бальтазар, стверджуючи, що таке безпрецедентне відокремлення від Бога, таке самоототожнення Христа з гріховним людством до кінця було необхідною умовою викуплення.[35] У цьому сенсі смерть і сходження Ісуса Христа в пекло потрібно розуміти як те, що Він на Собі пережив «смерть другу» (Об. 20:14), пережив тотальне відокремлення від Бога-Отця.

---

[33] Calvin, *Institutes of the Christian Religion* V. 2, Illustrated edition, ed. John T. McNeill, transl. Ford Lewis Battles (Louisville, Kentucky: Westminster John Knox Press, 2001), 414.

[34] Саме слово «геєна» походить від назви долини синів Гіннома — місця на південь від Єрусалиму, де у часи особливого відступлення народу юдейського від Бога царі та народ приносили своїх дітей у жертву, чим сквернили себе і землю та накликали суд Божий на весь народ (2 Цар. 23:10, 2 Хр. 33:6, Єр. 7:31–32, 32:35). Згодом, це місце стало звалищем для сміття, де постійно горів вогонь.

[35] Hans Urs von Balthasar, *Mysterium Paschale: The Mystery of Easter* (San Francisco: Ignatius, 2000; orig. German ed., theologie der Drei Tage, 1970). Цит. за: Fleming, *The Crucifixion*, 407.

У християнській теології пекло і смерть сприймаються як сили, здатні навіки ув'язнити, неначе в одиночну камеру, людські душі без жодної надії на звільнення. Можливо, це розуміння смерті як великого ворога, як розділення з улюбленими пояснює таку сильну емоційну реакцію Ісуса коло гробниці Лазаря (Ів. 11:33–38).³⁶ Врешті-решт, правомірно буде сказати, що концепцію смерті та пекла як розділення можна розуміти в термінах відчуження та, мовою М. Бердяєва, — абсолютної самотності.³⁷ Кажучи словами Т. Мура, «смерть — це найбільш самотня річ, яка може з вами статися».³⁸ Отже, коли Ісус бореться із сатаною (наприклад, під час спокушення в пустелі чи у Гефсиманії), Він також бореться як зі смертю, так і з самотністю.

Тому Своїм воскресінням Ісус проголошує перемогу над смертю як над «останнім ворогом», який з часів гріхопадіння розділяв людей між собою, але який колись повністю буде знищений (1 Кор. 15:26). Бо так само, як гріх перших людей призвів до розірвання їхніх стосунків із Богом, — що і було духовною смертю, — так і відродження нової природи людини долає «великий розкол», тобто духовну смерть і відчуження людини від Бога. І подолати цей розрив можна лише у Христі. У Ньому немає уже ніякого розділення між Богом і людьми. Завіса в храмі роздерлася надвоє — згори додолу, про що свідчать усі синоптичні Євангелії, доводить, що «те, що раніше було закритим від людей, тепер відкрито: в момент смерті Христа на хресті сам Бог діяв, відкривши людям доступ у Свою святу присутність».³⁹

Висновки до третього розділу

Здійснивши огляд біблійних наративів, ми з'ясували, що першопричиною соціальної, культурної та екзистенційної самотності є духовна самотність, яка по суті походить від розриву стосунків людини з Богом через людську гріховність. У Біблії також міститься опис переживання

---

³⁶ Fleming, *The Crucifixion*, 405.

³⁷ Ми сприймаємо фізичну смерть як розділення душі та духа з тілом, а смерть духовну — як відокремлення душі та духа людини від Бога. Див.: Бердяєв, *Я и мир объектов*, 87, 89.

³⁸ Sebastian Moore, *The Inner Loneliness* (New York: Cross Road, 1982), 81.

³⁹ Фраза «роздерлася» мовою оригіналу є у пасивному аористі, тобто було б доречніше перекласти її як «була роздерта» (Мт. 27:51, Мр. 15:38, Лк. 23:45). Для більш детального вивчення цієї теми див.: Philip Edgcumbe Hughes, *A Commentary on the Epistle to the Hebrews* (Grand Rapids: Eerdmans, 1977), 407.

духовної самотності як відчуття богозалишеності, певної безпритульності, відчуження та загубленості людського духа без Бога, причиною якого стало гріхопадіння, та яке долається завдяки жертві Ісуса Христа на хресті.

Також було зазначено, що різні кризові ситуації, такі як випробування, спокуси та страждання, змушують людину реконструювати свій світогляд, у якому Бог стає його центром. Так людина або наближається до Нього, перемагаючи духовну самотність, або віддаляється від Нього. Фактором, що визначає її рух *до* або *від* Бога, є переконання людини або образ Бога в її свідомості, адже стосунки з Богом будуються саме на уявленнях про Бога.

Ми також дійшли висновку, що хоч культурна самотність, як і будь-який інший її тип, загалом викликає негативні почуття, позитивний аспект цього типу самотності полягає в тому, що він сприяє кристалізації християнської ідентичності та переоцінці людиною соціальних цінностей та норм. Можемо сказати, що цей тип самотності — нормальна та необхідна частина істинного християнського досвіду. Така самотність була частиною життя майже усіх служителів Божих, згаданих у Біблії, і певною мірою є звичайним і звичним досвідом кожного християнина, який прагне жити відповідно до найвищих біблійних моральних стандартів.

З іншого боку, на основі аналізу Книг Еклезіаста, Йова та Псалмів ми виділяємо такі ознаки екзистенційної самотності, як марнота та відчуття безглуздості життя, пошук свого місця в житті, особливо в часи життєвих потрясінь і випробувань.

Також ми доходимо висновку, що гріховність людини є основним джерелом духовної самотності, і без стосунків із Богом, сповнених довіри, люди «приречені» страждати від духовної самотності, яку вони часто сприймають як «богозалишеність». Це відчуття люди можуть переживати як на індивідуальному рівні, так і на рівні всього народу. Проблема духовної, екзистенційної, соціальної, емоційної та культурної самотності людства може бути вирішена лише через викуплення смертю Христа, смертю, що розриває замкнене коло ворожнечі з Богом та іншими людьми, коло нерозуміння та самотності.

Частина 2

Біблійні підходи до подолання самотності

У цьому розділі ми хочемо виділити найбільш значні причини самотності та найбільш ефективні стратегії подолання кожного із п'яти типів самотності з погляду Біблії.

Розділ 1

Причини і фактори самотності

На переживання людиною самотності впливають різні причини та фактори, які ми об'єднали у декілька груп: соціальні, психологічні та богословські.

1.1. Соціальні фактори самотності

Перша група факторів самотності стосується не лише однієї окремої людини та її життєвих обставин, але й всього суспільства. Передусім, це явища і процеси, що відбуваються у сучасному, особливо західному суспільстві. Наприклад, урбанізація та технологічний розвиток, різноманітні політичні потрясіння, соціально-економічна нестабільність, глобалізація, індивідуалізація, природні катастрофи та пандемії. Нині можемо впевнено стверджувати, що пандемія COVID-19 загострила переживання людьми самотності, особливо за умов вимушеної ізоляції.

Спробуємо розібратися, яким чином усі ці процеси підсилюють переживання самотності сучасною людиною. Численні соціологічні дослідження переконливо доводять, що сучасні, характерні для західного суспільства процеси урбанізації та технологізації, а також висока соціальна мобільність насправді руйнують відчуття спільності, необхідне для емоційної підтримки поміж людьми. Як не парадоксально, сучасна людина змушена взаємодіяти з багатьма людьми на поверховому рівні, водночас вона може втратити близькі та глибокі стосунки та врешті-решт опинитися самотньою у натовпі!

У вас, можливо, виникне питання: зачекайте, але ж хіба соціальні мережі та технології не допомагають подолати самотність, адже вони створені для комунікації та підтримки зв'язку? І так, і ні. Виявляється, що користування соціальними мережами знижує відчуття самотності лише за умови активного, значимого спілкування та взаємодії, коли між користувачами соціальних мереж є зворотний зв'язок. Але якщо людина просто пасивно використовує соціальні мережі, наприклад, переглядаючи чужі сторінки, «вподобавши» чи коментуючи чужі світлини або відео без будь-якого зворотного зв'язку, — це лише підсилює відчуття емоційної самотності. Для запобігання та подолання самотності людина має почуватися визнаною іншими, причетною до чогось більшого. А це відчуття належності сформується лише у контексті взаємних приємних і довготривалих турботливих стосунків з іншими людьми.[1]

По-друге, такі ознаки, як вік, стать, культурна та релігійна належність, рівень доходів, сімейний стан, одиночне проживання також можуть впливати на переживання людиною самотності.[2] Візьмемо такий фактор, як вік. Як ви вважаєте, хто найбільше ризикує переживати самотність: молодь, люди середнього віку чи похилого?

Дехто може вважати, що самотність можуть переживати лише люди, що перебувають у зоні ризику соціальної ізоляції та розлуки, наприклад, люди похилого віку, які живуть одні та ізольовані від друзів і сім'ї, люди з психічними розладами чи хронічними захворюваннями, що обмежують їхні мобільність і комунікативні здібності. Насправді кожен може почуватися самотнім у будь-який час. Самотність також виявляється у людей, що оточені великою кількістю друзів, та у тих, хто має численні контакти, послідовників, «друзів» у соціальних мережах. Взагалі, за статистикою найбільш самотнім поколінням якраз є молодь і підлітки, незважаючи на те, що це покоління є найбільш активним користувачем соціальних мереж та інформаційних технологій.[3]

Ще один фактор самотності — низький дохід. У західних суспільствах люди з низьким доходом і безробітні на 7% частіше страждають від самотності, аніж ті, хто працевлаштований та має високий дохід.[4] Нам

---

[1] Roy F. Baumeister and Mark R. Leary, «The Need to Belong: Desire for Interpersonal Attachments as a Fundamental Human Motivation», *Psychological Bulletin* 117. 3 (1995): 500.

[2] Вікторія А. Гриценко, «Соціально-педагогічні умови подолання стану самотності студентів вищих навчальних закладів I-II рівнів акредитації» (Дис. канд. пед. наук., ун-т ім. Бориса Грінченка, Київ, 2014), 54, https://nolonely.info/socio-pedagogical-conditions-overcoming-loneliness.pdf.

[3] «Loneliness Index», *Cigna*, 2018 U.S, accessed May 15, 2019, https://www.cigna.com/static/www-cigna-com/docs/about-us/newsroom/studies-and-reports/combatting-loneliness/loneliness-survey-2018-full-report.pdf.

[4] Béatrice D'Hombres, Sylke Schnepf, Martina Barjakovà, and Francisco Teixeira Mendonça, «Loneliness — an Unequally Shared Burden in Europe», *Science for Policy Briefs: European Union* (2018): 3, https://ec.europa.eu/jrc/en/research/crosscutting-activities/fairness.

видається, що це можна цілком пояснити: адже якщо людина матеріально забезпечена, її фінансове становище стабільне, вона переважно більш психологічно розслаблена, задоволена, має більше можливостей обирати час, місце та компанію людей, з якими вона хоче проводити свій вільний від роботи час. Непрацевлаштована та фінансово незабезпечена людина навпаки, більш похмура та тривожна, в спілкуванні напружена та змушена практично весь свій час витрачати на роботу або її пошуки, спілкуючись із людьми вимушено, тому що цього вимагають обставини. Від цього й виникає почуття самотності. Отже, вирішення проблеми соціальної самотності може вимагати від людини адекватного доходу. Дослідження довели, що вплив безробіття на самотність у Східній та Південній Європі вдвічі сильніший, ніж у інших частинах Європи.[5]

Етнічне походження також впливає на те, як люди переживають самотність. Традиційно у колективістських спільнотах Південної та Східної Європи сім'ї більші, родинні зв'язки міцніші, люди, здається приділяють більше уваги своїй розширеній сім'ї. У таких спільнотах батьки літнього віку зазвичай живуть зі своїми дорослими дітьми, так що часто разом проживають три покоління. Там це трапляється значно частіше, ніж, скажімо, у США, Західній чи Північній Європі. І тому люди в таких колективістських спільнотах частіше відчувають соціальну самотність, коли у них немає таких міцних, особистих і сімейних стосунків. З іншого боку, коли люди із півдня та сходу Європи вимушені контактувати з кимось примусово та часто, через сумісне проживання з причин фінансової необхідності, наприклад, то це створює напругу, внутрішнє невдоволення і як наслідок — відчуття емоційної самотності.

Питання, хто більш самотній — чоловіки чи жінки — залишається відкритим, адже існує декілька досліджень, що доходять до протилежних висновків.[6]

Ще одним фактором є сімейний статус. Було доведено, що сімейний статус людини впливає на переживання емоційної самотності, адже інтимні партнери зазвичай для нас є основним об'єктом прихильності, емоційного зв'язку та підтримки.[7] А коли цієї емоційної прив'язаності

---

[5] Там само.

[6] Michael Flood, «Mapping Loneliness in Australia», *The Australia Institute* February 1 (2005), https://australiainstitute.org.au/report/mapping-loneliness-in-australia/; Чорнобай, «Богословське осмислення феномена самотності», 192, 202; «Loneliness Index», *Cigna* 2018 U.S. accessed May 15, 2019, 2. https://www.cigna.com/assets/docs/newsroom/loneliness-survey-2018-full-report.pdf.

[7] Чорнобай, «Богословське осмислення феномена самотності», 207.

немає просто тому, що немає «об'єкта прив'язаності», людина буде почуватися емоційно самотньою. Ось як безшлюбність впливає на емоційну самотність. Це дуже глибока тема, тому про зв'язок самотності та безшлюбності ми докладніше поговоримо у третьому розділі.

Те, як часто людина добровільно бере участь у взаємодії в соціальних групах, також впливає на переживання нею самотності. Наприклад, доведено, що якщо християнин майже або зовсім не використовує свої дари і таланти в служінні у своїй церкві або громаді, ризик почуватися самотнім у нього значно вищий.[8]

Очевидним фактором, що впливає на виникнення самотності, особливо соціальної та емоційної, окрім частоти контактів, є якість стосунків людини з важливими друзями, членами своєї сім'ї та церквою. Трохи нижче ми торкнемось ролі дружніх стосунків у подоланні самотності.

Такі фактори, як расизм, остракізм, дискримінація за будь-якою ознакою, впевненість у винятковості та перевазі над кимось можуть бути причиною, передусім, культурної самотності. Представники різних етносів і рас, мігранти, а також християни, що взаємодіють із світською системою цінностей, мають ризик культурної самотності.

І по-третє, через пережиті потрясіння в житті людини часто виникає самотність. Наприклад, втрата близьких стосунків через смерть, хворобу, розлучення, переїзд. Зрозуміло, що такі життєві кризи часто означають руйнування або зміну тих соціальних та емоційних зв'язків, які раніше підтримували людину. Вони також можуть призвести до втрати сенсу життя, до сумнівів у доброті Бога чи Його існуванні. Все це може бути причиною соціальної, емоційної, екзистенційної та духовної самотності.

Звісно, ці соціальні фактори та навіть конкретні життєві потрясіння не завжди і не обов'язково призводять до виникнення у людини почуття самотності. Психологічні фактори відіграють значно важливішу роль у тому, буде людина відчувати самотність чи ні. І наукові дослідження це підтверджують.

---

[8] Валерія А. Чорнобай, «Стратегії подолання самотності християн: соціально-релігійний аспект», *Практична філософія* 68, 2 (2018): 193–9.

1.2. Психологічні причини соціальної, емоційної, екзистенційної та культурної самотності

Звернімося до більш докладного розгляду сутності та причин кожного типу самотності з психологічного погляду.

Така ситуація, коли людина переживає самотність лише одного якогось типу, трапляється досить рідко. Найчастіше різні типи самотності змішуються у різному співвідношенні. Тобто кожна самотня людина самотня по-своєму, і причини кожного з типів самотності можуть перегукуватися.

Такі індивідуальні характеристики людини, як інтроверсія, сором'язливість, нерозвиненість комунікативних навичок, низька самооцінка належать до психологічних факторів *соціальної* самотності. У формуванні соціальної самотності відіграють роль і ненадійні стилі прив'язаності у стосунках із людьми, про які ми згадували у першому розділі.

Психологічні причини соціальної самотності

Мабуть, найкраще зрозуміти, що таке соціальна самотність, допоможе реальна історія. Хочемо познайомити вас із Гурамом,[9] чоловіком близько сорока років. Він одружений, має двох дітей, християнин зі студентських років, професіонал своєї справи, прекрасний сім'янин, з вигляду скромний, навіть сором'язливий, але добрий і компанійський чоловік.

Незважаючи на всі свої досягнення, Гурам жахливо страждає від соціальної самотності через особливості своєї професії. Гурам — досвідчений моряк і часто виходить у море на 5–6 місяців поспіль, а це означає, що йому доводиться по пів року сумувати за сім'єю, рідними та близькими. Коли він на роботі, то каже, що існує лише три відтінки сірого: сірий океан, сірий вантажний корабель та сіре небо. Та гул машин і агрегатів, що постійно працюють. Монотонність. Сірість... Відповідальність тисне на нього, як на старшого офіцера, а поспілкуватися немає з ким. Не те, щоб там більше нікого не було: екіпаж є, матроси є, але усі вони різних національностей, різного менталітету. Їхні жарти видаються Гураму тупими, а цікавлять їх лише вино, фільми та гра в карти. Оце й

---

[9] Зазначимо тут, що всі історії, які ми використали, є правдивими і стосуються реальних знайомих нам людей, імена яких з міркувань збереження конфіденційності ми могли змінити.

усе. Більше нема про що поговорити. І Гурам залишається один на один зі своїми думками.

Особливо важким видалося Гураму останнє відрядження. Несподівано замість звичних 6 місяців, через карантин, що виник повсюди з COVID-19, його не змінювали цілих 9 місяців. І тоді здавалося, що цей локдаун ніколи не закінчиться.

> «Я почувався наче загнаний у пастку звір, — замислено сказав мені (Валерії) Гурам. — Я ходив по каюті з одного кутка в інший чи по палубі по двадцять кілометрів у день. Багато думав, читав, сердився, що нічого не вирішується уже котрий місяць. Писав, вимагав, вірив. Намагався обдурити свій мозок, уявляючи, що це нібито почався новий термін мого відрядження...».

Не зійти з глузду та ледь зменшити відчуття соціальної самотності допомагало спілкування онлайн з сім'єю та у молитві з Богом.

Зрештою, після трьох додаткових місяців локдауну, соціальної ізоляції та «сенсорної депривації» Гураму нарешті дозволили повернутися додому. Уже в аеропорті його охопив шок від усього того розмаїття гучних звуків, блимання рекламних картинок і вітрин, хаотичного руху людей повсюди. Вдома його шок лише підсилився: виявляється, діти так витягнулися, змінилися зовні, змінилися їхні інтереси.

> «Мені доводиться знову звикати до них, до цього божевільного ритму життя, до безпорядку в домі (порівняно з упорядкованим життям на кораблі), і до того, що потрібно брати на себе відповідальність за побутові питання, якими за моєї відсутності доводилося займатися дружині. Таке відчуття, наче я не можу наздогнати, не встигаю за ними».

Ми бачимо, що самотність Гурама визначалася його обставинами та темпераментом.

Інколи наші власні суб'єктивні установки та негативні думки, зодягнуті в слова та виявлені у саморуйнівних почуттях і поведінці, сприяють загостренню самотності. Самотні люди можуть бути своїм найгіршим ворогом. Фундаментальна недовіра до інших людей, конфліктність у взаєминах, відсутність відкритості та спільних інтересів і поглядів, нарцисизм, зосередженість на собі — все це може перешкоджати формуванню близьких стосунків. Наприклад, візьмемо негативні думки та очікування відкинення, властиві самотнім людям. Їм легко повірити в те, що інші люди налаштовані проти них, навіть коли це не так. Чим частіше людина вірить і приймає такі думки за «чисту монету», тим частіше вона починає уникати соціальної взаємодії з людьми, відмовлятися від запрошень на каву, вечорниць і «виходів у світ». Врешті-решт, такі запрошення надходять дедалі рідше, що самотня людина тлумачить як доказ своєї нецікавості і непотрібності. У такий спосіб її самотність загострюється.

Наслідки таких хибних переконань яскраво описала Патімат Гасанова:

> «Людина часто сама віддає перевагу добровільній самотності, ухиляючись так від чергового нерозуміння, відкинення, болю. Вона обирає самотність як менш хворобливий стан, що залишає для неї надію на можливість зустріти того, хто якщо не прийме, то хоча б почує і зрозуміє. Страх веде до обмеження контактів, зниження довіри і, як наслідок, позбавлення душевного, істинно людського спілкування. Так створюється замкнене коло: неможливість отримати необхідний емоційний відгук, веде людину до самотності; усвідомлення самотності — до обмеження контактів, заснованих на довірливих стосунках і прихильності, а обмеження контактів — до більшої самотності, в якій ніхто не прийде на допомогу, бо просто вже немає кому».[10]

Психолог Гай Вінч порівняв таку самотність зі слабкістю «соціальних м'язів»:

> «Як наслідок, волокна, з яких складаються наші «соціальні м'язи» — наші соціальні та комунікативні навички, вміння дивитися на речі з позиції іншої людини, здатність співпереживати та розуміти почуття інших — стають слабкими і зраджують нас тоді, коли ми їх найбільше потребуємо».[11]

У корені такої самотності, як ми вже казали, лежить базова недовіра до людей і страх відкинення, що виявляються у відповідних думках, очікуваннях, словах і поведінці, які провокують інших відкидати нас. Тому зміна таких саморуйнівних думок і розвиток людиною її «со-

---

[10] Патімат Г. Гасанова, Марина К. Омарова *Психология одиночества* (Киев: ООО «Финансовая Рада Украины», 2017), 23.

[11] Гай Л. Винч. *Первая психологическая помощь* (ООО «Попурри», 2014), 10.

ціальних м'язів» — основна мета терапевтичних методів для подолання соціальної самотності.

Психологічні причини емоційної самотності

Біль відкинення — поширена причина формування також *емоційної самотності*. Емоційна самотність у разі відкинення тим більш неминуча, чим більш значною була людина, що відкинула нас. Як ми вже наголошували у першому розділі, кожна людина потребує прийняття. Коли цю природну потребу не задоволено, людину охоплює переживання емоційної самотності. Всім нам потрібна не лише присутність інших, але саме значущих інших, яким ми можемо довіряти. Навіть більше, фізична присутність значущих інших не є достатньою умовою. Щоби не почуватися самотніми, нам потрібно відчувати задовільний зв'язок зі значущими іншими людьми.[12] Відповідно, людина може тимчасово бути наодинці з собою, але не почуватися самотньою, якщо вона відчуває сильний зв'язок зі своїм подружжям, сім'єю або друзями — навіть на відстані. Водночас, якщо людина відчуває себе недостатньо визнаною та прийнятою іншими важливими для неї людьми (навіть якщо насправді це не так), то все одно вона буде почуватися самотньою. На те, як ми переживаємо самотність, впливають не стільки реальні стосунки, скільки наші ідеальні уявлення про те, якими вони мають бути. Значить, «самотність у нас у голові: лише усвідомлюючи себе самотньою, людина може відчути цей стан. І навпаки, якщо навіть за найочевидніших зовнішніх умов людина не визнає себе самотньою, вона не відчуває цього стану», — вважає Патімат Гасанова.[13]

Ще однією причиною емоційної самотності є біль втрати чи пережите горе. Такі життєві потрясіння, як смерть близької людини, завдають глибоких душевних ран, викликаючи цілий спектр негативних почуттів, таких як гнів, безпорадність, журба, страх, безнадійність, депресія та самотність. Особливо, якщо завдані втратою емоційні рани не лікувати вчасно або лікувати неправильно.

Алекс, талановитий юнак років тридцяти, з гарними сумними очима, пережив декілька разючих життєвих подій. Коли ми вперше зустрілися, він працював фізіотерапевтом. Він сказав мені (Вікторії), що втратив

---

[12] Stephanie Cacioppo et al., «Loneliness: Clinical Import and Interventions», *Psychological Science* 10, 2 (2015): 239, doi: 10.1177/1745691615570616.

[13] Гасанова, Омарова, *Психология одиночества*, 17.

свою матір у боротьбі з раком, коли йому було дванадцять років. Через деякий час батько одружився знову. Однак, за словами Алекса, стосунки з батьком і мачухою, а також із братами і сестрою були не дуже близькими чи сповненими довіри.

Далі мені стало відомо, що коли він навчався у медичному університеті, Алекс познайомився з дівчиною, із якою він збирався одружитися. Однак незадовго до весілля наречена загинула в автокатастрофі, залишивши його із повністю розбитим серцем. Як з'ясувалося, на момент мого знайомства Алекс емоційно застряг у стані гострого переживання горя, останні п'ять років часто перебуваючи у депресії та відчуваючи хронічну самотність. До того ж Алекс пережив серйозну операцію на серці. Усі ці важкі життєві трагедії, безсумнівно, вплинули на його здоров'я. Через усі стреси в Алекса розвинувся діабет першого типу, і він поступово втрачав слух. Втрата близьких і здоров'я, розбиті надії та мрії перетворили Алекса із веселого, товариського чоловіка у сповненого ностальгії, емоційно спустошеного та самотнього песиміста.

Психологічні причини екзистенційної самотності

Переживання горя може призвести до *екзистенційної* самотності. Такі трагедії, як смерть чи хвороба, ми завжди проходимо на самоті. Вони можуть змусити нас віч-на-віч зустрітися зі своїми страхами. Це самотність страждання. Це самотність Йова, про якого ми писали раніше. І навіть якщо на відміну від Йова, людина й отримує за таких обставин максимальну підтримку від інших людей, їй все одно доводиться переживати трагічні ситуації свого життя самостійно, тільки з Божою допомогою.

Коли християнин втрачає те, що для нього було близьким і дорогим, і те, що наповнювало його життя змістом, це може призвести до «краху віри», потрясіння його основ, якщо в основі його віри було щось ненадійне та тлінне. Тому апостол Павло пише: «Тож нехай кожний пильнує, як будує!» (1 Кор. 3:10). Отже, поки людина не відповість собі на питання: «хто я?» та «чому я тут?», аж доти вона буде приречена на страждання від екзистенційної самотності.

Часто ми боїмося ставити собі ці питання. Ми вмикаємо систему захисних реакцій — зав'язуємо нові контакти, займаємося діяльністю заради діяльності, у такий спосіб уникаючи пошуку відповідей на головні питання життя, такі як: «Хто я? У чому сенс мого життя?» тощо. Якщо завдяки численним контактам і постійному спілкуванню з іншими людьми ми створюємо лише видимість наповненого сенсом життя, водночас не розуміючи себе, своїх мотивів і цілей у житті з погляду Святого Письма, — одного разу ми неодмінно розчаруємося та відчуємо апатію, що і називається екзистенційною самотністю.

Нещодавно у мене (Валерії) з'явилася можливість поговорити з одним успішним і цілеспрямованим юнаком, який, довідавшись, що ми пишемо книгу про самотність, з ентузіазмом погодився поділитися власним досвідом. Назвемо його Данилом. Ось як він проходив свій шлях боротьби з екзистенційною самотністю.

Вперше Данило стикнувся з думкою, що він цілком самотній у своєму існуванні ще у підліткові роки. Ці думки визрівали поступово на фоні усвідомлення своєї несхожості з іншими, особливо у порівнянні себе зі своїм старшим та цілком несхожим на Данила за характером братом. А також на фоні очікувань інших про те, яким має бути «мачо», «крутий пацан», «справжній чоловік». Весь цей образ «крутого хлопця» ну ніяк не пасував Данилові, який хоч і був суперекстравертом і душею компанії, але всередині був м'яким, вразливим і творчим юнаком. Вони з братом виросли без батька, який раптово та трагічно помер, коли хлопцю було лише два роки, тому Данило його взагалі не пам'ятав. Поступово до Данила прийшло усвідомлення того, що він не може та не хоче відповідати стереотипам, що нав'язує суспільство. Так і з'явилися ці фундаментальні питання сенсу життя, які й призвели зрештою до екзистенційної кризи: «Якщо я настільки відрізняюся від усіх, то хто ж я? Який я справжній? Що означає бути собою? А може, вони праві, і мені не потрібно прагнути «бути собою» та дослухатися своїх відчуттів і бажань? Де я у цій соціальній системі координат? Для чого я тут, у цьому світі?» — запитував себе хлопець.

У своєму описі переживання екзистенційної кризи Данило визначив дві особливості цього типу самотності. По-перше, страшно усвідомлювати, що ти відрізняєшся, несхожий на інших, і не можеш відповідати прийнятим у суспільстві стереотипам. Це змушує тебе почуватися жахливо самотнім. Цікаво, що Данило зазначає: «Що ближчою для мене ставала якась людина, наприклад, близький друг, то самотнішим я себе почував поруч із ним. І тому мені потрібно було часто міняти коло друзів». На моє питання, чому екзистенційна самотність посилювалася в міру емоційного зближення з іншими людьми, Данило відповів замислено: «Напевно, через те, що я боявся, що вони дізнаються, яким я є насправді, і, дізнавшись, відкинуть». Тобто за екзистенційною самотністю може ховатися страх відкинення. У людини виникає відчуття, що немає нікого в цілому світі, хто міг би по-справжньому її зрозуміти. Разом із нею самою! Це відчуття себе безформною пилинкою у нескінченній Галактиці, яка по суті нічого не вирішує і нікому не потрібна, — безглуздим пустим нічим! Підсилюється така самотність, коли людина зостається наодинці з собою та своїми думками. Це відчуття незначущості — друга загальна риса екзистенційної самотності, про яку зазначив Данило.

Як не дивно, ті самі відчуття несхожості та унікальності є ключами до того, щоб допомогти людині усвідомити свою ідентичність, свій сенс і мету життя. У цьому полягає позитивний аспект екзистенційної самотності.

Ми переконані, що в корені екзистенційної самотності лежить порушення ідентичності. При тому вирішення проблеми екзистенційної самотності полягає не просто у тому, щоби дати собі на ці важливі запитання абиякі відповіді, але саме ті істинні відповіді, які ми можемо отримати лише через пізнання Бога та Його Слова, через пізнання того, хто ми є очима Бога, хто ми є у Христі.

Однак це не означає, що ми повинні повністю ігнорувати свої прагнення, бажання та почуття. Якщо робити щось просто з релігійного обов'язку, не визнаючи своїх почуттів, думок і потреб, це призводить до нудьги, апатії, депресії, розумової тупості або бунту. Нам потрібно зрозуміти наші внутрішні бажання та почуття, щоб ми могли побачити свою власну, хай і гріховну природу, і через це визнати свою потребу в Божій благодаті, яка єдина може допомогти нам змінитися. Чудовий приклад готовності узгодити свої бажання і думки з Божою волею ми бачимо в Ісусі, коли Він молився до свого Небесного Отця: «Авва, Отче! Для Тебе можливе все! Забери цю чашу від Мене! Але хай буде не те, що Я хочу, але те, що Ти!» (Мр. 14:36).[14]

Окрім того, розуміння своїх справжніх внутрішніх прагнень, бажань і почуттів допомагає нам краще розпізнати наше призначення та покликання в житті. Адже не всі наші бажання є егоїстичними і гріховними.

---

[14] У теологічних колах тривають дебати щодо того, що саме Ісус мав на увазі під «цією чашею». Традиційно більшість богословів вважає, що «чаша» означає страждання Спасителя на хресті, яких Він, заздалегідь знаючи, що з Ним має статися, по-людськи хотів уникнути. Однак дехто все-таки схиляється до думки, що тут Ісус молиться не про те, щоб уникнути страждань на хресті, а про порятунок від передчасної смерті, щоб Він міг витримати хрест. На користь останнього тлумачення зазвичай цитують Послання до євреїв 5:7, де сказано, що прохання Христа про порятунок від смерті було почуте. У будь-якому разі для нас тут важлива сама готовність Христа віддати Свої почуття, думки та бажання волі Отця Небесного.

Багато з них закладено Богом у нас від початку якраз для того, щоб «бути путівником» нашого життя. Як сказав одного разу Томас Мертон:

«Воля Божа, проголошена і звершена водночас, яка ототожнює нас з Тим, хто говорить, і з тим, що Він каже в нас, робить усе наше єство досконалим відображенням Того, Хто бажає, щоб у наших серцях вершилася Його воля».[15]

«Але як я можу розрізняти, чого саме Бог бажає для мого життя?», — може хтось запитати.

Ісус знав із Писання, Хто Він, навіщо прийшов, що Він має зробити на Землі. Він навіть знав Своє майбутнє — коли, де і як Він помре, і що буде після Його смерті (Ів. 18:4; Лк. 18:31–33). Стоячи перед Пилатом, Ісус чітко заявив: «Я для того народився і для того прийшов у світ, щоби свідчити про істину» (Ів. 18:37). Він ніколи не був спантеличений з приводу того, Хто Він і яка Його місія на цій землі. Але як часто ми, християни, не знаємо, хто ми в Бозі, яка наша ціль і покликання в житті! Наші істинні цінності, сенс життя та уявлення про себе підмінюються фальшивими, нав'язаними світом ідеями, що розсипаються «наче картковий будиночок» у часи криз і потрясінь, залишаючи жахливу порожнечу. У цьому плані усамітнення дає нам можливість рефлексії, щоб пізнати себе та своє істинне призначення, якщо ми, звісно, не злякаємося і перестанемо втікати від головних питань буття.[16]

Порушення ідентичності лежить в основі усіх типів самотності, і передусім екзистенційної. Окрім того, спотворені уявлення людини про себе (і про інших людей), як ми раніше писали, виливаються у якийсь із ненадійних стилів прив'язаності.

Теорія прив'язаності і теорія особистості дають нам більш глибоке пояснення, чому ми переживаємо екзистенційну самотність. Кожна людина постійно себе із чимось ідентифікує, тобто щось робить близьким собі, рідним, а від чогось себе відчужує, робить щось для себе далеким і чужим. Дві ці тенденції діють в особистості на всіх етапах життя людини від самого раннього дитинства. Чим глибші та довші ідентифікація та відчуження, тим значніше вони впливають на психічний стан людини. Цей процес і механізм постійного відособлення/ідентифікації пов'язаний

---

[15] Томас Мертон, *Ніхто не є самотнім островом*, пер. з англ. Остапа Градкого (Львів: Свічадо, 2019), 71.

[16] До того ж під усамітненням ми розуміємо радше стан розуму і серця, а не лише місце, де можна усамітнитися.

із переживанням людиною екзистенційної (і емоційної) самотності. Спробуємо пояснити, як це.

Коли ми не маємо чіткого уявлення про те, що ми є в Бозі, існує небезпека домінування механізму *ідентифікації* себе з іншими людьми. У такому разі виникає потреба психічного ототожнення і злиття з якоюсь іншою людиною аж до втрати відчуття власного «Я», своєї особистості. Часто, висловлюючись християнськими термінами, це призводить до формування нездорових душевних зв'язків, до виникнення ненадійних прив'язаностей чи «ідолів», які керують нашим життям.

При домінуванні ж механізму *відчуження* ми прагнемо уникати близьких прив'язаностей, чим «обкрадаємо» самі себе, позбавляючи себе можливості виявити в інших і в собі такі якості як доброта, відкритість, щедрість, вразливість тощо, які неможливо пізнати поза людськими стосунками. І в тому, і в іншому разі, ми, як наслідок, починаємо страждати від почуття емоційної та/або екзистенційної самотності. Акцентуємо знову увагу на те, що будь-яка самотність хоч і може бути спровокованою зовнішніми факторами (ситуаціями та подіями), але по суті завжди розвивається через психічні процеси всередині особистості. Причому важкі життєві обставини і потрясіння не завжди призводять до виникнення почуття самотності, а порушення ідентичності — завжди.[17]

Як християни, ми покликані «остерігатися ідолів» (1 Ів. 5:21), знайшовши свою ідентичність у Христі (Фил. 3:9) та завжди прагнучи збереження свого «Я» у «повноті у Ньому» (Кол. 2:10). Тому, виявивши, що ми надмірно кимось чи чимось поглинуті так, що це заважає нашому особистісному розвитку та завдає збитків якимось іншим сферам нашого життя, ми потенційно здатні вирівняти емоційні «перекоси» в своєму житті. Однак часто для цього необхідна підтримка близьких людей або кваліфікована душеопікунська допомога. Якщо ми не виправляємо цей «перекіс», тоді в нас можуть розвинутися всілякі психосоматичні хвороби, самотність і пустота. Проявом таких перекосів якраз і є формування одного з ненадійних стилів прив'язаності.

Наприклад, у людей з тривожним чи залежним стилем прив'язаності, переважає тенденція ідентифікувати себе з іншими людьми, соціальними групами, ідеологіями тощо, приймаючи і приміряючи при цьому чужу особистість, чужу свідомість і цінності без глибокого їхнього осмислення. Порушена ідентифікація, неприйняття себе і невдоволеність людини власним життям і собою запускають цей процес. Порівняння

---

[17] Гасанова, Омарова, *Психологія одиночества*, 34.

себе з іншими і неприйняття себе спонукають людину або зайнятися «пошуком себе» і своєї істинної ідентичності в Бозі (що складно і потребує більшої мужності та посвячення), або імітувати тих, чиє життя видається їй успішним. Однак часто людина, намагаючись позбутися болю усвідомлення недосконалості та пустоти власного життя і душі, втікає від себе та Бога, заповнюючи пустоту чужою екзистенцією, «чужим життям». Її власне «Я» при цьому розчиняється до повної його втрати. А значить, вона відмовляється від себе. Вона тягнеться до інших людей, сподіваючись у спілкуванні з ними та в їхньому прийнятті знайти підтвердження свого буття в світі, власної значущості і сенсу. Коли їй не вдається це зробити, росте тривога, відчуття неспокою, марності і страх самотності. А це їй обов'язково не вдається зробити через те, що, як висловилася, П. Гасанова, такому «суб'єкту самотності (...) нема чим спілкуватися. Адже спілкування — це діяльність, що передбачає свій суб'єкт, тобто того, хто здійснює цю діяльність своєю особистістю та свідомістю».[18] Але неможливо переживати єднання з кимось, якщо ти сам порожній та екзистенційно самотній!

Причому тут важливо зазначити, що заповнення цієї порожнечі душі Богом до самотності не призводить. Чому? Відповідь, на нашу думку, міститься в розумінні природи та ідентичності людини. Поняття «заповнення порожнечі Богом» у нашому розумінні — це процес, у якому людина, християнин, дозволяє Богу через Святе Письмо визначати її ідентичність, його місце і мету в житті. А Бог — Творець і Будівничий, Який створив нас із певною метою, знає, хто ми і яке наше призначення. Творець айфона, макбука знає призначення і можливості свого творіння. Коли в айфон завантажується якась «палена» програмка, не призначена для цього пристрою, це псує айфон або призводить до збоїв у його роботі! Точно так само, коли людина дозволяє чомусь, творінню замість Творця, визначати свою ідентичність, тоді це призводить до «збоїв у роботі» — відчуття душевної порожнечі та екзистенційної самотності.

Відновлення нашої істинної ідентичності не залишає нас у самотності, а радше навпаки — звільняє від переживання самотності і сприяє нашому усвідомленню та відкриттю нашого потенціалу, сенсу, відчуття цілі. Тобто важливим аспектом у подоланні екзистенційної самотності є самоусвідомлення і самопізнання. Однак важливо розуміти, що цей процес самоусвідомлення починається із нашого пізнання Бога, від-

---

[18] Гасанова, Омарова, *Психологія одиночества*, 41.

новлення нашої ідентичності та заповнення Ним порожнечі нашої душі відповідно до Святого Письма.

Люди з відстороненим стилем прив'язаності, навпаки, страждають від самотності, викликаної переважанням механізмів відособлення особистості, коли людина відчужується від інших людей, об'єктів, цінностей, норм, груп тощо, які раніше були їй близькими, потрібними, симпатичними. Таке відчуження супроводжується втратою емоційного зв'язку з такими знайомими і навіть дорогими раніше людьми, місцями, ситуаціями, спогадами і переживаннями. Поступово, і стосунки з ними вона починає вважати безглуздими, як Данило у нашій історії. Людина при цьому не допускає можливості психологічної близькості з ними, завжди дотримуючись встановленої нею ж дистанції. Часто за цим ховається базова недовіра до всіх. Коли таке відчуження прогресує у своїй силі та тривалості, інші люди — об'єкти відчуження — рано чи пізно також перестають іти на контакт і пропонувати свою участь у житті цієї самотньої людини, вони відсторонюються у відповідь. До того ж самотня людина починає відчувати незбагненну тривогу, страх, загубленість, скепсис, агресивність і самотність у ще гострішій формі.[19] Сумно, але часто такі люди з відстороненим стилем прив'язаності, відчужуючись, навіть бояться собі зізнатися у тому, наскільки вони самотні.

Хаотичний стиль прив'язаності є найбільш складним і деструктивним для психіки самої людини та її стосунків із близькими людьми. У таких людей механізм ідентифікації-відчуження різко скаче з однієї своєї крайності в іншу, причому за короткий час і щодо тієї самої людини.[20] Це швидко виснажує і психіку людини, і стосунки. Хаотичність проявляється в тому, що від ідеалізації своїх потенційних коханих людей на початку стосунків, вони можуть швидко переключитися на гнів, підозри, які супроводжуються ще й відчуттям зради. Вони можуть почати сердитися, маніпулювати та принижувати їх. Цей різкий стрибок від ідеалізації до знецінювання стосунків відображає їхнє чорно-біле мислення, розділення на «добрий» та «поганий». Такі люди відчувають сильний страх або гнів, коли вважають, що їх проігнорували або відкинули. Наприклад, вони можуть відчувати паніку або лютувати, коли хтось для них значущий скасовує зустріч або запізнюється на пару хвилин. Вони розцінюють це як відкинення чи зневагу. Вони бояться бути відкинутими і залишитися самотніми. Загалом, люди з хаотичним

---

[19] Гасанова, Омарова, *Психологія одиночества*, 38.

[20] Там само, 41.

стилем прив'язаності переживають великі труднощі щодо контролю своїх емоцій, рефлексій та співчуття до інших людей. У будь-якому разі в міжособистісних стосунках вони переважно виявляються явними або прихованими маніпуляторами, ревнивцями, провокаторами та схильними до власництва. Вони часто страждають через відчуття власної неповноцінності, порожнечі і, що природно, від емоційної та екзистенційної самотності.

Стівен Дж. Сендедж, Крег Чайлдріс, Пітер Янковський та інші пов'язують хаотичний стиль прив'язаності з нарцисизмом. Провівши свої дослідження, вони встановили, що люди з нарцисизмом схильні до владних, мстивих і корисливих стосунків, «...вони мають слабку самосвідомість і вірять, що інші існують для задоволення їхніх потреб».[21] Тобто для таких людей характерний утилітарний підхід у стосунках з іншими людьми. Попри це вони дуже чутливі, мають схильність ображатися і маніпулювати, хоча глибоко всередині — наповнені неспокоєм та відчуттям провини. Вони самотні, тому що нездатні будувати близькі довірливі стосунки, хоч і навряд чи визнають це. Не дивно, що люди з нарцисизмом і хаотичним стилем прив'язаності більше страждають від самотності — екзистенційної, соціальної та емоційної, ніж люди із надійним стилем прив'язаності.

Психологічні причини культурної самотності

Культурна самотність виникає, коли ми переживаємо невідповідність між наявними у нашій свідомості ідеальними зразками спілкування та стосунків і нав'язаними нам суспільством, «правильними» моделями поведінки та спілкування. Зрештою ми, відчуваючи, що відрізняємося від більшості і не вписуємося в той самий ідеал, нав'язаний суспільством, починаємо відчувати культурну самотність, спустошеність і відкинутість, і через це страждати. Це відчуття «гидкого каченяти», «чужого» серед нібито «своїх».

Був період у моєму (Валерії) житті, коли я несподівано для себе стала переживати таку самотність. У час написання дисертації мені запропонували відправитися у відрядження на цілих пів року в один з євангельських університетів Європи для роботи над літературою.

---

[21] Steven J. Sandage et al., «Attachment to God, Adult Attachment, and Spiritual Pathology: Mediator and Moderator Effects», *Mental Health, Religion and Culture* 18, 10 (2015):796, https://doi.org/10.1080/13674676.2015.1090965.

Яким би дивним для когось це не видавалося, але їхати я не хотіла. Мені було сумно так надовго залишати сім'ю, друзів і церкву. Але їхати було потрібно заради науки! І я вирушила в компанії чотирьох таких самих, як я студентів. Жили ми в гуртожитку університету, що з вигляду більше нагадував католицький монастир XVI ст. У мене була своя простора «келія». Наше харчування та проживання оплачували спонсори, здавалося б — як добре! Живи та радій! Пиши собі дисертацію!

Та віднайти у собі сили там писати, тим паче дисертацію, мені було дуже непросто. Тому що, перебуваючи у такому тривалому відрядженні, я почувалася незвично самотньою. Спершу це була жахлива соціальна самотність, тому що, хоч нас і було п'ятеро українців, але ми не знали одне одного, відповідно, спершу мало спілкувалися. І взагалі ні з ким не спілкувалися. Весь перший місяць я практично безвилазно просиділа у своїй «келії». Кухні у мене в кімнаті не було, а була мікрохвильова піч на поверсі. Я навчилася все готувати у мікрохвильовці. Навіть варити яйця! Я зрозуміла, що сумую за українською їжею: справжній домашній сир і звичну для нас гречку було знайти нереально! Я була щаслива, як дитина, знову відчути смак знайомих продуктів, коли один мій знайомий зі студентів, який декілька років уже там проживав, показав мені магазин, де продавалися продукти зі Східної Європи!

Спершу мені так не хотілося витрачати час або вміщати в себе нових людей, а за своїми «старими» друзями та сім'єю я дуже сумувала, хоч і спілкувалася з ними періодично в соціальних мережах. Але це не те. Понад усе мені тоді не вистачало простого людського дружнього дотику. Це була соціальна самотність, яка ще й крім іншого, підсилювалася культурною самотністю.

Культурна самотність відчувається особливо яскраво, коли ми, перебуваючи на «чужині», маємо справу зі звичаями та менталітетом місцевих мешканців. І не те, щоб наш менталітет був більш правильним, чи кращим. Ні. Просто він рідний, близький нам. Наприклад, до того часу я уже прожила там півтора місяці і кожної неділі ходила в одну рекомендовану нам церкву, де служба велася зрозумілою мені англійською мовою. Це була добра міжнародна церква, відкрита для нових людей, яка запрошувала долучитися до їхніх домашніх груп та інших служінь церкви. Але на всі ці служіння посеред тижня я не приходила, тому що за весь цей час особисто до мене так ніхто і не підійшов, і не познайомився, не запросив мене, окрім однієї бабусі похилого віку. З місцевими бабусями у той момент я «тусити» не палко бажала, і тому її запрошення я вирішила ввічливо відхилити. У церкві були дуже милі люди, які до мене усміхалися, запитували «як справи», навіть молилися за мене, але ніхто навіть не знав, як мене звати. Таке поверхове спілкування лише загострювало мою самотність. Для мене, яка виросла у східноєвропейській культурі, їхній стиль спілкування здавався занадто формальним, чужим, коли навіть із другом ти можеш зустрітися випити кави лише після його попередньої письмової згоди! Можливо, наш слов'янський стиль спілкування іноді буває надто хаотичним та спонтанним, проте він щирий. І я сумувала за цим!

Переживаючи культурну самотність, людина переважно обирає одну із трьох реакцій. 1. Якщо людина підкоряється нав'язаним їй суспільством моделям поведінки та стосунків, але не поділяє їх внутрішньо, то вона уникає відкинення суспільством, але жертвує своїм істинним «Я» та наражає себе на екзистенційну самотність. 2. Якщо людина відкидає моделі, нав'язані їй суспільством, без усілякої спроби змінити їх, то зазвичай це призводить до відлюдницького чи замкненого способу життя та соціальної самотності. Прикладом цього може слугувати чернецтво на зорі християнської ери, яке, як вважається, було способом, яким багато християн протестували проти секуляризації церкви в ті часи. 3. Але інколи людина намагається створити новий суспільний ідеал. У цьому разі перед нами борець, революціонер, реформатор, який обов'язково відчує певну долю культурної самотності.

У будь-якому разі відхід від прийнятих суспільством зразків вимагає від людини справжньої мужності та добровільної згоди на самотність. Не завжди, але часто так буває, що чим ясніше християнин усвідомлює свою ідентичність, чим більше він розуміє свою роль у житті і покликання від Бога та конструктивно його реалізовує, тим частіше він ризикує бути не зрозумілим і не прийнятим іншими людьми, зокрема, на жаль, і християнами. Така людина може опинитися в самотності.

Базовою причиною культурної самотності християн є усвідомлення ними своєї подвійної ідентичності: належності одночасно і до цього світу, і до Царства Божого, система цінностей якого часто прямо протилежна світській системі цінностей. Значить, це природно, коли християнин відчужується від світської системи цінностей. І з таким відчуженням і культурною самотністю стосовно цієї світської системи ми не боремося. Тобто християнину і не потрібно старатися для світу бути у всьому «своїм». Однак коли така самотність і відчуження відбувається з християнином внаслідок розчарування ним у інших християнах та церкві, тоді це стає проблемою. Тому що за відсутності прийняття чи хоча б спроб зрозуміти християнина, що переживає таку самотність і відчуження, він може дійти до дуже серйозної кризи віри і до таких сумних наслідків, як відступництво, розчарування не лише в людях і церкві, але й у самому Бозі, а також до духовної самотності.

1.3. Причини і фактори духовної самотності

Серед факторів, пов'язаних із духовною самотністю, ми виділяємо: негативний образ Бога в свідомості віруючого; його порушену ідентичність; певні релігійні звичаї і вірування, які відображають ненадійний стиль прив'язаності людини до Бога. Зупинимося на цих факторах більш докладно.

Пеєр Гренквіст доводить, що надійний стиль прив'язаності до Бога слугує протектором, профілактикою таких ризиків для душевного та фізичного здоров'я, як тривожність, депресія, розлади травлення.[22] Християни з надійним стилем прив'язаності мають високий рівень духовної спільності за показниками дружби, відчуття підтримки з боку своєї духовної громади та цілеспрямованості в житті. Такі християни більше прагнуть близьких стосунків і, здебільшого, мають більш позитивний досвід стосунків, ніж представники трьох ненадійних типів прив'язаності.[23]

Як у християнині формуються надійний і ненадійні стилі прив'язаності до Бога? Від чого це залежить? Незалежні дослідження підтверджують, що досвід батьківсько-дитячих стосунків віддзеркалюється на досвіді дорослих стосунків людини з Богом та іншими людьми.[24] Тобто, що більш негативним був наш дитячий досвід прив'язаності до іншої значущої людини, то важче нам сприймати Бога як турботливого, доброго та милосердного. Це означає, що якщо наші батьки були жорстокими, непослідовними, лицемірними стосовно нас, якщо вони відкидали нас, то це могло сформувати в нас дезорганізований, залежний чи відсторонений стилі прив'язаності з іншими людьми, і тепер ускладнює формування

---

[22] Pehr Granqvist, «Mental Health and Religion from an Attachment Viewpoint: Overview with Implications for Future Research», *Mental Health, Religion and Culture* 17, 8 (2014): 785, https://doi.org/10.1080/13674676.2014.908513.

[23] Todd W. Hall et al., «Attachment to God and Implicit Spirituality: Clarifying Correspondence and Compensation Models», *Journal of Psychology and Theology* 37, 4 (2009): 241, https://doi:10.1177/009164710903700401.

[24] Victor Counted, «God as an Attachment Figure: A Case Study of the God Attachment Language and God Concepts of Anxiously Attached Christian Youths in South Africa», *Journal of Spirituality in Mental Health* 18, 4 (2016): 320, https://doi.org/10.1080/19349637.2016.1176757.

довірливих стосунків із Богом. Це є особливо складним для людей, чиї батьки або вихователі в дитинстві були не тільки неадекватними фігурами прив'язаності, але й були активно релігійними.[25] Наприклад, якби такі християни проповідували про люблячого Бога, у Нього було б важко повірити. А якби вони проповідували про гнівливого Бога, будучи самі гнівливими та непередбачуваними, нечутливими та байдужими щодо потреб своїх дітей, то в дітей були б усі підстави вірити в такого Бога. Тому що ставлення і поведінка говорять гучніше за слова! Ми схильні проєктувати образ земного батька на Отця Небесного.

Ще одна життєва історія ілюструє цей процес. «На моє ставлення до віри в Бога вплинули одні з найближчих мені людей!», — сказала мені (Вікторії) Марія з легкою журбою в голосі. Розчарування Марії в її вірі в Бога почалося у розпал її підліткового віку з однієї ситуації, що здавалася Марії критичною. Марія виросла в християнській сім'ї, де батьки були релігійними та дуже активними в церкві. Але коли Марії потрібні були розуміння і підтримка батьків найбільше, вона стикнулася з їхньою критикою, фізичним та емоційним насиллям. «Сказати, що я відчувала тоді, що батьки мене підвели і розчарували, — це нічого не сказати!», — поділилася Марія зі мною в бесіді. Найжахливіше, що про насилля і ситуацію в сім'ї знали служителі церкви, яку відвідувала та сім'я, але втручання і допомоги з їхнього боку, які б Марія вважала задовільними, не було.

> «Тоді мені здавалося, що і Бог не відповідає на мої молитви. Із часом я почала усе раціоналізувати, читати критичні книги про християнство. Зараз я думаю, що не знаю, чи існує Бог! Я не маю поки що ані моральних, ні інтелектуальних сил відповісти собі на це питання! Але, якщо Він і є, Він може бути таким, Яким Він є! Я вирішила, що вірити в розумі, мабуть, добре. Але вірити у Нього своїм серцем я не хочу!»

До речі, стосунки Марії з одним із батьків стали налагоджуватися лише недавно.

Законницька релігійність і нечутливе виховання дітей здійснюють надзвичайно руйнівний вплив на дітей, унеможливлюючи формування у них здорового образу Бога та надійної прив'язаності до Бога. Ненадійна прив'язаність до Бога — це модель розірваних стосунків людини

---

[25] Granqvist, «Mental Health and Religion», 789.

з Богом, яку вона найчастіше транслює зі своїх стосунків із батьками чи значущими дорослими, що склалися у неї в дитинстві, причому на рівні внутрішніх, неявних і навіть часто неусвідомлених переконань і вірувань.

Ненадійний стиль прив'язаності до Бога узгоджується з поняттям «духовна нестабільність», яка, на думку Девіда Р. Пейна та Стівена Дж. Сендеджа, виявляється у духовних муках, емоційному розладі, невпевненості та недовірі.[26] Характеристиками ненадійного стилю прив'язаності віруючого до Бога є негативний образ Бога та певне відчуття богозалишеності. Люди з ненадійним стилем прив'язаності до Бога відчувають страх покарання, недовіру, невпевненість у стосунках з Богом. Він видається їм байдужим, далеким, безособовим, жорстоким і караючим.[27] Звичайно, такий негативний образ Бога, сформований у свідомості людини, духовна нестабільність і ненадійний стиль прив'язаності до Бога негативно позначається на душевному здоров'ї людини, посилюючи відчуття розпачу, безнадійності та самотності, особливо духовної. При цьому Тодд Холл і колеги доводять, що зовнішня релігійність християнина ніяк не пов'язана зі стилем прив'язаності до Бога, тоді як внутрішні переконання християнина, його знання про Бога і переживання Бога (те, що ми визначили як образ Бога) безпосередньо позначаються на стилі його прив'язаності до Бога.[28]

Дорослі з відстороненим, залежним (тривожним) чи хаотичним стилем прив'язаності до людей часто мають відповідно відсторонений, тривожний чи хаотичний стиль прив'язаності до Бога. Це підтверджується й результатами нашого емпіричного дослідження: виявляється, що християни, яким притаманний будь-який ненадійний стиль прив'язаності до інших значних людей, більш як у два рази частіше мають негативний образ Бога. Тобто таким християнам вдвічі важче покладатися на Бога, вірити, що Він є люблячим, справедливим, добрим і близьким до них.

Саме така проблема була характерною для Хлої. Хлоя виглядала досить успішною симпатичною жінкою середнього віку. З дитинства вона виховувалася без батька вкрай нечутливою матір'ю. Мати часто вчиняла над Хлоєю якщо не фізичне, то емоційне насилля, почасти

---

[26] David R. Paine and Steven J. Sandage, «More Prayer, Less Hope: Empirical Findings on Spiritual Instability», *Journal of Spirituality in Mental Health* 17, 4 (2015): 224, https://doi.org/10.1080/19349637.2015.1026429.

[27] Paine and Sandage, «More Prayer Less Hope», 224.

[28] Hall et al., «Attachment to God and Implicit Spirituality», 227.

ігнорувала її прохання і бажання, думку доньки не запитувала ніколи. Мамі (яка працювала вихователькою у дитсадку!) завжди було видніше, що Хлої потрібно і чого не потрібно. Наприклад, у Хлої над ліжком висів іграшковий гномик, який подарувала мама. Хлоя його дуже любила. Одного разу, коли до них прийшли гості, мама просто взяла та й віддала того гномика чужому хлопчику, навіть не спитавши дозволу у донечки. Плач і благання Хлої через це мати просто проігнорувала. Вона часто могла порівнювати Хлою з іншими дітьми (і порівняння завжди були не на користь доньки). Мама могла говорити їй, яка вона нікчемна, жорстко критикувати її вчинки і зовнішність. Поруч із нею Хлоя ніколи не відчувала себе у безпеці.

Якось чотирнадцятирічна Хлоя стояла з мамою на зупинці, чекаючи трамвая. Раптом до них підійшов якийсь чолов'яга і несподівано почав чіплятися до Хлої, торкаючись уже цілком сформованих грудей дівчини! Мама Хлої бачила все, але абсолютно ніяк не відреагувала на це. Зрозуміло, що Хлоя була шокована та обурена такою поведінкою і чоловіка, і мами. Однак через звичку не піддавати сумнівам правильність маминої поведінки Хлоя знову вирішила, що, мабуть, вона заслуговує до себе такого ставлення.

Вдома Хлоя також не почувалася у безпеці. Оскільки мама часто приводила додому чоловіків, яким продавала спиртне (самогон вона виготовляла сама) і закуски. Ці чоловіки здебільшого колись служили в Афганістані, їхня психіка була не зовсім врівноваженою. Якось, прийшовши зі школи і побачивши дома чоловіків, які випивали, Хлоя почала висловлювати невдоволення. Один із них раптово кинувся до неї, схопив за горло, підняв над землею, голосно лаючись матом і погрожуючи їй. Як завжди, мама Хлої не заступилася за доньку, навпаки, висварила Хлою і наказала їй піти.

Що характерно, стосунки Хлої з чоловіками теж ніколи не були задовільними та безпечними. Стосунки з хлопцем, від якого Хлоя народила доньку, були сповнені емоційного та фізичного насилля. Коли Хлоя вчергове пожалілася мамі на сексуальне та фізичне насилля з його боку, мама сказала: «Ну, що ти, не можеш потерпіти? Адже він дає гроші на твою іпотеку!» У житті Хлої насилля з боку інших людей взагалі стало звичною справою. Причому це було фізичне насилля з боку навіть малознайомих чоловіків та емоційне насилля з боку мами у вигляді постійного нав'язливого безцеремонного втручання, контролю, принижень. Унаслідок цього у Хлої сформувався яскраво виражений хаотичний стиль прив'язаності і до людей, і до Бога. Особливо показовою була її фраза, написана мені (Вікторії) в чаті вотсапу: «Я розуміла, що прагну саморуйнування... мені навіть комфортно, коли боляче».

Гарі Сібсі та Тім Клінтон пишуть: «Діти, виховані нечутливими батьками, з більшою ймовірністю матимуть поведінкові проблеми, (...) проблеми в інтимних стосунках із майбутнім подружжям. Вони також із більшою вірогідністю звернуться за розрадою до речей, які можуть призвести до залежності, а не до людей чи, зрештою, до Бога».[29] Не дивно, що у Хлої були серйозні проблеми з випивкою. І Бог для неї був безособовою силою, космосом. Вона часто страждала через відсутність друзів, переживала культурну, соціальну та, особливо, духовну самотність.

Отже, як ми вже згадували, люди, які страждають через духовну самотність, часто переповнені страхом покарання або впевнені, що Бог покинув їх. Вони постійно стурбовані тим, наскільки вони відповідають встановленим у їхній свідомості стандартам святості, щоб бути прийнятими Богом. Звичайно, вони не мають надії, спокою та душевного добробуту.

Святе Письмо каже, що «надія (...) немов якір для душі, міцний і надійний» (Євр. 6:19), яка не підводить і дозволяє нам утриматися в бурі життєвих потрясінь та штормів. А ті, «...хто покладається на Господа, відновлятимуться силами! Вони розправлять крила, як орли, побіжать і не втомляться, підуть і не знесиляться» (Іс. 40:31). Дженіфер ДеСуза описує надію як основну, фундаментальну та суттєву частину життя.[30] Надія — це необхідна умова для рекреації та відновлення нашого ресурсного стану. Ми просто не можемо без неї жити!

Таке поєднання негативного образу Бога та невпевненості в Божій любові і прийнятті, помилкове розуміння того, що це потрібно заслужити, для віруючого містить величезні ризики регулярних душевних мук, безнадійності, боротьби, сумнівів у прийнятті Богом і духовної самотності. Ця постійна боротьба і відчуття невідповідності зовсім не залежать від того, наскільки зовні ми релігійні, як часто ми ходимо до церкви чи наскільки багато ми молимося до Бога. Радше навпаки. Все залежить від образу Бога в нашій свідомості. Відповідно, якщо християнин переконаний, що незалежно ні від чого, Бог приймає та любить його у Христі, — це дає йому надію для боротьби з гріхом. Зокрема, Святе

---

[29] Tim Clinton and Gary Sibcy, *Attachments: Why You Love, Feel and Act the Way You Do* (Brentwood: Integrity Publishers, 2002), 237.

[30] Jennifer DeSouza, «Spirituality and Hope as Influences on Family Cohesion among African American Men» (PhD Disser., WaldenUniversity, 2014), 13.

Письмо каже, що розуміння Божої доброти веде нас до покаяння (Рим. 2:4). Тобто істина полягає у тому, що духовна боротьба віруючих за свою відповідність моральним стандартам Святого Письма неминуча і мусить відбуватися, але, висловлюючись військовою мовою, наші «успіхи на духовному фронті» ніяк не впливають на наше прийняття Богом. Ми маємо тут на увазі доктрину виправдання за вірою, а не заслугами. У схемі нижче ми намагаємося проілюструвати важливість і наслідки позитивного і негативного образу Бога в розумі християнина.

Тодд Холл із колегами зробили цікавий висновок: християни з будь-яким ненадійним стилем прив'язаності схильні використовувати релігію для покращення свого емоційного стану, тобто згадують про молитву тільки, коли «припекло», щоб їм стало краще.[31] Стівен Дж. Сендедж і Пітер Янковскі називають це «утилітарним використанням духовності» та «інструментальними стосунками з Богом».[32] Вони характерні для християн з хаотичним і відстороненим стилями прив'язаності.

До того ж, для багатьох людей з відстороненим стилем прив'язаності характерна гнівлива образа на Бога. Вони глибоко пригнічують у собі бажання пізнавати Бога. Такі люди, якщо в їхньому житті щось іде не так, схильні звинувачувати в цьому Бога. Людина ніби каже: «Бог якщо і є, то Він точно не за мене, Йому немає до мене ніякого діла! Я молився, молився, і ніколи не було ніякої відповіді! Бог мені не потрібен!» Образа на Бога призводить до відходу від Бога, відступництва, атеїзму та, як наслідок, до гріховних звичок.

---

[31] Hall et al., «Attachment to God and Implicit Spirituality», 233.
[32] Sandage et al., «Attachment to God».

Висновки до першого розділу

Пропонуємо узагальнити психологічні причини виникнення самотності кожного з виділених типів у вигляді графічної схеми:

Психологічні причини самотності

Можна зазначити, що майже для всіх типів самотності існують спільні причини, найбільш поширена із них — ненадійний стиль прив'язаності до людей і Бога. В основі кожного ненадійного стилю прив'язаності лежить порушення ідентичності — глибоко вкорінені і часто не усвідомлені переконання, які змальовують і визначають те, як ми бачимо себе і світ, як ми відчуваємо і чинимо. Вся складність у тому, що цей стиль сформувався у нас ще в дитинстві.

Тож як можна вплинути на ті переконання і той дитячий досвід, який виливається у ненадійну прив'язаність до Бога та інших людей уже в дорослому віці? Адже минуле неможливо змінити. Але ми переконані, що насамперед духовну самотність, а згодом і інші типи самотності, можна подолати, спрямувавши основні зусилля на зміну ненадійного стилю прив'язаності до Бога на надійний. Надійному стилю прив'язаності можна навчитися. Лі Кіркпатрік та Філіп Шейвер стверджують, що «навчитися відчувати надійну прив'язаність до Бога можливо, що дозволило деяким людям згодом розвинути більш безпечні та стабільні стосунки з іншими людьми».[33] Ми вважаємо, що й кваліфікована душеопікунська допомога самотнім людям має бути спрямована, передусім, на зміну їхнього стилю прив'язаності до людей і Бога з ненадійного на надійний. Про взаємозв'язок стилів прив'язаності з різними типами самотності і про те, як змінити стиль прив'язаності на надійний, щоб подолати самотність, ітиметься далі.

---

[33] Lee A. Kirkpatrick and Philip R. Shaver, «An Attachment-Theoretical Approach to Romantic Love and Religious Belief», *Personality and Social Psychology Bulletin* 18 (1992): 273, doi:10.1177/0146167292183002.

Розділ 2

Ефективні стратегії подолання самотності

На споживацькому рівні самотнім людям найчастіше радять просто бути більш дружніми, спілкуватися з іншими людьми, завести домашню тварину і намагатися не звертати увагу на свій стан у надії, що він із часом сам собою мине. Але здебільшого ці поради не працюють! Отож, розберемося, чому такі поради далеко не завжди допомагають і що насправді працює.

Ми уже багато разів наголошували, що різні люди переживають самотність по-різному. Це відбувається не лише тому, що самотність сама собою може відрізнятися за типами, але й тому, що люди мають різний життєвий досвід і стиль прив'язаності. Вони кожен по-різному звикли мислити, відчувати і реагувати. Усе це треба враховувати надаючи допомогу самотній людині. Значить, до вирішення проблеми самотності конкретної людини треба підходити адресно, комплексно та поетапно. Такий підхід значно зменшить його/її переживання самотності. Також важливо визначити стиль прив'язаності та тип самотності конкретної людини.[1] Для цього ми розробили опитувальник, який практично може допомогти розібратися, від яких типів самотності й якою мірою страждає людина (див. Додаток 1).[2] Також опитування допомагає побачити, який

---

[1] Див.: Enrico DiTommaso, Samantha R. Fizell, Bryn A. Robinson, «Chronic Loneliness within an Attachment Framework: Process and Interventions», in *Addressing Loneliness: Coping, Prevention and Clinical Interventions*, eds. Ami Sha'ked and Ami Rokach (New York: Routledge, 2015), 249.

[2] Цей опитувальник спрямований на визначення типу самотності та стилю прив'язаності християн, але може бути адаптованим і для нехристиян. Розробляючи його, ми використали частини деяких відомих методик із дозволу їхніх розробників. Щоб дізнатися більше про розробку опитувальника, можна прочитати статтю: Valeriia A. Chornobai, «The Development and Initial Validation of the Loneliness Inventory for Christians (LIFC)»,

стиль прив'язаності домінує у конкретної людини у її стосунках з іншими людьми.

Тепер докладніше зупинимося на найбільш популярних стратегіях подолання самотності та оцінимо їх з погляду ефективності.

Виведена Емі Рокачем, американським спеціалістом із роботи з самотніми, модель подолання самотності складається із шести стратегій, об'єднаних у три кластери:[3]

1) дистанціювання і заперечення;
2) прийняття і розвиток внутрішніх ресурсів;
3) побудова соціальних мостів.

Дистанціювання і заперечення означає необхідність не визнавати самотність і уникати повного усвідомлення болю, якого вона завдає. Ця стратегія передбачає відсторонення від людей та ситуації на деякий час для осмислення та розуміння себе і їх. Проте ця стратегія може бути продуктивною лише спочатку і на дуже короткий час. Тобто цього, безсумнівно, недостатньо, щоб справлятися з самотністю на постійній основі. Мустакас зауважив, що перш ніж подолати самотність, з нею потрібно зустрітися, прийняти і пережити.[4] Тривале дистанціювання та заперечення лише посилить самотність, перетворивши її у хронічний стан (як занедбана хвороба). Ще одна небезпека цієї стратегії — її пасивність. Вона пов'язана із підвищеним ризиком нездорової поведінки, такої як надмірне вживання ліків, переїдання, зловживання алкоголем чи наркотиками, самоізоляція, самообман тощо.

Значно ефективнішими стратегіями є ті, які, за Емі Рокачем, належать до кластера прийняття та розвитку внутрішніх ресурсів.[5] Ці стратегії

Skhid: Philosophical Sciences 1, 165 (January–February 2020), http://skhid.kubg.edu.ua/article/view/197021.

[3] Ami Rokach, «Cultural Background and Coping with Loneliness», *The Journal of Psychology* 133, 2 (1999): 220, https://doi.org/10.1080/00223989909599735.

[4] Moustakas, C. E., *Loneliness* (Englewood Cliffs, NJ: Prentice-Hall), 1961.

[5] У науці це називається когнітивно-поведінковою терапією. Ці програми і допомога спрямовані на зміну установок у розумі і, відповідно, поведінки, тому багато вчених їх визнали найбільш ефективними у подоланні самотності (див. також Ami Rokach, «Effective Coping with Loneliness: A Review», *Open Journal of Depression* 7, 4 (2018):62, https://doi.org/10.4236/ojd.2018.74005; Cacioppo et al., «*Loneliness*», 238; Benedict T. McWhirter, John Horan, «Construct Validity of Cognitive-Behavioral Treatments for Intimate and Social Loneliness», *Current Psychology* 15, 1 (Spring 1996): 42–52, doi: 10.1007/BF02686933; Stella Mills, «Loneliness: Do Interventions Help?» *Rural Theology* 15, 2 (2017):118, https://doi.org/10.1080/14704994.2017.1373474; Louise C. Hawkley and John T. Cacioppo, «Loneliness Matters: A Theoretical and Empirical Review of Consequences and Mechanisms», *Ann Behav*

передбачають зміну мислення та поведінки: прийняття і рефлексія; саморозвиток і самопізнання; віра і поклоніння Богу.[6]

Прийняття і рефлексія підкреслюють переваги наших усамітнених роздумів над своїми почуттями та думками, а також усвідомлення та визнання своєї самотності як факту. Прийняття не означає наше смирення перед обставинами, але усвідомлення наявності проблеми чи таких обставин, які призводять до самотності. Під рефлексією ми розуміємо роздуми та аналіз своїх внутрішніх душевних станів, почуттів, думок, переживань. Прийняття і рефлексія сфокусовані на використанні можливості побути наодинці для усвідомлення своїх страхів, бажань і потреб як найбільш важливого засобу для подолання самотності.

Стратегія *самопізнання та саморозвитку* націлена на більш глибоке розуміння самого себе, прийняття себе та внутрішньоособистісний ріст. Вона передбачає відновлення розуміння нашої ідентичності у Христі, «оновлення нашого розуму» (Рим. 12:2) згідно зі Святим Письмом стосовно того, хто ми і яке наше призначення. У цьому процесі необхідні наше особисте вивчення Слова Божого, побудова нами благочестивих дружніх стосунків та іноді консультування. Процес самопізнання та саморозвитку проходить особливо ефективно за активної участі самотніх людей в організованих групах (наприклад, тренінгах, ретритах, клубах знайомств тощо), якщо духовні служителі їм надають професійну допомогу. Така терапія є дуже корисною, адже самотня людина може відчути полегшення, просто поговоривши з іншою людиною про важливі питання свого життя. Емі Рокач зазначає:

> «Ще одна перевага полягає в тому, що людина, яка проходить таку терапію, може ділитися сильними, хворобливими емоціями, не критикуючи себе і не турбуючись про те, як це може вплинути на її взаємини з терапевтом. Уже лише

Med. 40, 2 (Oct. 2010): 10, DOI: 10.1007/s12160-010-9210-8, https://www.ncbi.nlm.nih.gov/pmc/articles/PMC3874845/; Sean S. Seepersad, «Helping the „Poor Get Richer" — Successful Internet Loneliness Intervention Programs», in *Addressing Loneliness: Coping, Prevention and Clinical Interventions*, Vol. 1, eds. Ami Sha'ked and Ami Rokach (New York: Routledge, 2015), 231–240.; Вікторія А. Гриценко, «Переживання самотності й особливості духовно-емоційної та комунікативної сфер життя старших підлітків», в *Збірник наукових праць Кам'янець-Подільського національного університету імені Івана Огієнка*. Вип. XVIII. Ред. Л. П. Мельник, В. І. Співак (Кам'янець-Подільський: Медобори-2006, 2012), 116–123, https://fkspp.at.ua/Bibl/18.pdf.

[6] Ami Rokach, «Cultural Background and Coping with Loneliness», *The Journal of Psychology* 133, 2 (1999): 220. https://doi.org/10.1080/00223989909599735.

тільки це може сприяти виникненню почуття належності та зв'язку з іншою турботливою людиною».[7]

У процесі подолання самотності важливо навчитися визначати та змінювати автоматичні негативні думки, які ми маємо про нас самих, про інших і про соціальні взаємодії загалом відповідно до істин Слова Божого. Святе Письмо вчить нас: «Зброя нашої боротьби не тілесна, а сильна завдяки Богові, щоби знищити твердині; ми руйнуємо задуми та всяку гордість, що повстає проти Божого пізнання; ми підпорядковуємо кожний задум на послух Христові» (2 Кор. 10:4–5). За допомогою духовної зброї Слова Божого ми можемо змінити спосіб своїх думок і поведінки. Це означає навчитися розглядати свої негативні думки радше як помилкові гіпотези, які необхідно перевіряти на відповідність до істини Слова, аніж як факти, на основі яких варто діяти.[8] Люди, які страждають через хронічну самотність, підсвідомо зосереджуються на негативних речах у своїх стосунках і поведінці, вони часто ніби як наперед налаштовані на відкинення і неприйняття. Щоб перевірити, чи не ускладнює той спосіб думок, що ми маємо, нашу самотність, поставимо собі запитання: «Чи очікую я вилучення та відкинення від інших людей? Чи думаю я, що інші не хочуть, аби я був поруч? Чи намагаюся я уникнути болю і тому не ризикую відкритися? Чи справді люди сказали щось погане про мене чи я сам додав у їхні слова свій власний зміст? Чи можу я сказати, що люди не проти мене, і чи наважусь я знову стати відкритим і вразливим?» Також варто перевірити і проаналізувати свою поведінку, поставивши собі запитання: «Чи уникаю я можливості бути поруч з іншими? Чи шукаю я привід, щоб відхилити запрошення, чи відштовхую я інших, щоб захистити себе? Чи поводжуся я так, наче на мене нападають?»

Однак бувають ситуації, коли одного лише самоаналізу буває недостатньо. У такому разі варто звернутися за професійною чи душеопікунською допомогою до консультанта чи досвідченого духовного служителя.

Стратегія *віри та поклоніння Богу* передбачає внутрішню та зовнішню релігійну діяльність. До того ж внутрішня віра — набагато важливіший фактор у добробуті християнина. Як ми уже згадували, дослідження доводять, що не стільки зовнішня релігійність, наприклад, участь у

---

[7] Ami Rokach, «Effective Coping with Loneliness», 63.
[8] Cacioppo et al, «Loneliness», 242.

церковних таїнствах, кількість і тривалість молитов або читання Святого Письма, скільки особисті стосунки з Богом, засновані на позитивному образі Бога, мають глибочезні позитивні наслідки для психологічного добробуту віруючого.[9] Водночас певні внутрішні релігійні переконання віруючих і ненадійна прив'язаність до Бога, як ми вже зазначали, можуть мати негативний вплив на людину: така релігійність навпаки здатна викликати почуття стурбованості і душевного неблагополуччя.[10] Внутрішня здорова релігійність та активна віра в Бога допомагають відчувати зв'язок із Богом і поклонятися Йому, допомагають отримати силу, втіху та внутрішній спокій.

На думку Емі Рокача, в теорії та практиці недооцінена важливість потреби будь-якої людини у належності.[11] Приєднуючись до релігійних груп та сповідуючи спільну віру, ми маємо можливість отримати зв'язок з іншими християнами і в такий спосіб розширити коло свого спілкування, відчуття спільності та належності.

До третього кластера стратегій, виділених Емі Рокачем, належать розширення мережі соціальної підтримки та підвищення активності. Важливо тут згадати про те, що застосування стратегій цього кластера (пошук нових зв'язків, збільшення можливостей або часу спілкування) без попередньої зміни способу думок, кращого розуміння себе, своєї мети та свого місця в світі є переважно безрезультатними та можуть навіть призвести до зворотного ефекту — посилення проблеми самотності!

Стратегія *розширення мережі соціальної підтримки* зосереджена на підвищенні соціального залучення та взаємодії з іншими. У процесі подолання самотності люди, які можуть надати нам соціальну підтримку, на яких ми можемо покластися, — безцінні! Соціальну підтримку формально можна визначити як міжособистісну взаємодію та стосунки, які надають нам допомогу і почуття прихильності до людей, яких ми

---

[9] Brian D. Dufton, Daniel Perlman, «Loneliness and Religiosity: In the World but Not of It», *Journal of Psychology and Theology* 14, 2 (1986): 1.

[10] Jolene M. Hill, «The Differential Prediction of Outcome Following Interpersonal Offenses Versus Impersonal Tragedies by Attachment to People and Attachment to God» (Thesis, Brock University, St. Catharines, August 2014): 17; Bradshaw, Ellison, and Marcum, «Attachment to God», 10.

[11] Rokach, «Effective Coping with Loneliness», 68.

вважаємо такими, що піклуються про нас.¹² Зазвичай виділяють три види соціальної підтримки:¹³

- Матеріальна. Сюди належить їжа, одяг, житло, фінанси та інші матеріальні речі, якими ми можемо допомогти іншим людям;
- Емоційна. Мається на увазі міжособистісна душевна підтримка, що проявляється через прийняття, розуміння, «поплескування по плечу» та функції «жилетки»;
- Інструментальна підтримка. Це можуть бути послуги, практична фізична допомога, надання інформації, керівництва, поради, контактів, таких як номер телефону перукаря, пастора церкви, орендодавця тощо.

Можемо вважати, що підтримка, надана самотній людині, є ефективною, якщо вона:

- Сприяє впорядкуванню її світогляду, відновленню надії, мобілізації ініціативи та внутрішніх сил.
- Забезпечує скерування і пораду, впевненість та емоційну підтримку в період кризи, а також соціальні канали зв'язку зі світом.
- Допомагає відновленню ідентичності особистості.
- Передбачає матеріальну допомогу та особисту підтримку від інших людей у разі необхідності.
- Забезпечує адекватний відпочинок і приватність.¹⁴

Наша мережа соціальної підтримки складається не лише з тих людей, які для нас є джерелом соціальної підтримки, але й охоплює всіх, із ким ми взаємодіємо протягом останніх двох тижнів. Тих, хто входить до мережі нашої соціальної підтримки, можемо об'єднати у десять категорій:

1) найближчі родичі;

2) розширена рідня;

3) близькі друзі;

---

[12] Stevan E. Hobfoll et al., «Conservation of Social Resources: Social Support Resource Theory», *Journal of Social and Personal Relationships* 7, 4 (1990): 465–478, https://doi.org/10.1177/0265407590074004.

[13] Jodeph Walsh, Patrick R. Connelly, «Supportive Behaviors in Natural Support Networks of People with Serious Mental Illness», *Health and Social Work* 21, 4 (1996): 296–303, https://doi.org/10.1093/hsw/21.4.296.

[14] Див.: Gerald Caplan, «Loss, Stress, and Mental Health», *Community Men Health J.* 26, 1 (Feb 1990):27–48, doi: 10.1007/BF00752675. PMID: 2344725.

4) сусіди;

5) знайомі;

6) люди, з якими нас пов'язує навчання;

7) співробітники;

8) церква;

9) люди, з якими ми проводимо дозвілля;

10) члени професійних асоціацій, частиною яких ми є.

Всі ці люди з нашої соціальної мережі, з якими ми контактували упродовж останніх двох тижнів, мають потенціал надавати нам інструментальну, матеріальну та/або емоційну підтримку. Приклад мережі соціальної підтримки можемо побачити нижче (табл. 2.1.)[15]

Таблиця 2.1. **Мережа соціальної підтримки**

Категорії мережі	Члени мережі*	Форми підтримки
Найближча сім'я	Мама*	Матеріальна та емоційна
	Тато*	Матеріальна
	Сестра*	Емоційна
Розширена сім'я	Бабуся*	Емоційна
Близькі друзі	Іван*	Емоційна
Сусіди	Власник квартири	Інструментальна
Знайомі	Марія*	Емоційна
	Тетяна*	Емоційна
Люди, з якими нас пов'язує навчання	Ніна	Інструментальна
	Куратор*	Інструментальна
	Соціальний педагог*	–
Співробітники	Микола	Інструментальна
Церква	Немає	–
Люди, з якими ми проводимо дозвілля	Немає	–
Члени професійних асоціацій	Немає	–
* зірочка вказує на тих людей, яких сама людина вважає членами її соціальної мережі			

[15] Elizabeth D. Hutchison, ed. *Dimensions of Human Behavior: Person and Environment* (Pine Forge Press, 1999), 144–145.

Стосунки з членами нашої мережі соціальної підтримки не синонімічні до соціальної підтримки, тому що стосунки можуть бути як позитивними, так і негативними. Це потрібно враховувати тим консультантам, духовним служителям, соціальним працівникам і психологам, які допомагають самотній людині впоратися з цим станом і болем, який він викликає.

Варто також брати до уваги, що самотня людина схильна бачити свою мережу соціальної підтримки надто вузько (як Алекс у прикладі нижче, який вказав тільки одну людину), особливо ігноруючи тих її членів, на соціальну підтримку яких вона не дуже розраховує. Для того щоб розсунути «шори» самотньої людини і допомогти їй оцінити свою мережу соціальної підтримки більш адекватно, консультанти, духовні служителі, психологи та соціальні працівники можуть скласти її спільно із самотньою людиною. Причому важливо це зробити з позначкою, яку саме форму соціальної підтримки від кожного члена її мережі вона отримувала чи могла б розраховувати отримувати.

Деякі дослідження з соціальної підтримки вказують: щоб задовільно та ефективно справлятися зі стресом та життєвими викликами, кожній людині необхідно мати адекватну особисту мережу соціальної підтримки.[16] Розмір цієї мережі може відрізнятися відповідно до комунікабельності та життєвого циклу окремої людини. На основі цього ми можемо визначити, наскільки великим є ризик людини бути об'єктивно та суб'єктивно самотньою.

Задовільна мережа соціальної підтримки дуже важлива для нашого душевного і навіть фізичного здоров'я. Було доведено, що «товариськість та задовільна мережа соціальної підтримки навіть пов'язані з більшою стійкістю до розвитку грипу, коли люди експериментально піддавалися впливу вірусу.[17] Задоволеність нашою мережею соціальної підтримки допомагає нам бути добрішими, більш оптимістичними та стійкими. На думку Дж. Касіоппо та інших вчених, таке ставлення найчастіше приваблює і покращує настрій у інших людей, що зокрема, призводить

---

[16] Elizabeth D. Hutchison, ed. *Dimensions of Human Behavior: Person and Environment* (Los Angeles: Sage Publications, 2008), 174.

[17] Sheldon Cohen et al. , «Sociability and Susceptibility to the Common Cold», *Psychological Science* 14 (2003): 389–395. Дивись також Rokach, «Effective Coping with Loneliness».

до покращення нашої соціальної мережі.[18] Соціальна підтримка також пом'якшувала наслідки психологічного стресу і депресії.[19]

Не можна забувати і про розвиток мережі соціальних контактів через спілкування в малих групах, дружбу та соціальність загалом. Стосунки, друзі та партнери можуть усунути деякі види самотності. Однак самотній людині буває дуже важко встановити, зберегти і відновити стосунки. Цієї навички потрібно навчитися. Ось чому Святе Письмо заохочує нас: «Не забувайте про доброчинність і спілкування, бо такі жертви до вподоби Богові» (Євр. 13:16).

Підвищена активність як стратегія подолання самотності направлена на посвячення роботі, на відвідування і служіння в церкві, волонтерську та суспільну діяльність. Безумовно, це робить наше життя більш приємним, продуктивним і значущим. Стратегія підвищеної активності націлена на забезпечення активного та цікавого проведення часу усамітнено чи в групах, створюючи, у такий спосіб, нові можливості для нашої мобілізації, активності та соціальних контактів. Як зазначили Олдс і Шварц, «хоча підвищена участь у громадському житті може зрештою не запропонувати тривалих, глибоко особистих та інтимних стосунків, але така участь може дати компанію, почуття належності, а також керівництво і пораду, які можна отримати від знайомих і друзів».[20]

Зазвичай, зусилля, спрямовані на соціальну підтримку або збільшення можливості для соціальних контактів, менш успішні в подоланні самотності, ніж ті, що спрямовані на зміну саморуйнівних внутрішніх установок і думок. Окрім того, важливо розуміти, що для того, щоб знизити або подолати самотність, важливі саме наші зусилля, якщо ми страждаємо від самотності. Можемо поставити собі питання: «Я дійсно шукаю нових знайомств чи я уникаю їх?»

Ефективність подолання нашої самотності підвищується, якщо застосувати такі кроки. Передусім ми маємо дозволити Богу відновлювати нашу ідентичність у Христі, щоб зрозуміти, хто ми у Ньому і яке наше покликання та ціль. Далі важливо перевірити, відслідковувати та змінювати свої неконструктивні установки та саморуйнівні думки

---

[18] John T. Cacioppo and William Patrick, *Loneliness: Human Nature and the Need for Social Connection* (New York: W.W. Norton, 2008).

[19] Rokach, «Effective Coping with Loneliness», 64; David R. Brown et al., «Assessing Spirituality: The Relationship between Spirituality and Mental Health», *Journal of Spirituality in Mental Health* 15, 2 (2013): 118, https://doi.org/10.1080/19349637.2013.776442.

[20] Jacqueline Olds, Richard S. Schwartz, *The Lonely American: Drifting Apart in the Twenty-First Century* (Boston, MA: Beacon Press, 2009), 1.

і поведінку. Тільки після цього наші зусилля зі встановлення або розширення соціальних зв'язків та підвищена активність можуть бути ефективними у подоланні нами самотності. Тож тільки тоді прості практичні поради можуть бути корисними: подзвонити комусь сьогодні, незалежно від того, відчуваємо ми бажання чи ні; написати другу, з яким давно не розмовляли; подзвонити члену сім'ї, який віддалився; запросити друга з роботи на каву; піти туди, куди ми зазвичай боїмося або нам лінько йти, наприклад, у спортзал або до церкви. Навіть якщо нічого грандіозного чи доленосного із цього не вийде, це все одно допоможе нам або тим, із ким ми намагаємося спілкуватися, «прокачати» свої соціальні м'язи!

Ще раз нагадаємо, що ці перераховані стратегії краще застосовувати в комплексі і поетапно, тоді вони дієві для покращення ситуації або навіть позбавлення від нашої самотності.

Зробивши загальний огляд ефективних стратегій подолання самотності, далі ми розглянемо детальніше, як їх застосувати залежно від типів самотності.

2.1. Стратегії подолання емоційної самотності

Як людині подолати свою самотність, якщо вона викликана втратою або відсутністю значущих стосунків внаслідок, наприклад, смерті близької людини, розриву романтичних стосунків, відкинення чи безшлюбності? Передусім допомога людині, яка відчуває брак близьких, довірливих стосунків і тісних емоційних зв'язків, має бути комплексною і проводитися у декількох напрямках.

Отже, однією з ефективних стратегій у подоланні емоційної самотності може бути здорове релігійне життя. Ще Йоганн Ціммерман 1799 р. писав, що здорове релігійне життя віри може допомогти подолати негатив емоційної самотності.[21] Сучасні дослідження підтверджують користь здорового релігійного життя для віднайдення сенсу в період життєвих потрясінь і криз.[22] Під здоровим релігійним життям ми розуміємо наявність глибоких особистих стосунків із Богом, заснованих на довірі та

---

[21] Johann Georg Zimmerman, *Solitude Considered, with Respect to Its Influence upon the Mind and the Heart* (London: C. Dilly, 1799), 417.

[22] Amelia J. Anderson-Mooney et al., «Dispositional Forgiveness and Meaning-Making: The Relative Contributions of Forgiveness and Adult Attachment Style to Struggling or Enduring With God», *Journal of Spirituality in Mental Health* 17, 2 (2015): 93, doi: 10.1080/19349637.2015.985557.

надійній прив'язаності до Бога, здоровій теології та позитивному образі Бога. Вона також передбачає посвячення та активну участь у соціальному житті своєї помісної церкви.

На думку Стелли Міллс, помісна церква може допомогти самотній людині зменшити емоційну самотність завдяки спільному поклонінню та створенню глибоких індивідуальних стосунків із Богом. Церква може запропонувати значно більше, ніж просто соціальні заходи.[23] «Коли церква спілкується з Богом, який ближче до нас, ніж наше дихання, вона пропонує нам близькість».[24]

Також важливі особисті молитви-роздуми, що допомагають переосмислити пережите на основі істини про вірність і доброту Божу. Під молитвами-роздумами тут розуміємо не якісь східні медитативні практики, метою яких є спустошення розуму, а глибокі особисті роздуми над Святим Письмом, аналіз своїх думок і реакцій, молитви-проголошення, молитви поклоніння і подяки Богу в усамітненні. І тут ми акцентуємо увагу на тому, наскільки важливе усамітнення для розвитку таких стосунків із Богом, зменшення духовної нестабільності та емоційної самотності людини. Ця можливість в усамітненні та щирих роздумах над Святим Письмом допомагає пом'якшити біль емоційної самотності.

Водночас церква, безумовно, має величезний потенціал допомогти навіть невоцерковленим людям і нехристиянам впоратися з їхньою хронічною та емоційною самотністю, особливо тим, хто переживає втрату, горе, чи має думки про самогубство. Церкви можуть розвивати капеланське служіння, проводити семінари для овдовілих, матеріально та морально підтримувати тих, хто втратив близьку людину.

Повернімось до історії Алекса. Напади хронічної емоційної самотності та депресії час від часу були характерними для Алекса. Однак проблема загострювалася щоразу, коли виникали проблеми у значущій для нього сфері — в сфері роботи. Небезпека хронічної депресії та пов'язаної з нею самотності полягає в тому, що вони можуть призводити до суїцидальних думок і намірів.

Алекс втратив роботу. Довідавшись про це і зв'язавшись із ним, я (Вікторія) застала його в стані глибокої депресії. З нав'язливими

---

[23] Stella Mills, «Loneliness: Do Interventions Help?» *Rural Theology* 15, 2 (2017): 116, https://doi.org/10.1080/14704994.2017.1373474.

[24] Jo Ind, *Loneliness: Accident or Injustice? Exploring Christian Responses to Loneliness in the Thames Valley* (Oxford: Diocese of Oxford, 2015), 22.

думками про самогубство він уже практично не боровся. Поставивши йому прямі запитання про те, як саме він збирається вкоротити собі віку, я дізналася, що Алекс має вогнепальну зброю, яку взяв колись у свого батька. Що більш конкретним є план суїциду, то серйозніші наміри людини. Ситуація вимагала від мене невідкладної дії, однак вона ускладнювалася моєю географічною віддаленістю та можливістю спілкуватися лише онлайн.

Кожного дня упродовж всього наступного тижня я провела у вайбері, відправляючи голосові та текстові повідомлення та намагаючись змусити Алекса пообіцяти мені, що він хоча б сьогодні нічого з собою не зробить. Я намагалася переконати його встати з ліжка і хоча б поїсти! Через пару днів до цих досягнень додався вихід на вулицю, ще на наступний день — поїздка на велосипеді. Далі переді мною стояло завдання переконати Алекса зайнятися його хобі — пограти на піаніно. До речі, він прекрасно грає!

Коли цього було досягнуто упродовж двох тижнів, важливо було підбадьорити його зайнятися пошуком роботи. Процес пошуку роботи і виходу з гострої стадії депресії зайняв декілька місяців. Коли Алекс знову отримав гарну роботу, його самооцінка та самопочуття почали поволі покращуватися. Але перед нами стояло ще два завдання — профілактика гострих нападів самотності та депресії у Алекса за допомогою розширення та укріплення його мережі соціальної підтримки та відновлення його фізичної форми (за цей час Алекс набрав зайві п'ятнадцять кілограмів).

Проблема людей із хронічною емоційною самотністю полягає у їхній «зашореності», в тому, що вони часто зациклюються на своїх переживаннях та своєму болю. Вони думають переважно про себе, водночас не вірячи в себе і не очікуючи нічого доброго від інших і від життя. Звісно ж, це негативно позначається і на їхніх спробах будувати романтичні чи будь-які інші стосунки. Також їхня мережа соціальної підтримки зазвичай дуже звужена. Тобто на моє запитання Алексу «Кого ти вважаєш своїм другом?» та «До кого ти можеш звернутися по допомогу?» була відповідь: «Нікого, ні до кого». Це відверте применшення. Нівелювання наявних (нехай навіть і не надто близьких) соціальних зв'язків з іншими людьми, є типовим для хронічно самотніх людей. Також воно часто йде в поєднанні з низькою самооцінкою, яка виявляється у самотньої людини в переконанні, що вона нікому не потрібна, ніхто не хоче її зрозуміти та допомогти. Це характерно для дуже багатьох людей, що страждають від самотності. На зусилля з розсування «шор» сприйняття, підвищення самооцінки та розвитку віри в себе та інших людей, може піти багато часу.

Важко описати полегшення, яке я відчула, зустрівшись із Алексом через рік, коли він зізнався, що хоча песимістичні думки його іноді відвідують, він повернув своєму батькові вогнепальну зброю і сказав, щоб батько більше ніколи, ні за яких обставин не давав йому той пістолет. Ще через декілька місяців Алекс хвалився світлинами своєї фігури, на яких було видно, що він схуднув до норми у сімдесят п'ять кілограмів. Не можна сказати, що Алекс став переконаним оптимістом. Але я з надією та радістю спостерігаю за більш упевненим у собі Алексом, задоволеним своєю роботою, життям, за тим, як відновлюється його здатність будувати романтичні стосунки!

Водночас, дуже важливо розуміти: якщо ми відчуваємо брак знань, умінь чи впевненості у тому, що зможемо допомогти людям, які мають суїцидальні думки, як Алекс, їм краще звертатися по душеопікунську чи професійну допомогу.

Окрім переживання втрати, до емоційної самотності може призводити й переживання *відкинення*. Доктор Гай Вінч дає такі рекомендації щодо лікування душевних ран, викликаних емоційною самотністю внаслідок відкинення:[25]

По-перше, важливо виявити та змінити свої помилкові установки та уявлення, адже вони проявляються у саморуйнівній поведінці та працюють як ті пророцтва, що сповнюються самі собою. Песимізм та негативні думки про себе самих, характерні для самотніх людей, посилюють їхнє негативне відчуття себе одинокими, змушують їх спотворено сприймати дійсні реакції та емоції людей і бачити все у негативному світлі. Це, відповідно, викликає ще більший страх відкинення та бажання захищатися за допомогою самоізоляції, відштовхуючи від себе інших людей. Тому в боротьбі з емоційною самотністю важливо всіляко боротися з песимізмом та керуватися презумпцією невинності у стосунках з іншими людьми. Тобто ми припускаємо, що інші люди зовсім не хотіли нас відкинути, але замість цього ми аналізуємо та змінюємо свою поведінку (зацикленість на своїй персоні, похмурість), які є руйнівними для стосунків. Гай Вінч перераховує ще декілька видів такої поведінки, яка не сприяє побудові здорових стосунків: пошук непереконливих відмовок, щоб відхилити запрошення на вечірку; прийняття дружніх жартів надто близько до серця; стримані, позбавлені емоцій чи небагатослівні відповіді або, навпаки,

---

[25] Винч, *Первая психологическая помощь*, 13.

надмірна балакучість і перебивання інших; демонстрація відсутності інтересу до життя та думок інших; розповіді малознайомим людям про свої недоліки та побоювання.[26] Такий спосіб мислення і поведінки необхідно обов'язково змінювати.

По-друге, самотнім людям варто розвивати свою «соціальну мускулатуру», тобто вчитися оцінювати ситуації з позиції іншої людини, відновлювати емоційний зв'язок через вирішення конфліктних ситуацій, зав'язувати нові знайомства та поглиблювати старі, а також шукати можливості для спілкування. Але у самотніх людей соціальні навички, здатність дивитися на речі з позиції іншої людини, виявляти співчуття, правильно тлумачити думки і почуття інших розвинені слабо. Це часто є додатковою причиною конфліктів самотньої людини, зокрема з близькими людьми, навіть незважаючи на те, що сама самотня людина і не прагне конфліктувати. Тому для розвитку соціальних навичок вкрай корисною є власне навичка поставити себе на місце іншої людини.[27]

По-третє, приємні спогади можуть зменшити емоційні страждання, спричинені самотністю (через перегляд фотографій, відео, читання листів від дорогих нам людей). Придбання домашньої тварини може бути відповіддю для самотніх людей, у яких мало можливостей для поглиблення чи підвищення якості своїх стосунків (через географічну ізоляцію, проблеми зі здоров'ям, обмеження в пересуванні чи інші обставини).

Отже, в роботі з людьми, що страждають від емоційної самотності, виявлення та зміна саморуйнівного способу мислення і поведінки може бути ефективним засобом. Однак варто мати на увазі, що існуватиме ризик самокопання. Небезпека постійного самокопання полягає в тому, що воно фокусує всю увагу людини на її власних емоційних потребах, залишаючи її сліпою до відчуттів та потреб інших, що згубно впливає на її стосунки з друзями та родичами. Аби аналіз, спрямований на виявлення помилкових установок і саморуйнівної поведінки, не перетворився у «жування розумової гумки» та самобичування, потрібно намагатись подивитися на ситуацію очима стороннього спостерігача.[28] Не чекати

---

[26] Там само, 15.

[27] Про значення співчуття доктор Вінч висловився так: «Розвиток здатності до емпатії допомагає вдихнути життя в будь-які стосунки. Любов та увага, які несе емпатія, створюють атмосферу доброзичливості та великодушності, що скріпляють всілякі стосунки — шлюбні, сімейні та дружні». Вінч. *Первая психологическая помощь*, 17.

[28] Там само, 36.

досконалості, але чесно визнати свої помилки, покаятися перед Богом, прийняти прощення вірою та жити далі згідно зі Святим Письмом.

Лише після цього можна переходити до наступного етапу — розширення мережі соціальних зв'язків, створення можливостей для нових зв'язків, до онлайн та офлайн спілкування, залучення в соціальну діяльність. Безумовно, одна лише соціальна активність не може компенсувати відсутність емоційних чи інтимних стосунків. Водночас після усунення перешкод у свідомості самотніх людей, таких як хибні уявлення, хибні очікування та хибне сприйняття, участь у груповій діяльності може допомогти їм впоратися як із соціальною, так і з емоційною самотністю, особливо в атмосфері християнської церкви, яка пропонує дружбу і турботу. Волонтерство та служіння в церкві також є відмінним ресурсом. Допомога іншим піднімає нашу самооцінку, дає нам відчуття значущості і потрібності, допомагає нам давати, а не брати, концентруватися на потребах і болях інших людей, а не лише на власних. Як наслідок, це робить нас більш щасливими, вдячними, впевненими в собі та менш самотніми.

Повернімося до історії моряка далекого плавання Гурама. Мабуть, найбільш важким для Гурама в адаптації до звичайного життя по закінченню плавання є усвідомлення, що всі навколо живуть своїм життям. «Звісно ж, не може не тішити той факт, що тепер я вдома, що мене чекали, і я дуже скучив за ними: моєю сім'єю, друзями», — зізнається Гурам.

> «Але коли я розумію, що на другий тиждень мого перебування вдома інтерес до мене у дітей різко щезає, дружина зайнята своїми дуже важливими справами, друзі ніби й раді мені, але їм не до мене зараз, — ось тоді й приходить самотність».

Зазначимо тут, що на відміну від соціальної самотності, яку Гурам зазвичай переживає в рейсі, вдома, адаптуючись до «нормального» життя, він більше страждає від емоційної самотності через відсутність близького душевного контакту, зв'язку зі значущими для нього людьми.

> «Якось після рейсу я почав обдзвонювати друзів, повідомляти, що приїхав. Обдзвонив чотирьох чи п'ятьох друзів, і почув у відповідь: «Ух ти! Ти приїхав! Клас!» Але тільки один із них погодився зустрітися в кафе та випити кави. Я чимдуж прибіг на зустріч із ним, але він весь час говорив із кимось по телефону та врешті-решт, просто попрощався і

пішов. Я допив свою каву на самоті», — зі смутком пригадує Гурам.

Допомагає йому подолати це відчуття емоційної самотності передусім усвідомлення свого стану, побудова глибших стосунків із Христом і спільне проведення часу разом з іншими християнами в служінні для церкви. Наприклад, Гурам розповів мені (Валерії) про те, що разом із дружиною він навідує нещодавно овдовілого служителя церкви, з радістю долучається до служіння нецерковним підліткам, ділиться з ними своїм свідченням про те, як Бог беріг його і допомагав йому проходити складні віражі підліткового періоду. Давати раду неконструктивним саморуйнівним установкам та думкам Гураму допомагають звернення до професійного консультанта та підтримка дружини.

Глибокі щасливі дружні взаємини пом'якшують емоційну самотність, від якої, очевидно, не застраховане навіть подружжя. І такі стосунки не є випадковістю, але радше результатом щоденної праці подружжя. Добре, якщо церкви проводять спеціальні програми з відновлення та зміцнення сімейних стосунків. Для укріплення взаємин у шлюбі та вирішення проблеми самотності в інтимних стосунках Емі Рокач дає декілька порад для пар:[29]

- Побудова стосунків з правильних причин. Укладання шлюбу не є панацеєю від самотності. Якщо християнин не вирішив проблему своєї самотності до укладання шлюбу, то створивши сім'ю, він може виявити, що його самотність не зникла, а навпаки посилилася!
- Інтимне спілкування та участь. Без відкритості у подружжі одне перед одним, заснованої на довірі, створення близьких стосунків у шлюбі неможливе. Вкрай важливим для побудови гарних стосунків, які б задовольняли подружжя, є розвиток своєї здатності підтримувати, слухати з інтересом та зацікавленістю, не засуджувати, а приймати партнера, навіть якщо його чи її дії не можуть бути виправданими.
- Взаємозалежність. Під взаємозалежністю мається на увазі здатність покладатися на іншого та приймати певну здорову залежність іншої людини від себе. Вона передбачає сміливість довіряти одне одному та ризик бути вразливим. Це характерно лише для стосунків, заснованих на надійній

---

[29] Rokach, «Effective Coping with Loneliness», 66.

прив'язаності. Якщо один із партнерів має залежний стиль прив'язаності, він змушує його чіплятися за подружжя, боятися втратити стосунки, не маючи впевненості у любові іншого. Відсторонений стиль прив'язаності одного з подружжя, навпаки, змушує його бути емоційно нечутливим до потреб, думок і почуттів партнера. У будь-якому разі обидва почуваються спустошеними, самотніми і нещасними. Подружжя, у якого переважає надійний стиль прив'язаності, здатне довіряти, бути відкритим і розуміти, що вони, по суті, дві окремі особистості (а не віддзеркалення одне одного), з'єднані разом в одне ціле.

- **Розв'язання конфліктів у стосунках.** Конфлікти є нормальними і очікуваними в будь-яких стосунках, оскільки дають подружжю можливість поділитися тим, що їх хвилює, розчаровує або дратує. Конфлікти деколи потрібні. Вони дозволяють подружжю навіть зміцнити та поглибити свої стосунки, якщо воно вміє ефективно і без втрат розв'язувати конфлікти. Якщо подружжя не вміє ділитися своїми переживаннями та неефективно вирішує міжособистісні конфлікти, раз за разом підриваючи довіру та повагу одне до одного, воно буде відчувати самотність і дистанціювання.

- **Недопущення навіть незначної зневаги.** Кажучи повсякденною мовою, зневага — це сприйняття присутності, участі та турботи партнера як щось належне. Вдячні та турботливі стосунки допомагають запобігти або мінімізувати образи та прийняття подружжя як даність. У цьому плані розвиток навички ставити себе на місце партнера є незамінним.

- **Взаємне зростання.** Коли у стосунках лише один із партнерів переживає особистісне зростання, а інший не розвивається, це може призвести до віддалення їх одне від одного та самотності, тому що у них буде менше тем для обговорення. Тому один із найкращих способів запобігти такому віддаленню — цікавитися інтересами одне одного, разом рости та дозволяти одне одному розвиватися (навіть якщо він відвідує кулінарні курси, а вона — біблійну школу). Тоді рівновага у стосунках зберігається.

- Подолання шрамів від тривалого сімейного неблагополуччя. Нерозв'язані проблеми у стосунках чи неефективно вирішені конфлікти руйнують довіру подружжя та зменшують здатність захищати стосунки від майбутніх неминучих конфліктів. Тут дуже важливо звертатися по допомогу до консультантів або душеопікунів, поки не стало надто пізно. Не можемо не погодитися з Емі Рокачем, який вважає, що звернення по допомогу при перших проблемах — значно краща і безпечніша стратегія, яка може допомогти не лише врятувати шлюб, але й близькість і любов.[30]

2.2. Стратегії подолання соціальної самотності

Щоби проілюструвати один зі шляхів перемоги над соціальною самотністю, повернімося знову до моєї (Валерії) історії. Якось, коли я перебувала у тому самому тривалому відрядженні в чужій для мене культурі, ситуація змінилася, і моя соціальна та культурна самотність стали поволі згладжуватися.

Як я згадувала, кожної неділі я ходила в одну міжнародну церкву, яка має дуже милу традицію: на вівтарі кожної неділі стояв букет свіжих квітів, який за бажанням лідера прославлення в кінці служіння дарували комусь із присутніх або членів церкви. Наприклад, парі, яка цього тижня відсвяткувала ювілей подружнього життя або вдові, що нещодавно поховала чоловіка тощо. І ось, одного разу лідер прославлення оголошує, що сьогодні цей букет відправиться до людини, яка є найновішим гостем у їхній церкві.

— Хто приєднався до нашої церкви протягом цього місяця? — запитала лідер прославлення церкви. Я повільно підняла руку, бувши переконаною, що я не одна, а щонайменше, ще четверо українців мали би бути зі мною. Але так сталося, що саме в ту неділю вони вирішили піти в іншу церкву. Так я виявилась одна новенька. І лідер прославлення, не думаючи довго, відправилася особисто до мене в сам кінець залу, аби вручити мені букет.

— Привіт, мене звуть Джулія, — сказала вона англійською.
— Привіт! Я Валерія, — відповіла я також англійською.

---

[30] Rokach, «Effective Coping with Loneliness», 69.

— Валерія?! А ти звідки? — перейшла Юля на українську. — Я з України. — сказала вона.

— Я теж! — захоплено вигукнула я.

— Приходь до нас додому завтра! Побазікаємо! — запропонувала Юля та вручила мені квіти. Це був величезний букет моїх улюблених жовтих тюльпанів. Це сталося у березні, через тиждень після мого дня народження! І це був прекрасний подарунок до мого дня народження!

— Ти — перша людина, — сказала я, — яка за весь цей час познайомилася та запросила мене до себе додому!

У міру того, як я призвичаювалась, в університетському містечку, я починала відвідувати лекції, які мене цікавили, знайомитися з іншими студентами, наважилася готувати їжу на студентській кухні, і не лише для себе, але й для інших студентів. Моя самотність поступово розсіювалася. Стало значно легше, коли мої знайомі працівники університету почали запрошувати мене на сестринську домашню групу, де ми ділилися своїми переживаннями, історіями, досвідом і молилися одна за одну. Я пригадую, для того, щоб зважитися прийти на цю домашню групу, мені знадобилася певна мужність і свідоме рішення перестати уникати людей, що оточували мене, незважаючи на те, що вони всі були представниками різних народів, культур і християнських течій. Потрібно було зробити крок назустріч, почати відкриватися і просто спілкуватися з ними. До речі, на цій домашній групі одна сестра мені подарувала величезне шоколадне серце, яке вона зробила власними руками! Згодом із цією сестрою ми стали гарними подругами.

Отже, соціальну самотність можна зменшити, долучившись до груп, що займаються діяльністю, яка цікавить соціально самотню людину. Такі взаємодії, як відвідування чаювань і зустрічей домашніх груп корисні для розвитку навичок спілкування та підвищення самооцінки, оскільки самотня людина заводить нових друзів у безпечному та прийнятному оточенні. Але цей спосіб спрацює тільки, якщо самотня людина сама буде мати бажання подолати свою самотність і долучитися до взаємодії. Розвиток мережі соціальних зв'язків і групова активність людей зі спільними інтересами як стратегії подолання самотності, звісно, важливі. Однак і людям із таким типом самотності варто розуміти, що насамперед їм важливо розібратися в собі та своїх діях — чи не є вони самі зі своїми переконаннями основною причиною своєї соціальної самотності.

Багато обставин, що викликають почуття соціальної самотності, мають тимчасовий характер. Якщо наші комунікативні навички достатньо розвинені, а ми впевнені у собі та налаштовані позитивно стосовно інших людей (тобто у нас надійний стиль прив'язаності), ми зазвичай зав'язуємо нові знайомства, і відчуття самотності проходить саме собою. Але одиноким людям через їхні особистісні особливості (інтроверсію та низьку самооцінку, наприклад, і особливо ненадійну прив'язаність) найчастіше потрібна допомога в перемозі над самотністю. Інакше така самотність набуває хронічного характеру.

Дослідження вчених і досвід людей, що перебували у такому стані, особливо тривалий час, свідчать про те, що надмірна соціальна активність, коли людина змушує себе знайомитися та спілкуватися з новими людьми, може призвести до зворотного ефекту. Це особливо стосується людей, чия соціальна самотність пов'язана із нарцисичною зацикленістю на собі і своєму болю. Зміна установок і способу думок має бути першочерговою і спрямованою на те, щоб допомогти самотній людині:

1. Почати бачити інших людей не з позиції того, як вони можуть вирішити її соціальні та емоційні потреби, а з позиції того, як вона може допомогти їм у їхніх потребах.

2. Зрозуміти те, хто вона і яка справжня мета її життя (ідентичність) з позиції Слова Божого.

3. Поєднати мету свого життя із задоволенням потреб інших людей. Це поступово збільшить самооцінку та значущість для інших, коло знайомих та друзів, і вирішить проблему соціальної самотності.

2.3. Стратегії подолання культурної самотності

На наш погляд, найбільш ефективними стратегіями подолання культурної самотності є:

— Практика тимчасового усамітнення, протягом якого можемо зробити переоцінку своїх цінностей і розставити пріоритети, сфокусуватися на меті та сенсі свого життя, покликанні.

— Важливі щедрість і доброзичливе ставлення до інших людей, яке виявляється в елементарній усмішці. Цікаво, що, як зазначають деякі дослідники, самотність підтримується неправильною інтерпретацією соціальних сигналів, таких як усмішка та зоровий контакт, які є ключовими для позитивних соціальних взаємодій. Вони припускають, що самотні люди мають порушення здатності усміхатися у відповідь.[31]

— Особливе місце має посідати особиста молитва-роздум для кристалізації ідентичності та розвитку почуття належності, насамперед до Христа. Саме це ясне усвідомлення християнином своєї ідентичності у Христі, своєї мети від Нього, належності до Христа і повноти Його прийняття і любові може нівелювати біль культурної (а також соціальної та екзистенційної) самотності, які християнин може відчувати, виконуючи Боже покликання у своєму житті.

До того ж християнин може переживати культурну самотність не лише тоді, коли проживає в чужій країні чи культурі, а навіть будучи посвяченим Богу та належним до церкви в своїй рідній культурі.

Погодьтеся, що практично кожен *новонавернений* християнин переживає культурну самотність. І це стосується не лише тих християн, які навернулися до Христа з іншої віри, але й тих, хто всередині своєї культури навертається і посвячує своє життя Богу. Для людини, яка навернулася до Христа, світська культура та цінності стають чужими, однак і християнська, точніше, внутрішня церковна культура поки ще не стала своєю. Вона часто втрачає своїх попередніх друзів, стикається з нерозумінням сім'ї. Вона почувається так, ніби більше не є частиною «цього світу». Але християнин і повинен почуватися «чужим» у цьому «світі», і з такою культурною самотністю християнина стосовно світської системи ми не боремося.

І тут роль церкви, спільноти, друзів ясна та особливо важлива — докласти максимум зусиль, щоб новонавернена людина стала частиною нової для неї культури церкви, спільноти. Адже всі покликані бути частиною спільноти. І якщо така людина не відчуває підтримки церкви, вона зазвичай залишає церкву. Потреба у належності ставить її перед вибором: або повернутися «в світ», «розчинитися» у натовпі, де її приймали, але ціною своєї ідентичності у Христі, тобто зректися себе та своєї істинної сутності; або шукати ту спільноту, де її приймуть, або стати відірваною від церкви, такою собі відлюдницею, що заперечує свою потребу в належності.

---

[31] Emma Young, «Preliminary Evidence that Lonely People Lose the Reflex to Mimic Other People's Smiles Potentially Sustaining the Isolation», *Neuropsych* (June 23, 2019), https://bigthink.com/neuropsych/loneliness/; Tara Well, «The Link between Loneliness and Smiling», *Psychology Today* (September 26, 2019), https://www.psychologytoday.com/us/blog/the-clarity/201909/the-link-between-loneliness-and-smiling.

Будь-який *лідер* чи християнин, що присвятив своє життя здійсненню свого покликання від Бога, час від часу переживає культурну самотність часто в сукупності з емоційною та соціальною самотністю. Це відбувається тому, що далеко не завжди посвячений своїй місії християнин отримує розуміння та підтримку з боку інших християн. Іноді, на жаль, відбувається навпаки — він стикається з критикою та спротивом тих, хто був начебто «свій». Це ненормально, але так буває. Тоді така культурна самотність неминуча. І такому посвяченому своєму покликанню християнину, який виявив, що перебуває тепер в опозиції стосовно основного мейнстриму, нічого іншого не залишається, як тільки налаштуватися продовжувати своє служіння, незважаючи ні на що, і покладатися на підтримку Господа, Який не покине і підтримає. Як не дивно, але усамітнення, роздуми над Словом Божим, роздуми про своє життя та місію допомагають тримати у фокусі найважливіші речі та зменшити культурну самотність християнина.

2.4. Стратегії подолання духовної самотності

Подолання нашої духовної самотності відбувається передусім через будування та відновлення наших стосунків із Богом і формування надійної прив'язаності до Бога. Як ми писали у першому розділі, саме порушені стосунки з Богом та ненадійний стиль прив'язаності є першопричиною духовної самотності. Зміна ненадійного стилю прив'язаності на надійний має відбуватися завдяки читанню Святого Письма та відновленню мислення, метою якого є зруйнування неправильних переконань та установок про «гнівливого, байдужого Бога-карателя» та формування образу Бога, який відповідає Святому Письму.

Раніше ми уже навели докази того, що неправильне богослов'я та негативний образ Бога визначають формування ненадійного стилю прив'язаності до Бога у самого християнина і навіть у його дітей, та безпосередньо впливають на виникнення почуття самотності, і передусім духовної. Образ Бога і стиль нашої прив'язаності до Бога визначають також нашу емоційну реакцію і поведінку — те, що в науці називається релігійним копінгом.

Що таке релігійний копінг, і чому позитивний релігійний копінг ефективний у подоланні нашої самотності, а негативний релігійний копінг — ні?

У результаті свого дослідження користі чи шкоди різних релігійних копінгових стратегій, Кеннет Паргамент із колегами визначили, що релігійні копінгові стратегії можуть бути як позитивними, так і негативними.[32] Позитивний релігійний копінг (ПРК) містить нашу стійку віру в Боже піклування, добрі наміри та всеосяжну силу, незважаючи на пережите нами страждання.[33] Приклад Йова дуже показовий у цьому значенні. Йов казав: «Однак я знаю, що мій Викупитель живий, і Він останнього дня підійме мене з пороху!» (Йов 19:25). Негативний релігійний копінг (НРК) передбачає відчуття розчарування або фрустрації в Бозі, зниження нашої впевненості у здатності чи бажанні Бога допомогти нам у часи страждань, сприйняття Бога як далекого та незацікавленого у нашому добробуті, гнів у ставленні до Бога.[34]

Це призводить або до позитивних наслідків (наприклад, кращого пристосування до нових життєвих обставин і посттравматичного росту), або до негативних (наприклад, поганої адаптації, горя та депресії). Посттравматичний ріст — це процес, внаслідок якого ті, хто пережив дуже стресові або травматичні події, все одно переживають позитивну трансформацію себе та свого світогляду.[35] Але такі позитивні трансформації не відбуваються автоматично. Із застосуванням негативних релігійних копінгових стратегій, коли ми звинувачуємо Бога, інших людей або себе у ситуації, що склалася, займаємося «самокопанням» та сприймаємо себе як жертву обставин, позитивної трансформації не відбувається. Люди по-різному реагують в часи духовних страждань і «долин плачу» (Пс. 84:7). Чому?

Тому що стратегії позитивного релігійного копінгу визначаються нашою надійною прив'язаністю до Бога, поглядом на світ через позитивну лінзу та відчуттям духовної спільності.[36] Приклади стратегій ПРК містять доброзичливу переоцінку факторів стресу, пошук духовної підтримки та зв'язку, а також прощення.[37] Наприклад, коли християнин переоцінює прожите, описуючи його такими фразами: «Я намагався побачити, як Бог може укріпити мене в цій ситуації»; «Прагнув ближче

---

[32] Kenneth I. Pargament et al., «Patterns of Positive and Negative Religious Coping with Major Life Stressors», *Journal for the Scientific Study of Religion* 37, 4 (1998): 710–724.

[33] Anderson-Mooney et al, «Dispositional Forgiveness», 94.

[34] Anderson-Mooney et al «Dispositional Forgiveness», 93.

[35] Sarah L. Moon, «Religious Coping as a Moderating Variable» (Doctor of Psychology Degree Diss., Wheaton, Illinois October, 2013), 1.

[36] Там само, 25.

[37] Там само.

відчути Бога посеред страждань»; «Просив прощення за мої гріхи», «Намагався побачити, за що серед цих проблем я можу дякувати Богу, що доброго я можу в цьому знайти» (пригадується гра, в яку грала героїня роману Елеонор Портер Поліанна).

Стратегії негативного релігійного копінгу визначаються ненадійною прив'язаністю до Бога, сприйняттям світу як загрози та постійної боротьби з відчуттям власної незначущості.[38] Наприклад, стикаючись із проблемами в житті, люди, які застосовують негативні стратегії релігійного копінгу, схильні думати, що Бог їх покинув або карає за щось. Або ж вони доходять висновку, що абсолютно всі проблеми в їхньому житті спричинені дияволом, та переймаються питанням, чи не забула про них церква. За переконанням, що причиною кожної життєвої проблеми є «хитрощі диявола», ховається пасивна фаталістична позиція жертви та небажання брати відповідальність за своє життя. Негативні релігійні копінгові стратегії, в основі яких лежить негативний образ Бога, безумовно, є неефективними.

До таких неефективних стратегій також належить зовнішня або мотивована отриманням вигоди релігійність. У Книзі пророка Осії ми бачимо, як Бог оцінив ефективність таких стратегій, коли народ Божий звертався до Нього не щиро, а лише заради вигоди: «Вони не волають до Мене щирим серцем, хоч і голосять на своїх постелях. Караються через пшеницю та вино і відступають від Мене» (7:14); «Горе їм, оскільки вони відвернулись від Мене! Їм загрожує загибель, бо вони збунтувались супроти Мене. Я їх рятував, а вони говорили щодо Мене неправду» (Ос. 7:13). Червоною ниткою крізь усе Святе Письмо проходить думка, що щира довіра і любов до Бога — Божі очікування від нас: «Адже Я бажаю милосердя, а не жертви, й пізнання Бога — більше за всепалення» (Ос. 6:6).

Дослідження Сари Мун та її колег підтверджують, що позитивні копінгові стратегії знижують рівень стресу, депресії та тривоги, а негативні — навпаки.[39] У будь-якому разі, що надійнішим є стиль прив'язаності до Бога, що позитивніший у християнина образ Бога, то із більшою довірою та витривалістю він проходить свої «долини плачу» і то швидше він долає відчуття «богозалишеності» та духовну самотність.

---

[38] Там само.
[39] Moon, «Religious Coping», 27.

У своєму емпіричному дослідженні Пейн і Сендедж перевірили, в який спосіб різні види молитов пов'язані з рівнем духовної нестабільності, надії та стилем прив'язаності до Бога. Виявилося, що цілющий ефект від нашої молитви-прохання залежить від рівня нашої духовної стабільності або надійності стилю прив'язаності до Бога.⁴⁰ Молитва-прохання не сприяє зростанню надії у християн із ненадійними стилями прив'язаності. Тобто що вище є рівень духовної нестабільності, то із меншою надією ми дивимося у майбутнє. Чому? Духовно нестабільні християни з ненадійними стилями прив'язаності часто почуваються відірваними від Бога і тому не довіряють Йому. Часто такі християни інтерпретують молитви, що залишилися без відповіді, як божественне покарання чи відкинення. При цьому така закономірність спостерігається саме від молитви-прохання: що більше духовно нестабільний християнин просить у молитві у Бога, то меншою стає його надія, оскільки його духовна невпевненість у Бозі збільшується.⁴¹

Водночас для людей із ненадійним стилем прив'язаності інші види молитов можуть бути набагато кориснішими. Пейн і Сендедж стверджують, що, наприклад, «молитви-роздуми ... можуть полегшити страждання, пов'язані із духовною нестабільністю, та сприяти добробуту».⁴² Виходить, що нижче рівень духовної нестабільності і чим надійніше стиль прив'язаності до Бога, то вище цілющий ефект від нашої молитви-прохання. Доведено, що християни з низьким рівнем духовної нестабільності і з надійним стилем прив'язаності до Бога частіше бачать відповіді на свої молитви-прохання, мають більш високий рівень надії та є менш самотні.⁴³

Можливо, у вас виникне питання: чи може людина змінити той образ Бога, який існує у неї в голові, якщо вона переживає духовну самотність? Звісно, може. Таким самим чином, як надійному стилю прив'язаності можливо навчитися, намагаючись змінити в собі негативні уявлення про себе та інших людей. Так само подоланню духовної самотності та зміненню негативного образу Бога передує рішучість християнина вірити та будувати свої уявлення про Бога на Слові, а не на видимих обставинах та своїх почуттях, наскільки б «кричущими» вони не були.

Ми виводимо такі стратегії подолання духовної самотності:

---

⁴⁰ Paine and Sandage, «More Prayer, Less Hope», 231.

⁴¹ Там само.

⁴² Там само, 233.

⁴³ Там само, 232.

1. Вивчення Святого Письма для зміни неправильних богословських поглядів у розумі віруючого — формування біблійного образу Бога та образу самого себе. Ми вважаємо, що бачити себе так само, як бачить кожного з нас Бог є життєвою необхідністю для здорового духовного та душевного життя і для подолання самотності.

2. Акцент на особистій вдумливій молитві, а не на прохальній молитві, в усамітненні, що передбачає роздуми над уривками зі Святого Письма, які говорять про доброту, милість і вірність Бога. Наприклад:

> «Тоді Господь пройшов перед його обличчям, і проголосив: Господь! Господь Бог співчутливий і милосердний, не скорий на гнів, багатомилостивий і правдивий, Який дотримується милосердя до тисяч поколінь, прощає беззаконня, злочини і гріхи, проте винного Він ніколи не визнає невинним...» (Вих. 34:6).

> «Тож усвідом, що Господь, твій Бог, є справжнім Богом, вірним Богом, Який до тисячного покоління зберігає Заповіт і виявляє милосердя до тих, хто Його любить і дотримується Його Заповідей» (Повт. 7:9).

> «Усі Господні дороги — це милосердя і вірність для тих, котрі дотримуються Його Заповіту і Його свідчень» (Пс. 25:10).

> «Ти ж, Господи, є співчутливим Богом і милосердним, довготерпеливим, багатомилостивим і праведним!» (Пс. 86:15).

> «Милостивий і співчутливий Господь, довготерпеливий і сповнений любові. Господь добрий до всіх; Його милосердя помітне на всіх Його вчинках» (Пс. 145:8-9).

> «З Господньої милості ми все ж не загинули, тому що Його милосердя не вичерпується. Щоранку оновлюється Твоя велика вірність, Господи! Господь — мій уділ (доля), — говорить моя душа, — тому й далі я буду на Нього надіятись. Господь прихильний до тих, котрі на Нього покладаються, — до кожної душі, яка Його шукає. Щастить тому, хто спокійно очікує Господнього спасіння» (Плач 3:22-26).

> «Хіба є ще такий Бог, як Ти, Котрий прощає гріхи, відпускаючи провини залишка Своєї спадщини. Бог не постійно гнівається, позаяк Він — Той, Хто любить виявляти милосердя. Він знову змилується над нами, і змиє наші провини. Ти кинеш у глибини моря всі наші гріхи» (Мих. 7:18-19).

«Тому треба було Йому в усьому уподібнитися братам, аби бути милосердним і вірним Первосвящеником перед Богом, для ублагання за гріхи людей. Бо в чому Сам постраждав, бувши випробуваним, Він може допомогти і тим, хто переносить випробування» (Євр. 2:17-18).

«Тому, маючи великого Первосвященика, Який пройшов небеса, — Ісуса, Божого Сина, — тримаймося визнання. Адже маємо не Такого Первосвященика, Який не може співчувати нашим слабкостям, але Який подібно до нас був випробуваний у всьому, за винятком гріха. Тому приступаймо сміливо до престолу благодаті, щоб одержати милість і знайти благодать для своєчасної допомоги» (Євр. 4:14-16).

Звісно, ми розуміємо, що любов і доброта Бога — не єдині Його характеристики. Він і святий, Він може і гніватися, і наказувати. Але, як ми уже казали раніше, у християн із ненадійним стилем прив'язаності є сильна тенденція сприймати відповіді від Бога та зовнішні обставини, що відрізняються від очікуваних, як доказ відкинення та немилості Бога. Тому для них робити акцент на любові, вірності та милості Бога є особливо важливим.

Іноді для вирішення проблеми духовної самотності людині необхідне примирення з Богом, а для вирішення проблеми екзистенційної самотності — відновлення розуміння своєї ідентичності відповідно до задуму Творця та примирення із самим собою!

2.5. Стратегії подолання екзистенційної самотності

Як ми уже писали раніше, екзистенційна самотність має коріння в питаннях людської ідентичності. Наша ідентичність формується тим, з чим і з ким ми себе ототожнюємо. Частина нашої ідентичності визначається генетикою і сім'єю. Поміркуйте над тим, як часто те, у що ми віримо та думаємо про себе, нав'язано нам нашими батьками?! І частина нашої ідентичності визначена нашим оточенням і пережитим досвідом — психологічними факторами.[44] Культура також може нав'язувати нам ідентичність, наприклад, жертви, переслідуваної чи зневаженої меншості. Або як часто християнин вибачає себе за неправильну поведінку, нібито

---

[44] Ми запозичили цю ідею із серії уроків «Хто я?» Дуейна Шеріфа: Duane Sheriff, «Who am I?» https://www.youtube.com/watch?v=gPja9OQrlbsandlist=PLNEz4ajKSEZ9KmBw4R2LjSWHbhhbn4zKY.

притаманну всім: чоловікам, жінкам, українцям, арабам, кавказцям тощо? Те, що ми думаємо про себе, про те, хто ми є насправді, визначатиме наші переконання, почуття, поведінку, мету, ставлення і саме наше життя. Тому нам потрібно бути дуже обережними, з ким або з чим ми себе ідентифікуємо. Кому ми дозволяємо визначати нашу ідентичність? Томас Мертон сказав:

> «Так, безсумнівно, ми допомагаємо одне одному знайти сенс життя. Але кінець кінцем кожна окрема людина відповідальна за те, як вона проживе своє життя і чи зможе «знайти себе». Якщо вона наполегливо перекладатиме відповідальність на когось іншого, то не зможе знайти сенс власного існування. Ви не можете сказати мені, хто я, і так само я не можу сказати вам, хто ви. Якщо ви не знаєте власної ідентичності, то хто пізнає її замість вас?»[45]

Ісус знав Свою ідентичність через Писання та Духа Святого. Ісус знав, Хто Його Батько. Якось Він сказав Своїй матері та названому батькові: «Чому ж ви шукали Мене? Хіба ви не знали, що Мені треба бути при справах Мого Отця?» (Лк. 2:49). Однак і Самому Ісусу Христу необхідно було розвиватися в мудрості та розумінні Своєї ідентичності: «А Ісус набував мудрості, віку та благодаті — у Бога і в людей» (Лк. 2:52). Ісус читав Писання та розумів, що це було написано про Нього: «Тоді Я сказав: Ось іду, — *на початку книги написано про Мене*, — щоб виконати, Боже, Твою волю»[46] (Євр. 10:7). Напевно, коли Ісус читав псалми, Дух Святий говорив Йому: «Це — про Тебе!» Маючи повне розуміння Своєї ідентичності, а значить і Своєї мети, Ісус казав юдеям: «Дослідіть Писання! Адже ви думаєте через них мати вічне життя, а *вони свідчать про Мене*» (Ів. 5:39). «І, почавши від Мойсея та від усіх пророків, Він пояснив їм з усього Писання *те, що стосувалося Його*» (Лк. 24:27).

Ми також маємо пізнавати свою ідентичність через Святе Письмо та Духа Святого! Наша ідентичність передусім визначається Словом Божим, яке говорить про те, що ми — у Христі, та Христос — в нас! Ісус ототожнився з нами в нашій людськості, щоб ми могли ототожнитися з Ним у Його божественності. Апостол Павло писав:

---

[45] Томас Мертон, *Ніхто не є самотнім островом*, 7–8. Буквальний переклад фрази: «...хто пізнає її замість вас?» — «хто тоді визначатиме вашу ідентичність?».

[46] Тут і далі в цитатах зі Святого Письма — курсив автора.

«Я став її служителем за Божим дорученням, яке було дане мені щодо вас, аби виконати Боже Слово, — таємницю, заховану від віків і поколінь, а тепер відкриту Його святим. Бог забажав показати їм, яке багатство слави є в цій таємниці між язичниками, — тобто Христос у вас, надія слави!» (Кол. 1:24–27).

Знання своєї ідентичності дає християнину можливість віднайти і своє покликання. Апостол Павло писав про своє покликання: «Коли ж Бог, Який вибрав мене з лона моєї матері й покликав Своєю благодаттю, уподобав об'явити через мене Сина Свого, щоб я благовістив Його між язичниками, — я не став того часу радитися з тілом і кров'ю» (Гал. 1:15–16). Фактично, ані інші люди, ані навіть ми самі не повинні визначати, хто ми є насправді, а тільки Святе Письмо!

Знаючи, що сумніви у своїй ідентичності роблять людину нездатною пізнати та виконати своє покликання, диявол намагається зробити все можливе, аби спантеличити людей щодо їхньої ідентичності.[47] Він намагався змусити Ісуса сумніватися в Його ідентичності: «Якщо Ти Син Божий…», — випробовував він Його у пустелі. Він пробував змусити Христа поклонитися чомусь або комусь окрім Бога: «І підійшов до Нього спокусник, і сказав: Якщо Ти — Син Божий, скажи, щоби це каміння стало хлібом… Знову бере Його диявол на дуже високу гору, показує Йому всі царства світу та їхню славу й каже: Усе це дам Тобі, якщо, упавши ниць, поклонишся мені» (Мт. 4:3, 8–9). Те саме він намагається зробити й зі всіма іншими людьми. Він намагається спотворити нашу ідентичність, те, у що ми віримо стосовно самих себе, і змусити нас поклонятися творінню замість Творця. Як багато християн сьогодні думають, що вони є тими, ким вони себе відчувають?! «Я знаю, що говорить Бог у Святому Письмі, але я не так себе відчуваю!» — кажуть вони. Отже, вони поклоняються своїм почуттям замість Творця! Як багато християн дозволяють царствам цього світу та світській системі цінностей визначати свою ідентичність і значущість?

Пам'ятаєте історію нашого Данила? Свою ідентичність він знайшов у Бозі: «Тільки єднання з Христом робить нас цілісними, звільняє від самотності», — каже він. Данило часто залучений у волонтерські проєкти. Але це само собою не є вирішенням його проблеми екзистенційної

---

[47] Можете більше дізнатися про це із серії уроків «Хто я?» Дуейна Шеріфа: https://www.youtube.com/watch?v=gPja9OQrlbsandlist=PLNEz4ajKSEZ9KmBw4R2LjSW Hbhhbn4zKY .

самотності. За його словами, в моменти екзистенційної кризи, коли його ідентичність як християнина під ударом, його служіння видається йому «замилюванням очей». «Бувають моменти, коли всі мною захоплюються, а всередині я почуваюся негідним, нечистим...». Саме в такі моменти Данило повертається до «мірила» своєї самооцінки та значущості — до Святого Письма. Тому що він розуміє, що якщо людина в екзистенційній кризі не побачить себе крізь призму Біблії, очима Бога, хто вона у Христі, її служіння — тільки тимчасова допомога, як спроба самореалізації та підтвердження своєї значущості. «Це вимагає постійного аналізу того, що в мені, в моїх почуттях, думках, установках не відповідає Христу та від чого слід позбутися, а що — моє, унікальне і не гріховне», — продовжує Данило.

Позитивний аспект екзистенційної самотності, як зазначає Данило, в тому, що усвідомлення своєї унікальності допомагає людині краще концентруватися на своїй місії, розуміти своє призначення. «Моя самотність допомагає мені краще розуміти мету, ради чого я живу, ніби створює більш високий сенс».

Отже, в процесі звільнення від екзистенційної самотності християнин має щонайменше дві переваги. По-перше, він має можливість дозволити Богу визначати те, хто він є у Христі, та приймати вірою Писання, а не власні уявлення і відчуття за істину. І по-друге, якщо християнин знаходить сенс свого життя у вічному Бозі, в пізнанні Його, а своє призначення — в служінні Йому, тоді він розуміє, що зміст його життя вічний і незалежний від мінливих тенденцій світу або життєвих потрясінь, таких як криза у стосунках із кимось чи навіть смерть близької людини.

«І тепер я насолоджуюся, коли я сам», — каже Данило. Зазначимо тут, що усвідомлення і прийняття своєї ідентичності згодом дозволяє людині не боятися усамітнення, краще переносити й ефективніше застосовувати час наодинці з собою, і навіть бажати цього. Томас Мертон висловився так:

> «Людина, яка боїться бути самотньою, ніколи не знатиме чогось іншого, крім самоти, хоч як буде оточувати себе людьми. Але та, яка вчиться у самотності та зосередженні бути в мирі з власною самотою і віддавати перевагу її реальності над ілюзією вродженої товариськості — доходить до пізнання невидимого товаришування з Богом. Така людина всюди наодинці з Богом, і тільки вона по-справжньому

втішається товариством інших, тому що любить їх у Бозі, в Якому їхня присутність не обтяжлива, і тому що через Нього її власна любов до них ніколи не пересититься».[48]

Рей Андре вважає, що «тільки коли ми навчимося жити на самоті і навіть любити на самоті — коли ми стикнемося із нашим відчуженням, нашою вразливістю, нашою творчістю, нашою унікальністю, нашою людяністю і нашими бажаннями, — проблеми пошуку інших і товариства стають менш кричущими».[49]

Пошук відповідей на питання про свою ідентичність і призначення — це не справа одного дня. Це довгий і деколи болючий процес аналізу себе та прийняття рішення, чому або яким нормам ми будемо відповідати, в яку істину про «справжнього себе» ми оберемо вірити? Не буває перемоги над екзистенційною самотністю без усвідомлення, без розуміння своєї істинної ідентичності, яку ми знаходимо у Христі.

Ми узагальнили розглянуті стратегії подолання кожного із п'яти типів самотності в таблиці 3:

Таблиця 3 **Стратегії подолання самотності (узагальнення)**

Тип самотності	Стратегії подолання
Емоційна	– поклоніння і розвиток глибоких стосунків із Богом, заснованих на надійній прив'язаності; – особиста молитва-роздум. – виявлення та зміна помилкових установок і саморуйнівної поведінки; – розвиток здатності оцінювати ситуації з позиції іншої людини та поглиблення емоційних зв'язків для зав'язування нових знайомств і поглиблення старих, а також через створення можливостей для спілкування; – дружба та розширення мережі соціальних зв'язків; – турбота церкви;

---

[48] Томас Мертон, *Ніхто не є самотнім островом*, 194. Слово, перекладене тут як «самота», в оригіналі звучить як «loneliness» (самотність). А замість слів, перекладених тут як «самотньо», «самотність» — в оригіналі використані «alone» (усамітнено), «solitude» (усамітнення).

[49] Rae Andre, *Positive Solitude: A Practical Program for Mastering Loneliness and Achieving Self-Fulfillment* (New York: HarperCollins, 1991), 19.

	– здорова релігійна та волонтерська діяльність; – зменшення емоційного болю, викликаного самотністю, через підживлення приємними спогадами чи придбання домашньої тварини; – спеціальні програми, семінари, малі групи для самотніх, несімейних, овдовілих; – консультування з метою відновлення порушених через конфлікт стосунків.
Соціальна	– виявлення та зміна помилкових установок і саморуйнівної поведінки. – групова активність людей зі спільними інтересами; – підтримка взаємин із сім'єю, друзями, спільнотою, церквою; – розвиток комунікативних навичок; – розширення мережі соціальних зв'язків; – консультування з метою відновлення порушених через конфлікт стосунків.
Духовна	– акцент на особистій молитві-роздумі, а не на молитві-проханні, рефлексія; – правильна теологія та формування образу Бога та себе згідно зі Святим Письмом; – усамітнення.
Культурна	– особиста молитва-роздум для кристалізації ідентичності та розвитку відчуття належності; – фокусування на меті та сенсі свого життя, покликанні; – приєднання до релігійних груп і сповідування спільної віри для розвитку почуття належності; – переоцінка цінностей та розставлення пріоритетів; – усмішка, щедрість.
Екзистенційна	– особиста молитва-роздум для відповіді на питання: «Хто я?», «Навіщо я тут?», для виявлення та зміни помилкових установок і саморуйнівної поведінки; – усамітнення; – здорова релігійна та волонтерська діяльність.

Висновки до другого розділу

Ми переконані, що самотність будь-якого типу загалом, — це зло, тому що приносить біль. Але, незважаючи на це, у кожному із типів самотності можна побачити деякі позитивні аспекти. Це як зубний біль: сам собою біль — це погано. Але багато хто з нас у здоровому розумі ніколи б не переступив поріг стоматолога, як би не нестерпний біль! Так само і з самотністю: постійне її відчуття, яке неможливо нічим заглушити, покликане привернути увагу людини до того, що у її стосунках із самою собою, Богом чи іншими людьми, існує проблема.

Самотність настільки широко розповсюджена, що дехто із нас сприймає її як цілком природну, невід'ємну складову нашого світу. І тому багато хто не вважає за можливе чи правильне із нею боротися. І все-таки, людина за своєю природою не створена для самотності, але для єдності і спільності: з собою, Богом та іншими людьми. Тому відсутність такої єдності завдає страждання і болю. Болю, який можна і треба лікувати. І тому ми постаралися описати методи, які розбираються не лише із симптомами, але й з причинами «хвороби» самотності, і які є найбільш ефективними у її подоланні.

Читач може зауважити, що ці три стратегії повторюються в подоланні усіх п'яти типів самотності: усамітнення, особиста молитва-роздум та розмірковування над Святим Письмом, а також виявлення і змінення помилкових установок і саморуйнівної поведінки. Ми вважаємо, що це обов'язкові умови для успішного подолання самотності.

На наш погляд, цінність і значення *усамітнення* як рекреаційного ресурсу важко переоцінити для подолання самотності і для кращого пізнання самого себе. Святе Письмо наказує нам «пильнувати себе та навчання», а усамітнення саме це і дозволяє нам зробити. Як доводить наше дослідження, це означає нашу готовність відчути самотність, а також страх, гнів, агонію і/або розчарування.

Усамітнення може допомогти ефективно впоратися з болем самотності, оскільки воно зупиняє наші спроби заперечувати самотність. Навчившись отримувати задоволення від власної компанії, ми маємо більше можливостей для розуміння причин нашої самотності та способів її подолання. Тоді ми зможемо зрозуміти себе як особистість у Христі, усвідомити свою внутрішню силу і ресурси, незважаючи на журбу самотності, яку ми можемо час від часу відчувати.

Важливою умовою подолання нашої самотності є виявлення та зміна помилкових установок і саморуйнівної поведінки, що є сутністю самостійної роботи християнина з «відновлення розуму» через істини Святого Письма та допомоги християнину, що страждає від самотності. По суті таке «відновлення розуму» направлене на відновлення *ідентичності* християнина у Христі. Ми переконані, наша відповідь на питання, хто ми такі — є ключовою та визначальною для нашої мети, способу мислення, почуттів та поведінки. Ми не зможемо досягнути своєї мети, якщо не знаємо, хто ж ми такі насправді. І диявол знає, що це так. Тому він і намагається настільки спотворити нашу ідентичність. Ісус ототожнив Себе із нашою людяністю, щоб нам ототожнити себе з Його божественністю.

Надто багато християн не знають, хто вони у Христі, що мають і до чого покликані в Ньому. «Усе творіння з надією очікує з'явлення Божих синів» (Рим. 8:19). Відповідь на самотність і багато інших проблем занепалого людства — полягає у вирішенні кризи ідентичності кожного християнина та церкви Христової загалом. Відновлена ідентичність християнина відповідно до Святого Письма, у Христі, безсумнівно, призводить до формування більш здорового сприйняття себе та інших людей, до формування більш безпечної прив'язаності та здорових стосунків. А значить, і наближує нас до вирішення проблеми самотності.

Частина 3

Самотність і безшлюбність: слов'янський християнський контекст

Однією з головних причин, чому я (Валерія) взагалі взялася за написання цієї книги, було те, що у своєму оточенні я бачила досить багато моїх братів і сестер-християн, які не перебували в шлюбі і від цього страждали. Зрідка серед безшлюбних християн траплялися й задоволені своїм сімейним статусом екземпляри. Наприклад, я. Заміж я збиралася колись вийти, але якось повільно збиралася: весь час була зайнята служінням Господу, місією. Чесно кажучи, років до 25 про заміжжя я взагалі не думала. І якось не особливо з цього приводу переймалася. Але це радше було винятком. Загалом, так чи інакше, християни, які мене оточували, страждали від своєї безшлюбності та хотіли б укласти шлюб, але з різних причин у них це не виходило. А мені хотілося розібратися, чому це не виходило і як я могла допомогти.

Хоч і багато гарних книг написали християни всіх століть і деномінацій про шлюб та безшлюбність, ці теми все одно мають багато «сліпих зон», що спонукають сучасного читача шукати відповіді на численні запитання. Наприклад: безшлюбність — це дар Божий, який треба використовувати, чи прокляття, яке необхідно зруйнувати? Що Біблія каже про це? Чи є безшлюбність чимось більш духовним, ніж шлюб? З яких причин безшлюбність була настільки популярною в християнській церкві перших століть нашої ери та чому вона набирає популярності зараз? Як християнину зрозуміти, чи кличе його/її Бог до безшлюбності чи може він/вона покликані саме до шлюбу? Одиночне проживання чи проживання в сім'ї — що є кращим для дорослого християнина? Чому, якщо шлюб — це воля Божа, існує настільки багато християн, які страждають через те, що вони не в шлюбі? Ця проблема мітиться в них самих? У суспільстві? У Бозі? А, може, це взагалі не проблема, типу: нехай живуть собі і тішаться, що не пов'язані ярмом шлюбу? Чи пов'язана безшлюбність із самотністю? І чи є шлюб вирішенням проблеми самотності? І взагалі, чи допомагає безшлюбним християнам їхня віра (або релігійні переконання) вирішувати їхню проблему самотності або ж навпаки заважає? Яка роль церковної спільноти в цьому?

Як бачимо, запитань багато. Нам їх ставлять знайомі християни різних деномінацій, національностей і культур. Значить, ці теми зарано вважати всебічно дослідженими, тим паче, що різні християнські традиції доходять іноді до прямо протилежних відповідей на ці питання. Намагаючись відповісти на них, ми намагалися зберегти максимальну об'єктивність і узгодженість зі Святим Письмом.

Розділ 1

Безшлюбність у Святому Письмі

1.1. Значення основних понять

Оскільки ми будемо застосовувати праці авторів різних культур і традицій, варто з'ясувати особливості перекладу різних понять. Наприклад, для позначення безшлюбності в сучасних англомовних євангельських джерелах використовується термін «single». Він означає дещо одне-єдине в своєму роді та унікальне, ексклюзивне. Але на відміну від англійського слова, українською «single» зазвичай перекладають як «одинокий, одинак», від якого віє самотністю. Не кращим є і варіант «холостяк, холостячка», який містить у собі ідею чогось холостого, пустого, витраченого намарно, ніби натякаючи, що людина, яка не в шлюбі, даремно живе. І хоча саме так і можуть почуватися люди, що тривалий час не перебувають у шлюбі, але це не означає, що їхнє життя пусте. У слов'янській культурі ці семантичні значення ніби відображають певне негативне ставлення до людей, які не перебувають у шлюбі, що, звичайно, не може не тиснути на них.

Термін «single» також не можна перекласти українською як «самотня людина», тому що хоч він і може означати когось, хто живе окремо від інших людей, сам на сам, але при цьому така людина може зовсім не страждати від самотності, тобто не бути самотньою. А з іншого боку, людина може бути «single», тобто не перебувати в шлюбних або романтичних стосунках, але жити зовсім не окремо, а в колі родичів і одночасно — страждати, як це часто буває, від самотності. До того ж із плином часу ці поняття також змінили своє змістове навантаження. Якщо раніше поняття «single» стосувалося тільки того, хто «ніколи не перебував у шлюбі», то зараз цей термін є набагато ширшим. Він охоплює також одиноких батьків із дітьми; тих, хто був одруженим/заміжньою чи у партнерських стосунках (так званому «громадянському шлюбі»), але наразі не перебуває в романтичних стосунках; хто розлучений або овдовів.[1]

Раніше, років сто тому, поняття «безшлюбність» передбачало утримання від сексуальних контактів поза шлюбом. Безшлюбність тоді означала майже те саме, що й цнотливість. Зараз, враховуючи сучасні суспільні тенденції, такі як відокремлення сексуального життя від будь-яких інших зобов'язань чи етичних норм, ріст кількості співмешкань, розлучень, одинокого батьківства, визнання та узаконення одностатевих стосунків в окремих західноєвропейських країнах, — значення безшлюбності також змінилося. Для сучасної молодої людини тепер доводиться уточнювати, що від будь-якого християнина, який не перебуває в шлюбі, тобто «single», і який бажає дотримуватися біблійних стандартів у стосунках, очікується добровільне утримання від будь-яких сексуальних стосунків до шлюбу.

Далі, поруч із терміном «singleness» (безшлюбність) у літературі англійською мовою застосовується термін «celibacy» майже як синонім, що означає «целібат». Тому що у давнину цим латинським словом «caelibatus» просто описували «людину, що не перебуває у шлюбі» — те саме, що нині мають на увазі під поняттям «холостяк, холостячка» — тобто неодружений чоловік або незаміжня жінка. Але для сучасної україномовної людини термін «целібат» асоціюється лише з обітницею безшлюбності та утриманням від будь-яких сексуальних стосунків, яку складають священники, ченці та черниці зазвичай на все життя. Тобто зараз безшлюбність не асоціюється із утриманням.

Незалежно від нашого віку, сімейного статусу, культури чи положення у церкві, Святе Письмо заохочує нас до цнотливості. Згідно з посланнями апостолів цнотливість заснована на Божій благодаті, даній віруючому, щоб він міг добровільно та свідомо утримуватися від цих тілесних пожадливостей, що воюють проти душі (Тит 2:6, 12; 1 Тим. 3:2; 1 Петр. 2:11). Тобто цнотливість — це цілісність поведінки та характеру, чистота рушійних мотивів, думок і почуттів, поміркованість, стриманість і вміння володіти собою, розважливість, самоконтроль, а в більш вузькому значенні — засноване на цьому утримання від незаконних

---

[1] Цит. за: Jill Reynolds, Margie Wetherell, and Stephanie Taylor, «Choice and Chance», *Sociological Review* 55, 2 (2007): 331.

сексуальних дій та думок. А протилежністю цнотливості є пожадливість та хтивість (див.: 1 Сол. 4:3–5; Еф. 4:17–19; Кол. 3:5).

Якщо ж вивчати праці отців церкви, то ми побачимо, що термін «безшлюбність» у сучасному значенні цього слова як стану, в якому людина живе без пари, знайти буде важко. Замість цього вони використовують слово «незайманість» (англ. «virginity») — те саме, що в нашому розумінні й означає цноту. Для них цнота або незайманість — це не стільки фізичний стан жіночого та чоловічого організмів до першого сексуального контакту, скільки вияв внутрішньої цілісності, що передбачає не лише добровільне фізичне утримання від сексуальних контактів до шлюбу, а й чистоту в думках і намірах. Адже, наприклад, цноту і незайманість як наслідок фригідності, закомплексованості людини навряд чи можна вважати виявом цнотливості та духовності.

Отже, тут мова піде про людей, які через різні причини не перебувають у шлюбі та не мають стабільних романтичних стосунків, для означення яких ми будемо застосовувати термін «людина без пари» або «людина, що не перебуває в шлюбі» (single person) у його найбільш широкому значені. Розгляньмо, що Святе Письмо говорить про безшлюбність.

1.2. Старозаповітний погляд на безшлюбність і цноту

Згідно з Торою цнота вважалася необхідною якістю для укладання шлюбу, тоді як її відсутність до весілля завжди вважалася ганебним гріхом, свідченням розпусти. Із 22 розділу Книги повторення Закону робимо висновок, що жіноча незайманість у стародавньому Ізраїлі ототожнювалася не лише з персональною або навіть сімейною гідністю, але й цнотою усього народу. А втрата незайманості до шлюбу називалася «негідністю, безчестям та злом» проти всього суспільства, що каралося смертю (див. Повт. 22:21, 22, 25). Закон Мойсея також захищав права дівчат, зобов'язуючи чоловіка, який за межами законного шлюбу збезчестив дівчину, одружитися та жити тільки з нею однією без права на розлучення (Вих. 22:16–17; Повт. 22:28–29).

Щодо безшлюбності, то до неї юдейська традиція ставилася негативно, оскільки вона ототожнювалася з безпліддям і вважалося чимось ганебним. Згадаймо Сару, Анну, матір Самуїла, Єлизавету, дружину Захарії з Нового Заповіту (Бут. 30:23; 1 Сам. 1; Лк. 1:25) тощо. Безшлюбність вважалася ознакою прокляття настільки, що, як зазначає Єврейська енциклопедія, один рабин вчив, що «юдея, у якого немає жінки, не можна повною мірою вважати людиною».² У Талмуді знаходимо іще радикальніше твердження: «Той, хто не бере участі в розмноженні людського роду, зараховується до тих, хто проливає людську кров».³

Відомий уривок із Буття 1:28 «плодіться і множтеся» в юдейській традиції тлумачився як обов'язкова для виконання Божа заповідь і наказ. Відповідно, Тора заохочувала інтимні стосунки та обмежувала їх лише офіційним шлюбом, законами про ритуальну чистоту та вимогами ендогамії. Від священників створення сім'ї навіть очікувалося, оскільки їхній сан за Законом могли успадкувати лише їхні діти (Вих. 29:9, 40:13–15; Лев. 21:7–14).⁴

Але поряд із цим основним ставленням до безшлюбності бували у старозаповітні часи й особливі приклади добровільної відмови від шлюбу. Зокрема, пророк Єремія за велінням Бога повинен був утриматися від створення сім'ї, принаймні, на той момент і на тому місці (тобто в Ізраїлі) (Єр. 16:2). Враховуючи контекст, у якому жив і служив пророк, думаємо, що зміст цієї відмови полягав у тому, що такою символічною дією він, по-перше, звіщав про неминучість Божого покарання Ізраїлю за боговідступництво. А по-друге, не беручи шлюб, Єремія зміг уникнути надмірних переживань за власну сім'ю через майбутнє загострення економічної та політичної ситуації в країні (Єр. 16:9–13).

Існують також інші біблійні приклади добровільної безшлюбності. Ось, наприклад, вдова Анна, старенька 84 років. Оскільки Біблія згадує окремо про те, що вона прожила з чоловіком від свого дівоцтва усього сім років, а згодом постійно перебувала в храмі, щоби «вдень і вночі постами й молитвами» служити Господу (Лк. 2:37), можемо зробити висновок, що вона добровільно відмовилася повторно брати шлюб. Для неї це означало також відмовитися і від соціально-економічної стабільності та безпеки, які могло б надати їй повторне заміжжя.

Аскетичне безшлюбне та коротке життя Івана Хрестителя також мало свою високу мету. Він був цілком посвяченим своїй місії: підготувати

---

² Лев Каценельсон, Давид Г. Гинцбург, *Еврейская энциклопедия*, ред. Т.4. (Санкт-Петербург: Тип. акц. общ. Брокгауз — Ефрон, 1906–1913), 24.

³ Epstein, *Babilonian Talmud: Yebamot 63b*, general ed., transl. W. Slotki (London: Soncino Press, 1938), 426. Цит. за:: Пітер Браун, *Тіло і суспільство. Чоловіки, жінки і сексуальне зречення в ранньому християнстві*, transl. В. Т. Тимофійчука (Київ: Мегатайп, 2003), 76.

⁴ Ендогамія (від грец. endon — «всередині» та gamos — «шлюб») — норма, яка вимагає укладання шлюбу лише в межах певної соціальної чи етнічної групи. Що стосується ритуальних законів, які обмежують сексуальні стосунки, то див. наприклад: Лев. 21:13 зобов'язував священників одружуватися лише на незайманих дівчатах. Див. також: Вих. 19:15, 1 Сам. 21:4.

серця людей до приходу Месії (Ів. 3:29). Ну і, звісно ж, приклад Самого Месії — Ісуса Христа. Як відомо, християнська традиція однозначно сходиться на думці, що Господь увесь час Свого земного життя не був пов'язаний шлюбом. Він Сам Себе називав Нареченим, зарученим не з конкретною людиною, а зі всією Церквою (Мр. 2:19–20; Мт. 25:1-13; Об. 21:2-3 та ін.).

Уперше цю аналогію шлюбного союзу між Богом і Його народом знаходимо у Старому Заповіті, де цнота і незайманість народу ототожнюється із вірністю в шлюбному заповіті. Єремія, Єзекіїль, Осія, говорячи про те, що обраний народ був невірним Господу, порушив заповіт, використовують досить відверту мову сексуальних стосунків (Єр. 3, 18:13; Єз. 16; Ос. 2). Показово, що пророки неодноразово називають «дівою» країну, що відступила від Бога, і тому її загарбали вороги. Вони плачуть над втратою незайманості її території та закликають народ навернутися до Господа від усього серця (Ам. 5:2; Іс. 37:22; Єр. 14:17; Плач 1:15, 2:13).

Говорячи про відновлення стосунків любові та вірності між Богом і Його народом і про повернення суверенності Ізраїлю, пророк знову застосовує те саме слово — «діва»: «Здалеку з'явився мені Господь і сказав: Я полюбив тебе вічною любов'ю, тому Я виявляю тобі милосердя. Я знову тебе відбудую, і ти будеш відновлена, Ізраїльська діво!..» (Єр. 31:3–4). Ця остання метафора, що підкреслює близький зв'язок і стосунки любові між Богом та Ізраїлем, говорить, по-перше, про те, що Бог виявляє ініціативу у відновленні стосунків зі Своїм народом, а по-друге, про те, що невинність може бути відновлена.

Кажучи строго, цноту неможливо «втратити» внаслідок першого сексуального контакту. Тому що аби щось втратити, треба спершу це «щось» мати. Але, згідно зі Святим Письмом, кожна людина народжується з гріховною природою. Це так званий «первородний гріх», і протягом життя людини він починає проявлятися повною силою у різноманітних гріхах, вчинках, почуттях і думках. Лише у момент навернення до Христа, народження згори, людині дарується непорочність, незайманість Христа, разом із прощенням усіх гріхів і виправданням. Ба більше, людині дарується нова божественна природа та благодать жити непорочним життям і надалі!

Точно так само ідею незайманості, не як чогось, що можна втратити, а радше того, до чого потрібно прагнути, знайти і розвивати незалежно від минулого сексуального досвіду, розуміли й отці церкви.⁵ Наприклад, Орігена (II ст.) нітрохи не бентежить у своїй гомілії на Книгу Ісуса Навина називати Раав-блудницю «дівою чистою, що обручилася зараз із Христом».⁶

Ця істина про те, що справжня незайманість набувається у Христі, по-перше, дає смирення, вказуючи тим, хто беріг себе від позашлюбних зв'язків, що у них, у принципі, немає чим хвалитися, якщо вони не народжені згори. Ті, хто народжені згори, розуміють, що лише милість і сила Божа допомагали їм вберегти себе від сексуальних незаконних стосунків. А тим, хто мав неблагочестивий сексуальний досвід і тому вважав себе зіпсованим, нечистим, навіть знеціненим, ця істина дає надію, що їхня незайманість в очах Бога може бути отриманою заново, а цінність — збереженою у Христі.

1.3. Безшлюбність і цнота у Новому Заповіті

Для новозаповітних авторів «діва Ізраїлева» ототожнюється із церквою. У Новому Заповіті знаходимо ідею з'єднання Христа і церкви в шлюбному небесному союзі, земним символом, прообразом якого є шлюб між чоловіком і жінкою. Особливо помітним це є у теології апостола Павла, де Христос не раз порівнюється із Нареченим, який «полюбив Церкву й віддав Себе за неї» (Еф. 5:25), а церква заручена із Христом, щоб Він міг «поставити її Собі славною Церквою, яка не має ні плями, ні вади...» і «щоб, наче чисту діву, поставити перед Христом» (Еф. 5:27; 2 Кор. 11:2).

Далі ми коротко розглянемо декілька ключових уривків із Нового Заповіту, які безпосередньо говорять про незайманість і безшлюбність.

Насамперед, це сьомий розділ Першого послання до коринтян, де апостол Павло відповідає на запитання церкви в Коринті про принципи шлюбу та безшлюбності.⁷ На думку доктора Генріха Мейєра, причина написання цього розділу полягає в тому, що, враховуючи проблему проникнення розпусти в середовищі коринтської церкви (про яку йшлося

---

⁵ Див.: Kathryn Wehr, «Virginity, Singleness and Celibacy: Late Fourth-Century and Recent Evangelical Visions of Unmarried Christians», *Theology and Sexuality* 17, 1 (2011): 75, 78, https://doi:10.1558/tse.v17i1.

⁶ Origen, *Homilies on Joshua*, trans. by Barbara J. Bruce, ed. by Cynthia White (Washington, D.C.: The Catholic University of America Press, 2002), 73.

⁷ Archibald Robertson and Alfred Plummer, *The International Critical Commentary: 1 Corinthians* (Edinburgh: T&T Clark, 1957), 138.

у попередньому розділі послання), там на противагу могли з'явитися й противники укладання шлюбів, що додатково призводило до розділення в цій громаді на різні партії.[8] Так чи інакше, але Павло стверджує: «А про те, що ви написали [мені], то добре було б чоловікові не торкатися жінки» (1 Кор.7:1). На думку відомого американського біблеїста грецького походження Зодгіатеса Спіроса, фраза «не торкатися» буквально в перекладі з грецької означає «не бути зв'язаним, не мати нічого спільного».[9]

Тут, звісно ж, Павло мав на увазі не загалом відмову від сексуальних стосунків навіть у шлюбі і не розрив шлюбу, як дехто міг подумати. Зокрема, у вірші 2 він каже: «Але *щоб уникнути розпусти*, нехай *кожний чоловік* має свою дружину і *кожна жінка* нехай має свого чоловіка» (1 Кор. 7:2). Далі Павло стверджує:

> «Якщо ж і одружишся, — ти не згрішив; і якщо дівчина вийде заміж, — не згрішила (...) Як хтось думає про свою дівчину, що недобре, коли вона так залишиться і в зрілому віці, то *нехай робить, як хоче*, — він не грішить: хай такі виходять заміж (...) Жінка зв'язана [законом], доки живе її чоловік. Якщо ж помре чоловік, вона *вільна вийти заміж за кого хоче*, тільки щоб *у Господі*» (1 Кор. 7:28, 36, 39).[10]

Отже, Павло пропонує шлюб, як засіб проти блуду, він не є гріховним за умови, що людина бере шлюб (або повторний шлюб) добровільно та з партнером, який вірить у Христа. Очевидно, що Павло пропонував практикувати тимчасове утримання для подружжя за умови взаємності, короткочасності та наявності молитовної практики для духовного зростання подружжя.[11]

Однак перевагу апостол Павло усе-таки віддає безшлюбності, а свою думку щодо укладення шлюбу чи утримання від нього апостол пропонує як пораду, не наказ (див. 1 Кор. 7:6, 8–9, 25 та 40). У вірші 9 він продовжує

---

[8] Heinrich August Wilhelm Meyer, ed., *Critical and Exeget1cal Hand-Book: to the Epistles to the Corinthians* (New York: Funk and Wagnalls Publishers, 1884), 149.

[9] Spiros Zodiates, ed. *Hebrew — Greek Key Word Study Bible* (Chattanooga, TN: ANG International, 2008), 2111. Це поширена ідіома для позначення тимчасового утримання від сексуальних стосунків, як, наприклад, у книзі Вих. 19:15 чи 1 Сам. 21:5.

[10] Фразу «в зрілому віці» (грец. ὑπέρακμος) можна перекласти і як «найкращий час, найбільш відповідний час або шлюбний вік (жінки)», і як «пристрасті надто сильні» (чоловіка). Курсив автора.

[11] Robertson, Plummer, *The International Critical Commentary*, 134. Тимчасове утримання заради духовної мети рекомендується і в Старому Заповіті, наприклад: Екл. 3:5; Йоіл 2:16.

думку: «Коли ж не втримаються, — нехай одружуються, бо краще женитися, ніж розпалятися». Як зазначають дослідники Кенон Спенс та Джозеф Ексель у своєму тлумаченні Першого послання до коринтян, «оригінальна мова відкриває більше сили і краси в цьому очевидному правилі християнського здорового глузду та моралі. Тут дієслово «одружуються» стоїть в аористі, а «розпалятися» — в теперішньому тривалому часі, що можна було б перекласти так: «Одружитися раз і на все життя та жити у святому подружньому союзі незрівнянно краще, безпечніше, аніж постійно згоряти від хтивості».[12]

Стосовно фрази «розпалятися» Лора Сміт вважає, що Павло тут мав на увазі дуже екстремальні випадки, які нині можемо класифікувати як сексуальну залежність.[13] Однак це б означало, що Павло рекомендував шлюб лише для «залежних від сексу» людей. Ця думка нам видається малоймовірною, найпевніше, у такому сповненому спокусами суспільстві, як місто Коринт, він радить шлюб не як менше зло, а як добро та необхідний захист від гріха для тих, хто не має від Бога дару безшлюбності, тому що таким християнам важко контролювати свої сексуальні бажання.

Павло розуміє безшлюбний спосіб життя як духовний дар: «Бажаю, щоб усі люди були, як і я, але кожний має свій дар від Бога: один такий, другий інший» (1 Кор. 7:7). У цьому вірші Павло використовує грецьке слово *«харизма»*, яке означає «дар благодаті», і вживає його стосовно дарів Святого Духа. Відповідно, безшлюбність — це дар Божої особливої благодаті для окремої людини залишатися не в шлюбі. В іншому Павловому листі стверджується, що дари духовні дає Бог, «щоби приготувати святих для справи служіння, для збудування Христового тіла» (Еф. 4:12), але «кожному дається виявлення Духа на спільну користь» (1 Кор. 12:7). Робимо висновок, що, як і будь-який інший духовний дар, безшлюбність Бог дає християнину для його максимальної ефективності та користі в служінні Господу.

Окрім того, на підтримку безшлюбного способу життя Павло наводить декілька аргументів. Він пише:

> «Тому, з огляду на *теперішні утиски*, визнаю за краще, що людині добре залишатися так (…) Якщо ж і одружишся, — ти

---

[12] Canon H. D. M. Spence, Joseph S. Exell, ed. *The Pulpit Commentary: 1 Corinthians* (New York and Toronto: Funk and Wagnalls Company, 189), 225.

[13] Laura A. Smit, *Loves Me, Loves Me Not: The Ethics of Unrequited Love* (Grand Rapids, MI: Baker Academic, 2005), 75.

не згрішив; і якщо дівчина вийде заміж, — не згрішила. Але вони матимуть *тілесні страждання*, тож мені вас шкода (...) А це, браття, кажу я, бо час позосталий *короткий*, щоб і ті, що мають дружин, були, як ті, що не мають (...) бо *минає образ цього світу*. Я ж бажаю, щоб ви *не мали клопотів*. Хто не одружився, — *турбується про Господнє*, як догодити Господу, а хто одружився, — *турбується про світське*, як догодити дружині» (1 Кор. 7:26-29, 31-33, курсив автора).

Одне з головних питань, що виникають під час дослідження цього уривка, полягає в тому, чи мають ці поради апостола Павла універсальний характер? Тобто чи актуальні вони для всіх християн і для сучасної ситуації, чи ж вони стосувалися лише коринтської спільноти того періоду? Остання думка заснована на буквальному прочитанні грецького тексту, в якому вислів, перекладений як «теперішні утиски», означає «загрозливу необхідність, небезпеку, що уже настала». Можливо, тут Павло має на увазі гоніння на християн з боку римської влади або переслідування з боку братів-юдеїв, які, безсумнівно, були більшою загрозою для тих християн, що мали сім'ю та перебували в шлюбі, аніж для тих, хто не мав.

«Багатьом легше страждати самим, ніж бачити страждання своїх близьких... Чи доведеться мені бачити, як моя дружина та діти страждають від незліченних образ і жахливої жорстокості, аби я відрікся від віри? Це була страшна альтернатива, поставлена перед багатьма одруженими чоловіками за днів Павла».[14]

У будь-якому разі, як влучно зазначають К. Спенс та Дж. Ексель, шлюб не можна укладати необачно, не враховуючи обставини часу та власні особливості й обмеження.

З іншого боку, Павло каже, що дар безшлюбності важливий, тому що «час позосталий короткий, та минає образ цього світу», протиставляючи світські клопоти важливості виконання свого служіння Господу. Тут бачимо, що свою готовність служити Господу цілковито, не будучи зв'язаним сімейними обов'язками, Павло сприймає як особливо важливу в той час, коли у будь-який момент земна історія може завершитися Другим пришестям Христа. Якщо це так, то слова апостола мають не лише не втратити, але й набути ще більшої актуальності для церкви

---

[14] Spence, Exell, *1 Corinthians*, 244.

третього тисячоліття. Очевидно, для нас, сучасних християн, момент повернення Христа на землю є іще ближчим, ніж для перших християн. І тому для кожного християнина незалежно від його соціального статусу (багатого чи бідного, в шлюбі чи ні) важливо зосередитися на своєму служінні Господу, щоб «з гідністю і ревно трималися Господа» (1 Кор. 7:35).

Далі апостол Павло продовжує думку:

> «А як хто *непохитний* серцем і без примусу *має владу* над своєю волею, і *постановив* у своєму серці зберегти її дівчиною, той добре зробить. Отже, хто видає заміж дівчину, добре робить, а хто не видає її, *робить ще краще* (1 Кор. 7:37–38, курсив автора).

Тут апостол стверджує, що шлюб — це «добра річ» і той, хто іде до шлюбу за власним бажанням — не грішить, але безшлюбність він пропонує як кращу альтернативу.

Ісус Христос також навчав про шлюб як про духовний дар, коли учні запитали у Нього про відповідальність чоловіка в шлюбі.

> «Його учні кажуть Йому: Коли така справа чоловіка з жінкою, то краще не одружуватися. Він же сказав їм: Не всі розуміють це слово, а лише ті, *кому дано*. Бо є євнухи, які такими народилися *з лона матері*; є євнухи, яких *оскопили люди*, і є євнухи, які задля Царства Небесного *оскопили самі себе*. Хто може збагнути, нехай збагне» (Мт. 19:10–12, курсив автора).

Отже, Ісус тут розрізняє три категорії скопців (грец. «євнухів»). Перші нездатні на статеве життя внаслідок вродженої фізичної вади або каліцтва; другі були перетворені на євнухів людьми (як відомо, процедура кастрації була досить поширеною на Близькому Сході у стародавні часи).[15] Під третьою категорією християнська традиція, здебільшого, розуміла тих, хто не буквально оскопив себе (хоча історії відомі навіть і такі випадки), а в переносному значенні – добровільно відмовився від шлюбу, сім'ї та інтимної близькості заради Царства Божого, аби сконцентруватися на вищих цілях і місії, як робив Сам Христос. До того ж зазначимо, що Ісус акцентує тут увагу на тому, що не усім це дано. Від-

---

[15] Див.: Piotr O. Scholz, *Eunuchs and Castrati*, trans. John A. Broadwin and Shelley L. Frisch (Princeton, NJ: Markus Wiener Publishers, 1999), 74.

повідно, для тих людей, кому цей дар не даний, ухилятися від подружньої відповідальності буде порушенням волі та порядку Божого.

На основі того факту, що безлюбний спосіб життя — це духовний дар, доходимо висновку, що і сам шлюб є також даром від Бога, що надається для оптимального оснащення віруючого для служіння Господу. Як сказав апостол Петро: «Служіть один одному — кожний тим даром, якого одержав, наче добрі управителі різноманітної Божої благодаті... щоб у всьому прославлявся Бог через Ісуса Христа» (1 Петр. 4:10–11).

Висновки до першого розділу

Узагальнюючи біблійне вчення про безлюбний спосіб життя, можемо виділити критерії, за якими віруючий може зрозуміти, чи є воля Божа на те, щоби він/вона створювали сім'ю або ж їм варто залишатися безлюбними. Ознаки того, що Бог закликає нас до безлюбності, а, значить, наділив нас цим даром:

1. Якщо ви впевнені, що для вас шлюб був би перешкодою на шляху до реалізації вашого служіння Господу. Наприклад, ви знаєте, що зараз вам потрібно зосередитися на місіонерському служінні в одній із країн, де християн переслідують, і ви були б особливо вразливими, якби мали сім'ю. Вона була б для вас більше тягарем, аніж допомогою, додатковим джерелом переживань. Тоді, найпевніше, Бог кличе вас до безлюбності, принаймні, на цьому етапі життя. До того ж у вас є відчуття невідкладності, негайності дорученого вам служіння чи місії.

Апостол Павло каже, що «...ті, хто має дружину, будуть як ті, які їх не мають, (...) і ті, хто користується світом, — як ті, котрі ним не користуються, бо минає образ цього світу» (1 Кор. 7:29, 31). Безумовно, тут Павло **не** закликає християн покинути свої сім'ї заради місії. Хоча в історії ранньої церкви було чимало фанатичних християн, які в нерозсудливому релігійному прагненні саме так і вчиняли: залишали своїх дружин, чоловіків, дітей заради місії. І це було відвертим відхиленням. Тут Павло акцентує, що незалежно від того, в шлюбі ми чи ні, основною метою кожного християнина має бути виконання свого призначення заради слави Божої. Для деяких християн легше залишитися безлюбним, тому що їм не потрібно додатково відволікатися на піклування про свою сім'ю і дітей.

Але християнам, яких Бог не покликав до життя у безлюбності, важливо пам'ятати, що їхня сім'я — це теж місія і форма служіння Господу, якими не можна нехтувати. Тому й мотивом для створення сім'ї також має бути бажання максимально прославити Господа. Як влучно зазначає Марк Болленжер, «можна бути безшлюбним і марнувати своє життя надаремно у світських розвагах, а можна бути в шлюбі і служити Богу щосили».[16]

2. Другою ознакою того, що Бог кличе до життя у безшлюбності, є наявність у людини особливої благодаті або здатності без особливих зусиль контролювати свої сексуальні бажання. Здебільшого це не означає, що Бог повністю забирає у неї сексуальні бажання.[17] Радше, вона отримує від Бога здатність достатньо легко давати раду тиску статі, або словами апостола Павла: без примусу маєте «владу над своєю волею». Людина не має гострої необхідності у сексуальних стосунках. Сам апостол Павло у Другому посланні до коринтян говорив, що він переживає ті самі спокуси (палає), що й будь-яка інша людина (2 Кор. 11:29). Але, очевидно, Павло отримав від Бога особливу благодать «бути Йому вірним» (тобто залишатися безшлюбним) і долати ці спокуси. Якщо ж боротьба за сексуальну чистоту для когось є надзвичайно інтенсивною, якщо сатана спокушає нестриманістю, таким християнам Павло дав практичну пораду — укладати шлюб, кажучи, що «краще одружитися, ніж розпалюватися» (1 Кор. 7:9).

3. Третім критерієм, за яким можна взнати, чи кличе Бог до життя у безшлюбності, є наявність сильного бажання та твердої рішучості в серці християнина цілковито посвятити себе на служіння Господу (1 Кор. 7:36–37). Як у безшлюбності, так і у шлюбі, враховується особисте бажання людини.

Однак якщо ви не бажаєте укладати шлюб через те, що боїтеся довіряти та любити, боїтеся бути травмованим у стосунках (як минулого разу) чи взагалі не бажаєте мати нічого спільного з представниками протилежної статі, тому що маєте купу комплексів і невисокої думки про себе, — все це не є біблійними ознаками того, що Бог наділив вас даром безшлюбності. Це радше ознаки того, що ви потребуєте душевного оздоровлення.[18] Також якщо вас лякає думка, що «не дай Боже, у мене є цей дар безшлюбності, і я ніколи не матиму своєї сім'ї» — найпевніше,

---

[16] Mark Ballenger, *The Ultimate Guide to Christian Singleness* (CreateSpace Independent Publishing Platform, November 3, 2017), 149.

[17] Тут ми не згодні з Марком Болленжером, який, як нам здається, вважає, що Бог повністю забирає бажання мати сексуальні стосунки у тих, хто має дар безшлюбності. Див. Mark Ballenger, *The Ultimate Guide to Christian Singleness*, 21.

[18] Див. лекцію на цю тему Марка Болленжера «5 Things That Mean God Is Preparing You to Find True Love Soon», https://youtu.be/uiCvRNIMTBM.

у вас і справді немає цього дару. «Адже то Бог за Своєю доброю волею викликає у вас і бажання, і дію» (Фил. 2:13). Тому розслабтеся, адже люди із даром безлюбності цілком задоволені відсутністю в своєму житті романтичних стосунків, вони не мучаться занадто від спокус у сексуальній сфері, а їхнє рішення не брати шлюб мотивоване не бажанням прожити безтурботне життя, а бажанням служити Господу, не відволікаючись.

І останнє: наявність у вас духовного дару безлюбності можна визначити, так би мовити, «дослідним шляхом». Ми маємо на увазі, що існують методики, опитувальники, за допомогою яких цілком певно можна побачити, є у вас дар безлюбності чи нема, навіть якщо цей дар прихований, і ви про нього не підозрювали. Однією із таких методик, на наш погляд, є тест Вагнера-Хаутса для визначення духовних дарів.[19] Хоча цей тест і достатньо об'ємний (він складається зі 180 тверджень), але бонусом від проходження такого тесту є те, що на додаток до знання, чи є у вас дар безлюбності, ви отримуєте ще й повне уявлення про наявність (чи відсутність) усіх інших духовних дарів. А це дуже важливо знати, щоб бути максимально ефективним у своєму служінні Господу. Погодьтеся, виявити, що у вас немає якогось дару, також непогана нагода для радості. Це дозволяє вам сфокусуватися саме на тому, до чого вас Бог покликав і для виконання якої місії вас споряджено.

Якщо ж, пройшовши тест, ви виявили у себе високі показники в духовному дарі безлюбності, можливо, вам будуть корисними поради щодо розвитку цього дару, які ми запозичили у книзі Крістіана Шварца «Новий тест „Духовні дари"»:

- Деякі християни чудово застосовують дар безлюбності, але ще не усвідомили його як духовний дар. Тому їм видається, що у їхньому житті не все гаразд.
- Не дозволяйте людям навколо й іншим християнам переконати себе укласти шлюб, «бо всі так роблять».
- Пам'ятайте, що, навіть християнам, що мають дар безлюбності, сексуальні бажання теж знайомі. Тому не варто себе аж

---

[19] Тест у повному обсязі можна знайти тут: Кристиан А. Шварц, *Новый тест «Духовные дары»* (Новгород: Агапе), 1998, 138. Англійською мовою тест доступний тут: Christian A. Schwarz, *The 3 Colors of Ministry: A Trinitarian Approach to Identifying and Developing Your Spiritual Gifts* (St. Charles, IL: ChurchSmart Resources, 2001), 64–84.

занадто переоцінювати. Навчіться від християн, які мають цей дар, того, як вони його використовують.[20]

Зробімо висновок: шлюб має бути в пошані як загальна воля Божа, в межах якої людина може реалізувати Боже повеління примножувати образ Бога та оволодівати Землею, а також свої сексуальні потреби безпечним, законним та освяченим способом. Однак безшлюбне життя є найкращим вибором для тих християн, яких наділено духовним даром безшлюбності, і вони сповнені бажання та неухильної рішучості служити Богу, не відволікаючись на виконання сімейних обов'язків. Дар безшлюбності покликаний слугувати більш ефективному використанню інших дарів, тому людина з таким даром може виконувати будь-яке служіння. Особливо допоможе цей дар тим, хто засновує нові церкви або їде з місією в іншу країну, оскільки саме для виконання такої роботи вимагається особлива мобільність і здатність пристосовуватися, якою зазвичай сімейні люди не володіють.

У наступному розділі ми спробуємо виявити основні причини поширення та впливу духовної практики безшлюбного способу життя в історії християнської церкви, а також відстежити його зв'язок із самотністю в житті сучасних християн.

---

[20] Шварц, *Новый тест «Духовные дары»*, 76–77.

Розділ 2

Безшлюбність християн в історії церкви

2.1. Генеза традиції

Якщо зробити екскурс в історію, то виявляється, що на зорі християнської ери безшлюбний спосіб життя серед християн був навіть дуже популярним. Важко знайти отця церкви, який обійшов би увагою цю тему та хоч щось не написав би на захист безшлюбності: апологію, трактат чи проповідь. Досліджуючи це питання, у нас склалося враження, що отці церкви створили більше праць на захист безшлюбності, аніж інституту сім'ї.[1] Одні із найбільш ранніх праць — «Два окружних послання про дівоцтво або до дівиць» Климента Римського (помер бл. 99 р.), в яких він всіляко пропагує безшлюбність, називаючи її справжнім життям за вірою та ототожнюючи зі святістю.[2]

Із праць Ігнатія Антіохійського (помер 107 р.) ми бачимо, що вже у I ст. на утриманні церкви були не лише вдови, але й діви, які за статусом прирівнювалися до них. У своєму посланні до церковної спільноти в Смирні він, зокрема, вітає «дів, названих вдовицями».[3] Отже, дівоцтво (тобто утримання у безшлюбності) отці церкви пропонували як цілісний

---

[1] Причиною відсутності спеціальних трактатів отців церкви на захист інституту сім'ї може бути той факт, що в церкві часів апостолів за єврейською традицією інститут шлюбу як такий ніколи не заперечувався, та, оскільки він належав до сфери цивільного права, богослови не вважали за потрібне спеціально обговорювати його. А ось незайманість на все життя і целібат були досить рідкісними явищами у пізній античності, тому потребували спеціальної апології.

[2] Див.: Климент Римский, *Два окружныя посланія о девстве, или къ девственникамъ и девственницамъ* (Киев: Труды Кіевской духовной академіи, 1869), 193.

[3] Игнатий Антиохийский, «Посланіе к смирнянам», в *Посланія святаго Игнатія Богоносца* (Казань: Типографія губернскаго правленія, 1857), 182.

непорочний спосіб життя, доступний та доречний для кожного, хто прагне бути послідовником Господа.

Очевидно, їхні проповіді мали чималий вплив. Пітер Браун, один із відомих дослідників пізньої античності, стверджує, що безшлюбний спосіб життя християнських жінок і чоловіків став настільки широко розповсюдженим, що сприймався у церквах як еталон та загальна практика.⁴ За свідченням Юстина Мученика (бл. 100–165 р.), в їхніх церквах зі всякого народу було:

> «Багато чоловіків і жінок років шістдесяти і сімдесяти, яких Христос виховував із дитинства і які залишаються невинними (...) Чи розказати мені про незліченну кількість тих, які навернулися від розбещеності і навчилися цієї науки?»⁵

Поступово практика безшлюбності стала настільки популярною серед християн, що викликала загальну критику їхніх сучасників-язичників. Річ у тім, що таке повальне захоплення християн безшлюбністю в культурі Римської імперії тієї епохи сприймалося не лише як щось дивне та навіть непристойне для римського громадянина, але й як небезпечна практика. Вона підривала самі підвалини соціуму та загрожувала демографічній та економічній стабільності держави.⁶ Однією зі спроб протидіяти цій «схильності до безшлюбності» та сприяти народжуваності за допомогою політичних засобів був закон імператора Августа Октавіана з подальшими доповненнями консулів Марка Папія Мутіла та Квіта Поппея Секунда (9 р. н. е.). Окрім всього іншого, цей закон зобов'язував усіх чоловіків вищого стану у віці 25–60 років та всіх жінок 20–50 років укладати шлюб та мати дітей, а також запроваджував

---

⁴ Він пише: «Багато християн уже сприйняли як належне суворе статеве утримання і давно практикували обряди хрещення, які пов'язували початок справжнього християнського життя з постійною відмовою від сексуальної активності. Навіть попри найекстремальніші заяви багатьох лідерів II і III ст. — здебільшого красномовних людей — зазвичай можна відчути мовчазну згоду цілих церков, навіть цілих християнських регіонів». Див. Peter Brown, *The Body and Society: Men, Women and Sexual Renunciation in Early Christianity* (New York, Guildford, Surrey: Columbia University Press, 1988), 88.

⁵ Юстин Мученик Філософ, *Апологія перша*, розділ XV, 6, перек. О. Кіндій, У. Головач, А. Третяк. https://er.ucu.edu.ua/bitstream/handle/1/781/%D0%9A%D1%96%D0%B4%D0%BD%D1%96%D0%B9_%D0%AE%D1%81%D1%82%D0%B8%D0%BD%20%D0%A4%D1%96%D0%BB%D0%BE%D1%81%D0%BE%D1%84.pdf?sequence=4&isAllowed=y (Тут, імовірно, йдеться про дівоцтво — коментар перекладача).

⁶ Дмитрий И. Валентей, ред., *Демографический энциклопедический словарь* (Москва: Советская энциклопедия, 1985), 135.

низку обмежень у правах спадщини для холостяків і бездітних разом із суворими покараннями за перелюб. Особливо немилосердний тиск щодо виконання «репродуктивного суспільного обов'язку» здійснювали на молодих жінок: щоб не вважатися бездітними та не бути позбавленими названих привілеїв, жінки за цим законом зобов'язані були народжувати не менше трьох дітей.[7]

Враховуючи названі вище обмеження, можемо тепер лише здогадуватися, якого соціально-економічного і психологічного тиску зазнавали християни в Римській імперії, котрі не були у шлюбі. Язичники постійно до них чіплялися і висміювали. Про це свідчать численні праці богословів перших чотирьох століть, які були змушені захищати ідеї безшлюбного способу життя. IV ст. було дуже багате на апологію безшлюбності: епістолярна спадщина Августина Аврелія, Амвросія Медіоланського, Афанасія Великого, Василія Кесарійського, Григорія Богослова (Григорія Назіанзина), Іоанна Золотоустого та Єроніма Стридонського на цю тему вражають своїми масштабами.[8]

Серед творів Григорія Богослова (325–390 рр.), присвячених цій темі, головним можна назвати його «Похвалу дівоцтву», написану у віршованій формі. У згоді з іншими авторами давнини, святий Григорій послуговується терміном «дівоцтво», говорячи про цнотливу безшлюбність. Шлюб, згідно з Григорієм, сприяє подоланню самотності й є виявом любові не лише до іншої людини, але й до Бога. Сенс безшлюбності Григорій вбачає у повному посвяченні всіх думок і бажань Христу. Порівнюючи шлюб і дівоцтво, Григорій традиційно ставить

---

[7] Ті, хто не перебував у шлюбі, за цим законом не отримували в спадщину зовсім нічого, а одружені, але бездітні могли отримати лише половину. Див.: Балко Олеся Олексіївна, «Інститут шлюбу за римським правом та його рецепція у континентальному типі правової системи» (Дисер. Львів, 2015), 84. Євген О. Харитонов, ред., *Основи римського приватного права. Навчально-методичний посібник* (Одеса: Фенікс, 2019), 57.

[8] Див., наприклад: Василій Великий, «Слово про подвижництво і заохочення до зречення від світу і про духовну досконалість», в *Морально-аскетичні твори,* пер. із давньогрецьк. Л. Звонської (Львів: Свічадо, 2007), https://www.truechristianity.info/ua/books/st_vasily_01.php; Василий Великий, «К падшей деве», в *Творении*, Т.2, 526–632; Амвросій Медіоланський, «О дѣвствѣ и бракѣ», в *Творенія св. Амвросія, епископа медіоланского,* пер. с лат. А. Вознесенского, ред. Л. Писарева (Казань, Типо-литография Императорскаго университета, 1901), 247–266; Іоанн Золотоустий, «Книга про дівоцтво», *Повне зібрання творінь у 12 Томах,* у том I, книга 1, «*Творіння Святого Іоанна Золотоустого*», https://parafia.org.ua/biblioteka/svyatoottsivski-tvory/ioan-zolotoustyj-povne-zibrannya-tvoriv-u-12-tomah/tvorinnya-svyatoho-ioana-zolotoustoho-tom-i-knyha-1/knyha-pro-divotstvo/; Иероним, «Письмо к Евстохии о хранении девства», у *Да будут одежды твои светлы: сборник писем,* сост. И. Г. Шахматова (Москва: Из-во Сретенского монастыря, 2006), 416; Августин Аврелий, «О супружестве и похоти» в *Трактаты о любви: сборник Текстов,* ред. О. П. Зубца (М.: Российская академия наук, 1994), 9–20 тощо.

останнє вище за перше. Безшлюбність він вважає більш досконалою і божественною, але й важчою та небезпечнішою. Однак, на відміну від більшості своїх сучасників-богословів, Григорій висловлює досить прогресивну для своєї епохи думку, що сенс шлюбу не обмежується народженням дітей: його сутність — у взаємній любові подружжя, що переростає у любов до Бога.[9]

Зазначимо, що як в елліністичну епоху, так і особливо в часи масового поширення християнства, безшлюбність та утримання від сексуальних стосунків розглядалися як взаємозамінні поняття, а народження дітей заохочувалося тільки в межах законного шлюбу. Одночасно безшлюбність не обмежувалася тільки утриманням від статевих стосунків, але, передусім, її сенс вбачався у зростанні в любові до Бога, союзі з Христом. Отже, як у шлюбі, так і в безшлюбності Григорій бачить шлях до спілкування з Богом. Амвросій Медіоланський (біля 340–397 рр.) у своєму трактаті «Про дівоцтво та шлюб» називає дівоцтво «таїнством» і «кращим шлюбом».[10] Таке ставлення до безшлюбності як одного з таїнств є досить незвичним для християнської церкви, але воно повністю відповідало духові того часу.

Відомо, що на момент визнання християнства законною релігією Римської імперії (IV ст.) в церквах виокремився вже цілий клас людей, що називалися «незайманими» і мали певний статус та особливу повагу в церкві. Амвросій у своїх об'ємних трактатах, присвячених цнотливості та безшлюбності згадує навіть про окремі монастирі для незайманих (ad monasterium virginale).[11] Іоанн Золотоустий (біля 347–407 рр.) також повідомляє нам, що на утриманні антіохійської церкви було близько 3000 вдів та одиноких дів, окрім ув'язнених, хворих і чужинців.[12]

Подібно до статусу вдовиць, які обрали відмовитися від повторного шлюбу «ради тіла Господнього» (тобто, присвятивши все своє подальше життя служінню церкві), безшлюбність поступово набувала

---

[9] Григорій Богослов, «Похвала дівоцтву», *Повне зібрання творінь,* https://parafia.org.ua/biblioteka/svyatoottsivski-tvory/hryhorij-bohoslov-povne-zibrannya-tvorin/svyatytel-hryhorij-bohoslov-virshi-bohoslovski-virshi-istorychni-epitafiji-nadpysannya/rozdil-ii-virshi-moralni/#1.

[10] Амвросий Медиоланский, «О дѣвствѣ и бракѣ», 50.

[11] Амвросій Медіоланский, «О паденіи посвященной дѣвственницы», в *Твореніѧ св. Амвросія, епископа Медіоланскаго,* пер. с лат. А. Вознесенскаго, ред. Л. Писарева (Казань, Типо-литографія императорскаго университета, 1901), 257.

[12] Іоанн Золотоустий, «Книга про дівоцтво», https://parafia.org.ua/biblioteka/svyatoottsivski-tvory/ioan-zolotoustyj-povne-zibrannya-tvorin-u-12-tomah/tvorinnya-svyatoho-ioana-zolotoustoho-tom-1-knyha-1/knyha-pro-divotstvo/.

характеристики способу життя, загальновизнаного та прийнятого церквою. Завдяки працям таких богословів, як Григорій Назіанзин (Богослов) та Августин, популяризується практика «духовного шлюбу» — явища, коли подружжя-християни, перебуваючи в законному шлюбі, проживали сумісно, але добровільно утримувалися від інтимних стосунків упродовж всього життя.¹³

Однак ще у ІІ ст. почали лунати голоси окремих отців церкви, занепокоєних проникненням єресі обов'язкової безшлюбності в церкві. Зокрема, Іриней, єпископ Ліонський (близько 130–202 рр.), попереджає про єресь так званих «енкратитів» (тих, що утримуються), які проповідували безшлюбність на все життя, проголошуючи «шлюб розпустою і блудом».¹⁴ Схожі застереження знаходимо й у Тертуліана (близько 160–близько 220 рр.) в листі до своєї дружини, що Христос не прийшов «розлучити подружжя та зруйнувати шлюбний союз, так, нібито із Його пришестям усіляке подружжя стало беззаконним. Стверджувати це можуть тільки єретики, які поміж іншими оманами, вважають, що потрібно розлучати тих, хто поєдналися в єдине тіло, і тим самим повстають проти Бога, Який… помістив у них бажання поєднатися шлюбом. Ніде ми не читаємо, що шлюб заборонений, бо він сам собою — добро».¹⁵

Про неприпустимість зневажання шлюбу та надмірне захоплення аскетизмом застерігав також і Климент Олександрійський (близько 150–215 рр.). Здоровість його аргументів вражає:

> «Немає гріха у свідомому виборі життя в шлюбі, якщо народження та виховання дітей не здається занадто важким. Бо для багатьох залишитися бездітними є велике горе. Водночас, якщо жінка не вважає, що народження дітей

---

¹³ Августин Аврелий, «О супружестве и похоти», 18. Див. також: Григорий Богослов, «К монахам», в *Творения: песнопения таинственные*, Т. 2 (Санкт-петербург: Издательство П. П. Сойкина, 1912), 169–72;

¹⁴ Ириней Лионский, *Против ересей. Доказательство апостольской проповеди,* пер. прот. П. Преображенского, Н.И. Сагарды, (Санкт-Петербург: Издательство Олега Абышко, 2008), 94.

¹⁵ Тертуллиан, Квинт С. Ф., «К жене», в *Избранные сочинения*, пер. с лат., общ. ред. и сост. А. А. Столярова (Москва: Издательская группа «Прогресс», 1994), 335. Цікаво, що в іншому своєму трактаті про «Заохочення цнотливості» Тертулліан, як здається, суперечить самому собі, коли називає шлюб не чим іншим як «видом розпусти». Див.: Тертуллиан Квинт, «Об поощрении целомудрия», в *Избранные сочинения*, пер. с лат., общ. ред. и сост. А. А. Столярова (Москва: Издательская группа «Прогресс», 1994), 364.

відволікає її на шляху до Бога та її не приваблює самотнє життя, вона цілком має право вийти заміж, оскільки немає нічого поганого у помірних бажаннях, та кожна жінка має право сама вирішувати, чи варто їй мати дітей, чи ні. Через це видно, що дехто засуджує шлюб та утримується від нього зовсім не заради святого знання, але через ненависть до усього людського та втративши християнську любов».[16]

Саме існування такої аргументації у працях отців церкви, які мотивували брати шлюб, свідчить про те, що на ранньому етапі розвитку християнської церкви безшлюбне аскетичне життя було вибором кожного християнина і стало настільки популярним явищем, що межувало з єрессю.

Незважаючи на усі застереження, «духовний шлюб» ставав досить поширеним навіть серед простих мирян, про що свідчить серія правил, прийнятих на Гангрському соборі (близько 340 р.) проти тих, хто, практикуючи утримання, уникав інтимних стосунків у шлюбі. Зокрема, правила 9 і 10 застерігають християнина проти утримання від подружнього життя та збереження незайманості не через «красу та святість самої чесноти, а через те, що шлюб для нього огидний, а одружені викликають зневагу», а порушникам оголошують анафему.[17]

Факт виникнення цих правил вказує на те, що, починаючи з раннього етапу розвитку християнства, ставлення до шлюбу в християнському середовищі було неоднозначним, а ідеалізація дівоцтва розповсюдженою. Але виникає питання, чому ідея безшлюбного та цнотливого способу життя була настільки популярною серед християн перших століть? Звідки бралося таке одностайне захоплення безшлюбністю практично серед усіх отців церкви? І найголовніше, наскільки така позиція актуальна та застосовна для нас, християн XXI ст.?

2.2. Причини популярності безшлюбності серед перших християн

На думку православного єпископа Августина (Гуляницького), для широкої популярності безшлюбного способу життя серед християн перших чотирьох століть існувала ціла низка причин. Передусім це бажання

---

[16] Климент Александрийский, *Строматы*, Т.1, Книга третья, перев. Е. Афанасина (Санкт-Петербург: Издательство Олега Абышко, 2003), 434.
[17] «The Council of Gangra», (Canon 9, 10), in *Corpus Juris Canonici, Gratian's Decretum, Synodical Letter and Canons*, Pars I., Dist. XXX, c. V, 104.

істинних християн своїм утриманням указати морально занепалій Римській імперії на джерело такої духовності.[18] Продовжуючи цю думку, дослідник Пітер Браун вважає, що рушійним мотивом перших християн у відмові від шлюбу було їхнє свідчення світові про те, що, здавалося б, непохитний його порядок може бути змінено. Дедалі більше чоловіків і жінок-християн «користувалися своїм тілом», щоби посміятися над світським укладом за допомогою досить радикального способу — безшлюбності на все життя, проголошуючи прихід нової реальності — Царства Божого.[19]

Також метафора безшлюбності як «духовного шлюбу з Христом-Небесним Нареченим» була однією з найпопулярніших серед перших християн, яка допомагала поширенню безшлюбності. Для авторів епохи патристики цей образ Христа як Нареченого мав практичне значення, підкреслюючи надію на опіку, захист і нові близькі взаємини з Ним. Поступово оформилася ціла доктрина про «заручення з Христом», яка згодом закріпилася офіційно в канонах католицької церкви та виділяла тих, хто зберігав цноту протягом усього життя, в окремий клас. Їх наділяли високим статусом та правом називатися: «sponsae Christi» (наречені Христа), «Christo dicatae» (посвячені Христу), Christo maritatae (подружжя Христа) або Deo nuptae (наречені Божі).[20]

Однак образ Христа-Нареченого не був єдиним. Отці церкви порівнювали цнотливий і безшлюбний спосіб життя з життям ангельським, яке починалося уже на землі: «...ти достойна порівнюватися уже не з земними (істотами), а з небесними, життя яких ти проводиш на землі», — напучував свою сестру Марселіну, яка посвятила себе безшлюбності, Амвросій Медіоланський.[21] Ця думка походить від слів Ісуса про воскресіння, записаних у Євангелії від Луки: «Ісус же [у відповідь]

---

[18] Див.: Епископ Августин Гуляницкий, «Предисловіе» в *Два окружные посланія св. Климента Римскаго о дѣвствѣ, или к дѣвственникам и дѣвственницам*, https://azbyka.ru/otechnik/Kliment_Rimskij/o_devstve/.

[19] Див.: Браун, *Тіло і суспільство*, 77.

[20] Найбільший розвиток ця доктрина отримала в католицькій церкві, де й зараз існує окремий орден — «Ordo virginum» (Орден дів). Детальніше про це: https://consecratedvirgins.org/whoarewe; João Braz de Aviz, José Rodríguez Carballo, «Instruction 'Ecclesiae Sponsae Imago' на 'Ordo Virginum'», *Bolletino Sala Stampa Della Santa Sede*, 04.07.2018, http: //press.vatican.va/content/salastampa/en/bollettino/pubblico/2018/07/04/180704d.pdf.

[21] Див.: Григорий Богослов, «Слово надгробное Василию», в *Творения святых Отцов в русском переводе*, Т. 4. Часть 4 (Москва: Типография Августа Семена, 1844), 118; Амвросий Медиоланский, «О дѣвственницахъ», в *Творении св. Амвросия, епископа медиоланского*, Книга первая, 21.

сказав їм: Сини цього віку женяться і виходять заміж, а ті, які будуть гідні досягнути того віку й воскреснуть з мертвих, не женяться і не виходять заміж, (...) оскільки є рівні ангелам, є Божими синами, будучи синами воскресіння» (Лк. 20:34–36). Звідси робимо висновок, що шлюб — це постанова Божа для земного життя, а на небесах усі будуть безшлюбними, перебуваючи у духовному союзі та єднанні з Богом.

Також отці церкви вказували на практичні переваги безшлюбності. Вона звільняє людину від жаху пологів, тривог батьківства, а згодом і вдівства, а її дітей — від сирітства; звільняє від стресу, пов'язаного із необхідністю підтримування зовнішньої краси, та від несправедливого, егоїстичного чи жорстокого ставлення земних чоловіків. Перші християни, здебільшого, були спонукувані очікуванням швидкого Другого пришестя Христа, у світлі якого шлюб і всі пов'язані з ним задоволення і клопоти відходили на другий план.

Іще одним мотивом у наданні переваги безшлюбності для перших християн були гоніння як з боку політичної, так і релігійної влади II–III ст. Хоч вони й мали обмежений у часі вибірковий характер, проте сприяли поширенню практики безшлюбності.

Аналіз опису життя деяких отців церкви дозволяє дійти висновку, що багато в чому їхній особистий досвід сприяв такій ідеалізації безшлюбності. Августин, Тертуліан та Оріген, будучи під впливом філософських ідей гностицизму та стоїцизму, які ототожнювали сексуальний потяг і шлюб із проявами гріховної, порочної, низинної людської природи, вважали, що безшлюбність є невід'ємним компонентом «істинного», досконалого християнства.[22] Завдяки своїм творам, проповідям та особистому прикладу вони сприяли популяризації аскетичного життя та зокрема безшлюбності. У міру поширення християнства церква набувала владу та вплив, а разом із ними слабнули її моральні підвалини, спонукаючи багатьох ревних християн шукати спілкування з Богом в усамітненні та аскетичному чернецькому житті.

Ще однією з вірогідних причин популярності безшлюбності в середовищі церковних спільнот III–VI ст. могла бути матеріальна вигода.

---

[22] Можливо, така суворість у поглядах була надзвичайною реакцією Августина на його досить бурхливе статеве життя в молоді роки до навернення в християнство. У своїй «Сповіді» Августин зізнається, що до 18 років у нього вже був позашлюбний син. Для отримання детальнішої інформації див.: Святий Августин, *Сповідь*, Книга 2, Ч. 2, Книга 6, Ч.15, Книга 10, Ч. 30, Перек. з лат. Ю. Мушака, Київ: Основи, 1999, https://shron1.chtyvo.org.ua/Augustinus_Aurelius/Spovid.pdf?PHPSESSID=ggd7fc9uurq8sfnpgplk14ti45; Бл. Августин, *Творения*, том 4, частина 1 (Украинская православная церковь: Киевская духовная академия, Киев, 2012), 104.

Оскільки аборти і вбивство небажаних дітей забороняли державні закони і засуджувала церква, деякі батьки могли «посвятити» небажану дитину, особливо жіночої статі, Господу та віддати на піклування церкви, щоби таким «благочестивим способом» уникнути витрати на утримання та посаг.²³ Справді, в одному зі своїх листів єпископ Кесарії Василій підтверджує це: «Бо багатьох приводять батьки, брати чи хтось із родичів перед настанням повноліття і не за власною їхньою схильністю до безшлюбного життя». А втім, єпископ Василій Кесарійський рекомендував монахам все-таки приймати залишених дітей як із аристократичних, так і з бідних сімей.²⁴

З цього ми можемо зробити висновок, що у той час не враховувалася наявність чи відсутність у людини дару безшлюбності, і фінансові труднощі людей сприяли поширенню чернецтва та безшлюбності.

Так поступово безшлюбність вищого духовенства набула мало не сакрального значення та стала офіційною та невід'ємною вимогою як у католицькій церкві, так і в православній.²⁵ Протестантська богословська думка, однак, стверджує право як мирян, так і духовенства брати шлюб. Ця концепція кориниться, передусім, в їхньому переконанні, що ані Сам Христос, ані апостоли ніколи не провідували обов'язкову безшлюбність для послідовників Христа, підкреслюючи еклектичність цього дару, який «не всім дано» (Мт. 9:11–12). Святе Письмо неодноразово згадує про одружених служителів (Мр. 1:30; 1 Кор. 9:5; Дії 18:2, 26; 21:5). Перша церква знала багато одружених єпископів. Наприклад, Климент Олександрійський, який сам мав дружину, був переконаний, що всі апостоли, разом із апостолом Павлом, були одружені. У «Строматах» на підтвердження цієї думки він вважає, що

> «Павло в одному з листів явно звертається до своєї дружини,
> яку він не брав із собою лише заради легкості пересування»

---

²³ John Boswell, «Eastburn, Expositio and Oblatio: The Abandonment of Children and the Ancient and Medieval Family», *The American Historical Review* 1, 89 (Feb., 1984): 20.

²⁴ Тут з огляду на контекст під «повноліттям» Василій має на увазі 16–17 років. Василій Великий, «Друге канонічне послання», правило 18, в *Книга правил святих апостолів, вселенських і помісних соборів, і святих Отців*, https://parafia.org.ua/biblioteka/svyatoottsivski-tvory/knyha-pravyl-svyatyh-apostoliv-vselenskyh-i-pomisnyh-soboriv-i-svyatyh-ottsiv/#toc-14.

²⁵ На практиці обов'язковим для всіх католицьких священиків целібат став лише в часи правління папи Григорія VII у XI ст. А в православ'ї відповідно до чинних із 1869 р. правил священик може укласти шлюб, але згодом не може бути рукопокладеним у сан єпископа та вищі сани. Див.: Максим Козлов, «О практике целибата в Русской церкви», http://www.taday.ru/text/814342.html.

або через особливу небезпеку своєї місії. А інші «апостоли (…) брали з собою (…) жінок для того, щоб вони допомагали їм нести проповідь і жінкам, проникаючи безперешкодно туди, куди доступ чоловікам було закрито».[26]

Окрім того, з протестантського погляду, обов'язкова обітниця безшлюбності як для єпископів, так і для служителів нижчого рангу, вважається грубим порушенням норм Біблії:

«Але єпископ має бути бездоганний, чоловік однієї дружини, … який добре управляє своїм домом, дітей тримає в послуху, з усякою повагою. Адже коли хто не вміє управляти власним домом, тоді як він зможе дбати про Божу Церкву?» (1 Тим. 3:2, 4).

На основі цього шлюб і наявність благочестивої сім'ї сприймається як одна з умов "бездоганного" священства для всіх рангів. Тому практично всі протестантські конфесії віддають перевагу служителів, які перебувають у шлюбі.

До того ж у протестантських колах вимога целібату для священників сприймається як одна із явних ознак відступництва від віри, характерна для останніх часів. Апостол Павло попередив стосовно єресі безшлюбності: «Дух же ясно говорить, що в останні часи деякі відступлять від віри, прислухаючись до спокусливих духів і вчення бісів; (…) тож забороняють одружуватися, наказують стримуватися від їжі, яку Бог створив для тих, котрі повірили і пізнали правду, аби приймати з подякою» (1 Тим. 4:1, 3). Згідно з Мартіном Лютером, ця вимога обов'язкового целібату для священників є порушенням шостої заповіді, тому що «якби це було правдою, (…) що пастор не може служити Богові, якщо він має власну дружину, тоді ця шоста заповідь повинна бути повністю скасована і не застосовуватися взагалі до всіх людей, адже вона дозволяє їм мати власних дружин». Він називає обов'язковий целібат диявольським навіюванням, яке призвело до багатьох спокус, гріхів, чвар і, зрештою, до рішення східної церкви відокремитися.[27]

---

[26] Климент Александрийский, *Строматы*, т.1, книга третья, 428. Тут, напевно, Климент має на увазі вірш із Фил. 4:3, де фразу: «вірний приятелю» (γνήσιε σύζυγε) він тлумачить згідно із поширеним у той час перекладом як «вірна та законна супутниця, дружина» (як у Есхіла, Евріпіда).

[27] Мається на увазі схизма. Див.: Martin Luther, *Works of Martin Luther*, volume IV (A. J. Holman Company and the Castle Press, Philadelphia: Pennsylvania, 1931), 362; Мартін

Обов'язковий целібат та аскетичне усамітнене проживання як найкращий спосіб приборкання тіла без врахування наявності чи відсутності дару безшлюбності завжди видавався протестантам доволі сумнівним. Протестантський богослов Вільям Барклі закликає: «Випробуйте себе та оберіть такий спосіб життя, в якому ви найкраще зможете жити життям християнина, та не намагайтеся застосувати до себе неприродні норми життя, які для вас неможливі та навіть неправильні».[28]

Висновки до другого розділу

Зробивши короткий огляд історії розвитку безшлюбного способу життя в християнстві, ми побачили, що церква пройшла шляхом крайнощів стосовно цього питання. То під впливом політичних та економічних важелів безшлюбність християн зазнала нарікань і насмішок від світських людей, то її підносили на п'єдестал із титулом «справжньої святості» під впливом античної філософії та єретичних помилок у самій церкві. Святе Письмо ж однозначно дає підстави вважати, що безшлюбність, як і шлюб, — це дар Божий, які даються християнам для їхнього максимально ефективного служіння Богу.

Тепер розгляньмо, як це можна застосувати для сучасного християнина, і що означає бути в шлюбі у слов'янській культурі.

Лютер, *Избранные произведения*, сост.-ред. А. П. Андрюшкин (Санкт-Петербург: «Андреев и Согласие», 1994), 89.

[28] «Комментарии Баркли на 1 Послание коринфянам, 7 глава», в *Комментарии Баркли*, https://bible.by/barclay/53/7/.

Розділ 3

Безшлюбність у житті сучасних християн

3.1. Причини безшлюбності

Безшлюбність може бути добровільною, коли людина цілком свідомо обирає відмовитися від створення сім'ї. Проте буває так, що людина бажає створити свою сім'ю і мати близькі стосунки, але з якихось певних причин у неї це не виходить. Тоді її безшлюбність сприймається як вимушений стан. Причин для цього може бути багато.

По-перше, це зовнішні об'єктивні фактори. Наприклад, стан фізичного здоров'я, наявність тілесних недоліків, які можуть сильно обмежувати спілкування і знайомство з новими людьми; нездатність до статевого життя через фізичні або психічні хвороби.

Також причиною можуть бути кризові життєві ситуації, такі як нещодавнє розлучення, розпад романтичних стосунків (так звана нещасна любов), смерть одного з подружжя. Все це зазвичай настільки сильно емоційно травмує людину, що робить її впродовж певного часу психологічно неготовою будувати нові близькі стосунки.

Перешкоджати можуть і економічні проблеми (коли людина походить із бідної сім'ї, без житла, має низькі доходи), проблеми соціального оточення (батьки зловживають алкоголем або сильно хворіють і потребують постійного нагляду), особливо коли залишається сильна фінансова та/або психологічна залежність від батьків. Комусь у створенні сім'ї може банально заважати кар'єра, довгий шлях самореалізації або навіть служіння в церкві.

Причиною безшлюбності також може бути нетрадиційна сексуальна орієнтація людини. У слов'янському культурному контексті, де одностатеві стосунки згідно з традиційними біблійними цінностями засуджуються, а одностатеві «шлюби» є незаконними, укладання шлюбу просто ради того, щоб відвести від себе підозру для такої людини було би просто нечесним рішенням. Звісно ж, це окрема велика тема, яку ґрунтовно висвітлити в рамках цієї книги не вийде. Хотілося б лише сказати, що, на нашу думку, людина не може бути справжнім християнином і гомосексуалістом одночасно. Ми переконані, що гомосексуальний потяг — це не вроджена, але набута характеристика, в центрі якої є проблема ідентичності особистості. Ми розуміємо, що такі християни, які мають потяг до людей однакової з собою статі, переживають гостру внутрішню боротьбу і самотність, але для них є необхідним утримання, внутрішнє зцілення, оновлення розуму, внутрішнє звільнення, а часто й стороння допомога збоку люблячої християнської спільноти, яка б надихала їх жити побожним життям у свободі від гріха. І це можливо тільки у Христі та завдяки Його цілющій благодаті.

Однією з причин того, чому християнин попри бажання створити сім'ю залишається безшлюбним є об'єктивна відсутність належного партнера та вузьке коло спілкування. «Я ще не зустрів ту — одну-єдину», — кажуть неодружені чоловіки. «Моя найбільша проблема — знайти холостяка, що підходив би мені за віком та рівнем. Схоже, вони вимерли…, в нашій церкві немає жодного «нормального» брата», — кажуть незаміжні жінки. Звісно, у кожного свої критерії «нормальності», але все-таки буває, що в оточенні немає жодної належної людини для романтичних стосунків.

Нестача соціальних чи комунікативних навичок, коли людина закомплексована, не товариська, сором'язлива, замкнена та недовірлива, також багатьом заважає створювати і підтримувати здорові близькі стосунки.

Недоліки зовнішності, зазвичай уявні (надто товста / худа, занадто низька / висока, надто довгий ніс, крива-коса тощо) — теж досить поширені причини, чому не вдається будувати близькі стосунки з протилежною статтю. Таке неприйняття себе, а точніше — своєї зовнішності та засновані на цьому комплекс неповноцінності і занижена самооцінка особливо характерні для дівчат, які виросли без участі батька в своєму вихованні, тому що саме батько, його схвальна оцінка, його безумовна любов і прийняття формують почуття впевненості дівчинки у собі.

Не менш поширеною причиною недобровільної безшлюбності може бути наявність внутрішніх психологічних проблем, які стоять на заваді утворенню близьких стосунків. Наприклад, страх близькості через попередній травматичний досвід чи негативний приклад батьківської сім'ї, зайва емоційна залежність від батьків; психологічна неготовність до подружнього життя, страх брати відповідальність за сім'ю або піклуватися про іншу людину. Така людина начебто й хотіла б створити сім'ю, але вона розуміє, що шлюб — це велика відповідальність, і вона ще не готова до цього. Зазвичай такі люди мають завищений рівень вимог до себе і до майбутнього партнера. Однією з таких психологічних проблем, які створюють перешкоди на шляху створення міцних, здорових романтичних стосунків, може бути ненадійний стиль прив'язаності в міжособистісних стосунках.

Проілюструємо на прикладі. Коли я (Валерія) вперше зустрілася з Олександрою — дівчиною років двадцяти п'яти, вона розповіла мені свою історію. Вона росла в люблячій християнській сім'ї, в якій обоє батьків були турботливими та люблячими. Вони завжди разом відвідували церкву. Але раптова смерть її батька підкосила всю їхню сім'ю. У мами з'явилися проблеми з психічним здоров'ям, що додатково негативно вплинуло на Олександру. У пізньому підлітковому віці вона пережила кілька випадків сексуального насильства. Зрештою в Олександри було діагностовано комплексний посттравматичний стресовий розлад (КПТСР) з дисоціативними тенденціями. В останні роки вона відвідувала консультації у психотерапевта, які допомогли їй згадати, що вона зазнала сексуального насильства також і в дитинстві. Цей факт, глибоко захований у її пам'яті, тепер сплив на поверхню.

Комусь це видаватиметься дивним: як такий факт, як зґвалтування, можна забути? Але насправді наша свідомість створена у такий спосіб, що події, які травмували занадто сильно, людина не забуває, а пригнічує у своїй свідомості. Це дія захисного механізму психіки, за якої людина чесно не пам'ятає надто неприємні та болісні факти дійсності, але які, тим не менш, підсвідомо продовжують впливати на деякі реакції та поведінку людини. Не дивно, що подібні болісні інциденти визначили хаотичний стиль прив'язаності Олександри, який глибоко впливає на її стосунки зараз — особливо, з мамою, з Богом та з її романтичними партнерами.

Взаємини Олександри з мамою завжди були складними. Коли батько Олександри був живий, вона мала з ним достатньо теплі та довірливі стосунки. Він був опорою та тією «стіною», за якою вся сім'я почувалася безпечно і стабільно. А коли він раптом помер, мати поринула у затяжну й глибоку депресію, емоційно відсторонилася від усіх і стала нездатною нормально виконувати свої функції як мами. Тому Олександрі з дитинства доводилося брати на себе відповідальність і в емоційному плані грати батьківську роль для своєї мами. У неї досі є проблема з формуванням здорових кордонів у стосунках із мамою.

Не можна сказати, що всі ці важкі події не впливали на стосунки Олександри з Богом. Бракує повної довіри Богу зі сторони Олександри. Як вона каже:

> «Коли я відчувала сильні емоції, такі як гнів, горе й сум, я завжди молилась, щоб Бог зробив так, щоб я перестала їх відчувати. Але коли я так само продовжувала відчувати їх, у цьому я бачила знак того, що Бог залишив, не чув мене. Мої стосунки з Богом були складними й нестабільними. З одного боку, я дуже люблю Його. З іншого боку, мені складно довіряти Йому. Я дуже боюся смерті, і перспектива вічного життя з Богом не викликає захоплення у мене».

На нашу думку, такі непослідовні стосунки з Богом, тобто близькі в один час, і далекі — в інший, характерні для людей з хаотичним стилем прив'язаності. Проблема загострюється, коли людина підсвідомо немовбито проєктує такий ненадійний стиль прив'язаності й на свої романтичні стосунки, що, звісно, ускладнює їх побудову.

Після травми Олександрі складно починати нові стосунки і підтримувати старі. З підліткового віку і до недавнього часу у неї були нестабільні, а іноді навіть нездорові стосунки з чоловіками, що є типовим для людей з хаотичним стилем прив'язаності. Вона завжди дуже хотіла мати серйозні романтичні стосунки, але коли це «ставалося», за її словами, вона сама починала саботувати своє життя й провокувати партнера. «Коли я починала почуватися добре від того, що досягла чогось у житті, я сама дзвонила людині, яка, як я знала, «зруйнує» це щастя». Також саботаж міг виглядати як спроба почати розмову зі своїм хлопцем на складну тему, коли Олександра була втомленою і, відповідно, нездатною спокійно й конструктивно підтримати розмову. Людям із хаотичним стилем прив'язаності здається, що «легше зруйнувати все самому, відчуваючи, що ти контролюєш те, що відбувається, аніж бути змушеним довіряти іншим і боятися, що одного разу вони все зруйнують. І тоді твоє серце знову буде розбите на тисячу шматочків», — каже Олександра.

Емоційна нестабільність Олександри — один із симптомів її хаотичної прив'язаності. Кілька тижнів все може йти добре. Вона відчуває, що може мати здорові кордони з людьми навколо неї, може керувати своїми емоціями і бути доброю до себе. Проте все може швидко змінитися, що дуже спантеличує та втомлює її. У такі моменти вона завжди почувається втомленою, збентеженою та перевантаженою думками.

Радісна новина полягає в тому, що будь-який ненадійний стиль прив'язаності можна змінити на надійний. Щоправда, ця зміна не відбувається сама собою. Вона потребує кропіткої праці, щоб визначити свої саморуйнівні думки та емоції й узгодити їх з істиною Слова Божого. Для повного зцілення Олександрі необхідна була додаткова професійна допомога психотерапевта і власні зусилля, щоб навчитися справлятися з тенденціями до самосаботажу більш ефективно.

Її досвід полягає в тому, що наразі вона вже швидше «повертається у норму» в цьому процесі зцілення. Вона склала для себе список тих речей, які роблять її більш вразливою до таких емоційних «провалів». Це недостатнє фізичне навантаження, вживання надмірної кількості солодощів, недосипання та деякі інші речі. На моє прохання Олександра також записала деякі речі, які їй допомагають впоратися з негативними думками та емоціями: прогулянки пішки, ведення щоденника, молитва, вживання необхідних вітамінів чи ліків, душ, заняття творчістю чи хобі, спілкування з друзями, достатній сон і прийняття себе.

Уже майже рік вона має стабільні та добрі стосунки з одним хлопцем-християнином. Від початку її хаотичний стиль прив'язаності та заснована на ньому низька самооцінка змушували Олександру боятися, що вона стане тягарем у стосунках. Вірити в те, що вона заслуговує й може очікувати чогось доброго від життя, їй все ще важко. Але вона намагається працювати над цим кожен день. Усвідомлення схильності до самосаботажу зіграло вирішальну роль в її зціленні. Вона також розуміє, що спілкування та відкритість є ключовими в будь-яких стосунках. Але вони ще важливіші, якщо один із партнерів пережив травму. Олександра намагається говорити своєму хлопцю, що їй потрібно, коли якась ситуація нагадує їй про минулий біль, — бажано до того, як вона почне емоційно реагувати на нього. Її хлопець зазвичай обіймає її, щоб допомогти їй заспокоїтися.

> «Я не ділюся з ним усіма подробицями того, що сталося, і, можливо, ніколи цього не зроблю. Але я думаю, що важливо, аби він знав, як це минуле впливає на мене зараз, і як він може мені допомогти. Насправді, я думаю, наше минуле зробило для нас відкрите спілкування більш важливим, і це зміцнило наші стосунки».

Отже, історія Олександри свідчить, що внутрішні проблеми особистості, як-от ненадійний стиль прив'язаності, можуть бути причиною краху, якого християнин постійно зазнає в романтичних стосунках. Тепер розглянемо коротко ще одну делікатну тему, а саме: чи може безшлюбність бути ознакою прокляття чи покаранням від Бога людини, наприклад, через гріх?

З'ясуймо, що Біблія говорить про це. У Книзі приповістей ми знаходимо, що «дім і маєток — спадщина батьків, а розумна жінка — від Господа» (Пр. 19:14). Також сказано: «Хто знайшов добру жінку, знайшов благо, і отримав милість від Господа» (Пр. 18:22). Отже, добра, розважлива, розумна жінка — це подарунок, благословення від Господа.

Певна річ, у християн, яким тривалий час не вдається створити сім'ю, виникає підозра, що, може, це Бог їх не вподобав, не дає їм це добро та благословення. У деяких крайніх випадках християни навіть починають думати, чи не працює в їхньому житті якесь прокляття, яке заважає їм створити сім'ю. Особливо такий хід думок властивий представникам східних, слов'янських чи африканських культур.

У Святому Письмі слово «прокляття» трапляється в декількох значеннях: як Боже покарання за гріх чи порушення Його заповідей (Повт. 11:28, 28:15–18) і як негативне пророцтво чи побажання, яке сказане людиною проти іншої людини (Пс. 108:7–19), цілого народу (Чис. 22:12, 17) чи самого себе (Бут. 27:13).[1] Існує також кілька біблійних прикладів, коли сказані прокляття виповнювалися в житті людей (Суд. 9:20–28, наприклад). Проте Святе Письмо стверджує, що «безпідставне прокляття не сповниться» (Пр. 26:2). Що таке «обґрунтоване прокляття» чи які можуть бути підстави для нього?

З одного боку, кожна жива людина народжується грішною. Святе Письмо каже, що немає жодного праведного (Рим. 3:10, 12). За свої гріховні вчинки згідно зі справедливістю Божою ми всі заслуговуємо покарання і підпадаємо під Боже прокляття, «бо написано, що проклятий кожний, хто не дотримується всіх приписів книги Закону, щоб їх виконувати» (Гал. 3:10).

---

[1] Єврейська мова має, щонайменше, 5 дієслів зі значенням «проклинати». Одне з найрозповсюдженіших дієслів — «арар», означає, власне, «зв'язувати прокляттям, заклинанням; оточувати перешкодами» (Бут. 3:14, 4:11; Чис. 22:6). Ще одне дієслово, яке часто трапляється, — «келал», означає «бажати й говорити погано чи зневажливо про когось, лихословити». Воно протилежне за значенням дієслову «благословляти» (Повт. 11:28, 28:15). Див: Zodgiates, ed. *Hebrew — Greek Key Word Study Bible*, 1811, 2013.

З іншого боку, Святе Письмо також говорить, що «Христос викупив нас від прокляття Закону, ставши за нас прокляттям» (Гал. 3:13). Тепер ми можемо зробити такі висновки:

1) У житті людей, які не є Божими дітьми,² можуть мати силу будь-які прокляття (зокрема й ті, що передаються з покоління в покоління (див.: Вих. 20:5; Повт. 28:18; Плач 5:7) і сказані на них іншими людьми), тому що вони заслужені. Невіруючі вже перебувають під Божим прокляттям (1 Сам. 2:30; Мр. 16:16; Ів. 3:18).

2) Будь-яке прокляття, яке було сказане проти дітей Божих, безсиле. Його Бог обертає на благословення (Повт. 23:5; Неєм. 13:2). Не можна проклясти те, що Бог благословив. Ті, хто в Христі, не можуть бути прокляті ані Богом, ані людиною. Тому що у Христі ми вже благословенні Богом не за нашими заслугами, а благодаттю (Еф. 1:3, 2:7). Якщо навіть у Старому Заповіті Валаам не міг проклясти Божий народ (Чис. 22:12, 18), тому що Бог полюбив Свій народ і благословив, тим паче діти Божі у Христі Ісусі не можуть бути прокляті.

3) Якщо християнин вірить у силу вимовленого кимось на нього чи на його рід прокляття, наврочення, у всілякі «вінці безшлюбності» та інші забобони, чи якщо він боїться, що вони виповняться в його житті, для нього це — гріх. Тому що цим він виявляє невірство у своє благословення Богом у Христі. У такому разі, якщо християнин вважає, що в його житті діє якесь «прокляття», наврочення чи заклинання, якщо він вірить, що це, як раніше, має силу над його родом, то цим гріхом невірства Богу й страхом людина сама дає право дияволу втручатися в своє життя та приносити прокляття. Йов після всіх бід, які з ним сталися, зауважує: «Те, чого я найбільше боявся, навідало мене, і те, що викликало в мене тремтіння, нагрянуло на мене» (Йов 3:25). Тут діє принцип, який дав Христос: «Нехай вам станеться за вашою вірою!» (Мт. 9:29). Тому віруючим не треба боятися якогось прокляття, навіть

---

² Будь-яка людина може стати дитиною Божою, приймаючи вірою та сповідуючи Ісуса Христа як свого Господа та Спасителя. Цей момент у житті людини, яка увірувала, Біблія називає «народженням згори», «народженням від Бога» чи «спасінням», початком життя «у Христі» (1 Ів. 4:15; 1 Ів. 5:1; Рим. 10:9; 6:23, Ів. 3:3, 36; 2 Кор. 5:17).

якщо його справді хтось проголосив у їхньому житті. Замість того їм треба вірою у Христову жертву прийняти викуплення й жити в благословенні так само, як колись вони вірою прийняли прощення своїх гріхів.

4) Проте особистий гріх дійсно може бути тією перешкодою, яка заважає людині створити благословенну Богом сім'ю. З історії Самсона ми розуміємо, що його випадкові зв'язки з сумнівними жінками, неодноразові порушення своїх назорейських обітниць і потурання своїм бажанням призвели до того, що він просто не міг мати щасливий благословенний Богом шлюб і, врешті-решт, це закінчилося передчасною смертю Самсона (Див.: Суд. 14:1, 16:1, 4). Так само і той, хто мав «бурхливе» сексуальне життя до шлюбу, не повинен дивуватися, якщо так раптово побудувати гарний благословенний шлюб на поганому фундаменті не виходить. Йому доведеться докласти чимало старань, незважаючи на те, що тепер він — християнин.

Шлюб пов'язується в Біблії з Божим благоволінням. Пророк Ісая проголошує: «Про тебе більше не скажуть: Залишена! А про твій край не будуть говорити: Спустошений! Адже тебе називатимуть: Моя втіха, а твою країну: Заміжня, тому що Господь уподобав тебе, і твоя земля стане одруженою» (Іс. 62:4). Богу подобається, коли укладаються благочестиві шлюби, і Він благословляє їх, а до тих, хто відступає, Бог не має уподобання (Євр. 10:38).

У Книзі повторення Закону 7:9–15 Бог обіцяє благословити Свій народ, розмножити його, дати нащадків і забезпечення, якщо Його народ буде слухатися й виконувати закони Його. Але є умова Божого благословення. Це любов до Бога, яка виражається у послуху Його Слову, тобто довірі до Нього. І, хоча ми — християни і живемо в Новому Заповіті, і Бог любить нас безумовно і вже благословив у Христі, але все-таки ми віримо, цей принцип стосується і нас. Якщо ми слухаємося Бога і стараємося жити за Словом Божим, співпрацюємо з Його законами, а не чинимо їм опір, тоді ми самі себе робимо здатними приймати благословення від Нього.

Бог може зволікати благословити нас сім'єю, якщо знає, що майбутній чоловік чи дружина можуть стати для нас ідолом. З погляду Біблії, ідол — це все, до чого людина звертається по спасіння, окрім Бога. Пророк Єзекіїль стверджує: «Ці чоловіки впустили в свої серця власних ідолів й таким чином поставили перед собою постійне спонукання до гріха. Хіба такі люди взагалі мають право до Мене звертатися за порадою?» (Єз. 14:3). Осія доповнює: «...витрачають своє срібло і своє золото на виготовлення своїх ідолів, — собі ж на погибель» (Ос. 8:4). Цікаво, що Старий Заповіт красномовно називає цей наш пошук задоволення поза Богом — «коханцями» (Єр. 3:1; Єз. 23:20; Ос. 2:12). Бог використовує відверті сексуальні терміни, тому що для багатьох людей інтимна близькість — найзрозуміліший та найвищий трансцендентний досвід, який вони переживають на землі.

Багато безшлюбних християн ідеалізують шлюб, очікуючи, що шлюб принесе їм повне задоволення, вирішить усі проблеми, гадаючи, що чоловік чи дружина задовольнить усі їхні потреби. Але це самообман і гріх. Гріх — це все, чого ми хочемо більше, ніж Бога. Як каже Марк Болленжер, «ідолопоклонство в шлюбі, коли ми дозволяємо своєму бажанню знайти партнера переважати над бажанням любити Бога — гріховне. Поставте Бога на перше місце... Замість того, щоб «ставити Бога на перше місце», заради пошуку подружжя, вам треба прагнути шукати подружжя, перебуваючи у Бозі».[3]

Зрештою, люди не можуть задовольнити *всі* наші потреби, вони не були створені для цього. Лише Бог здатен на це. Він хоче бути першоджерелом нашої насолоди й задоволення наших потреб. Бог обіцяє: «Веселися (євр. «насолоджуйся, ніжся») в Господі й Він задовольнить бажання твого серця. Доручи Господу свою дорогу, покладайся на Нього, а Він буде діяти» (Пс. 37:4, 5).

Проте це не означає, що відсутність чоловіка чи дружини — ознака Божої неприхильності, покарання чи, тим паче, прокляття. Це не означає, що несімейному християнину обов'язково треба шукати в собі гріх, в якому треба покаятися, щоб прийшло Боже благословення, і він зміг створити свою сім'ю. Може бути, цей період його небажаної безшлюбності необхідний, щоб християнин міг підготуватися до серйозних стосунків, до яких цієї миті він чи вона не готові (а людині, зазвичай, здається, що вона навіть дуже готова!). Так само, як і той факт, що хтось, ледь встигнувши досягнути повноліття, вже вийшов заміж чи одружився, — не є доказом особливого Божого благовоління чи підтвердженням їхньої духовності чи успішності. Іноді Бог зволікає благословити нас тим, про що ми так довго просимо, щоб випробувати нашу довіру Йому. А може, Він вже давно благословив нас, нам лише треба навчитися приймати вірою це благословення.

---

[3] Mark Ballenger, *The Ultimate Guide to Christian Singleness*, 36, 176.

Ми маємо в молитві спитати Бога, чому ми можемо бути не готовими до шлюбу. Що заважає благословенню прийти в наше життя? Чи є в нас самих якісь риси, які б зруйнували стосунки в шлюбі? І Бог обов'язково підкаже.

Тепер розглянемо проблеми, з якими найчастіше стикаються несімейні християни.

3.2. Виклики, з якими стикаються неодружені християни та біблійна відповідь на них

Рейтинг топових «проблемних» сфер для несімейних християн скласти важко, адже це справа індивідуальна, вона залежить від статі, віку, економічного стану і навіть культурного контексту. Але можна підсумувати виклики у зв'язку із безшлюбністю християнських чоловіків і жінок:

Емоційна самотність. Ми знаємо, що серед християн, які не перебувають у шлюбі, в середньому рівень емоційної, соціальної, культурної та екзистенційної самотності значно вищий, ніж рівень кожного з цих типів самотності серед одружених чи заміжніх християн.[4] Але християни, які не перебувають у шлюбі, особливо страждають від емоційної самотності.

Як ми вже казали, період безшлюбності — це дар тимчасовий (до одруження) чи на все життя. Але він може бути даром і благословенням лише тоді, коли він добровільно приймається як дар. Інакше він буде пов'язаний із почуттям самотності. Ось як описує цю самотність одна жінка у своєму коментарі до відео на ютуб-каналі ApplyGodsWord. com:

> «Найскладніше, це коли немає з ким розділити життя. Я знаю, що моя сім'я чи друзі люблять мене, але... коли я приходжу додому з роботи, мені немає з ким поговорити, немає про кого попіклуватися, і нікому попіклуватися про мене, нема з ким розділити вечерю. Іноді жінкам просто хочеться, щоб їх обійняли. Мати чоловіка, якого можна

---

[4] Дані засновані на опитуванні, яке було проведене серед християн України 2019 року. До категорії «тих, хто не перебуває у шлюбі» були зараховані й ті респонденти, які на момент опитування не мали близьких романтичних стосунків, які овдовіли чи розлучилися. Див.: Чорнобай, «Богословське осмислення феномена самотності», 193.

любити й який буде любити мене у відповідь, — це те, чого я дуже хочу».⁵

Ця незадоволена потреба у близькому спілкуванні, прийнятті та турботі викликає найсильніше почуття емоційної самотності. Особливо гостро проблему самотності відчувають ті, хто, будучи у зрілому віці, не перебуває у шлюбі і має в основному сімейних друзів. Причиною такої самотності також може бути несподівана смерть подружжя чи «смерть» самих стосунків — розлучення. Причому біль втрати в таких випадках часто посилюється ще й почуттям зради. І хоча смерть стосунків, в які було вкладено п'ять, десять, двадцять років любові й довіри, — це найсильніше потрясіння, але ми впевнені, що зцілення від емоційної самотності можливе.

Попередній розділ цілком присвячено стратегіям подолання всіх типів самотності, зокрема й емоційної. Тому тут ми просто стисло перерахуємо основні кроки, які допоможуть кожному в подоланні самотності цього типу.

Найперше, це боротьба з саморуйнівними установками, негативними очікуваннями, скепсисом, сарказмом і песимізмом, характерними для самотніх людей, які не перебувають у шлюбі. Якщо не звертати на все це уваги, то цей негативізм має властивість накопичуватися й ускладнювати стосунки з такою людиною. Негативізм розвивається в людині, яка втратила дух очікування чогось доброго. Це невірство. Негативізм зазвичай переживають ті люди, які поступово втратили вдячне ставлення не лише за незначні речі в житті, але також і за рідних, друзів чи церкву. Негативізм, якщо його не подолати вчасно, переростає у звичку, яка призводить до депресії, постійних страхів, сумнівів, занепокоєння чи апатії. Він проростає в тій людині, яка нездатна безумовно любити. Вона очікує вдячності за свою любов і, не отримуючи, розчаровується. Нездатність із надією та впевненістю дивитися вперед — це ознака старіння. Старіння душі.

Як же боротися з негативними саморуйнівними думками й установками, запитаєте ви?

Для того щоб подолати негативізм, його спочатку треба розпізнати, чесно зізнатися собі в ньому і розкаятися. Потім, як вчить Святе Письмо, треба буквально «руйнувати задуми», зупиняти кожну думку,

---

⁵ Взяте з коментарів до відео на ютуб-каналі: Mark Ballenger, «How to Deal with the Hardest Parts of Singleness: Loneliness, Confusion, Anger towards God», Youtube, https://www.youtube.com/watch?v=YX5-py23vLk.

яка постає проти істини Слова (2 Кор. 10:4–5). Це на практиці значить змушувати себе роздумувати над Божими словами, замість того, щоб думати про свої відчуття: що нам здається чи чого ми боїмося. Наступний крок — перестати говорити слова негативізму, сарказму про себе й своє майбутнє (на кшталт «Я ніколи не вийду заміж! Мене, як завжди, зрадять і кинуть»). Замість цього говорити слова істини й віри. І, нарешті, важливо звертати увагу і нагадувати собі про все те добре, чим Бог уже благословив, що ми звикли приймати як належне, і дякувати за це Йому. Щонайменше, дотримання цих порад допомагає мені (Валерії) не заразитися негативізмом.

Другий важливий крок у подоланні емоційної самотності — це здорове релігійне життя. До нього входять: близькі довірливі стосунки з Богом, надійна прив'язаність і формування позитивного образу Бога у свідомості віруючого. На цьому етапі віруючому також вкрай важливо розуміти свою ідентичність у Христі: що він — дитя Боже, люблене, прийняте безумовно і важливе. У нього є місія та роль. Під цим оглядом, звісно, віруючі мають перевагу над невіруючими, тому що в близькому спілкуванні з Богом відчуття самотності зменшується.

Чудово допомагають впоратися з самотністю також друзі. І тут вирішальну роль відіграє не їхня кількість, а якість. Якість стосунків. Краще у вас буде один справжній, близький друг, який вислухає і підтримає добрим словом і ділом, ніж тисяча уявних «друзів» у соціальних мережах. Звісно, розвиток близьких дружніх стосунків вимагає часу та зусиль. При цьому важливо поважати кордони у цих стосунках, берегти своє серце від безбожних душевних зв'язків. Від того, щоб надзвичайно зациклюватися на одній людині, навіть якщо це — найкращий друг. Тому треба прагнути поширювати коло свого спілкування з іншими віруючими, причому обох статей та різного віку.

Й останній крок, який допоможе у подоланні емоційної самотності, — це волонтерська діяльність, служіння в церкві чи місія. Одним словом — будь-яка турбота про тих, хто потребує нашої допомоги: літніх людей, дітей своїх друзів чи дітей без батьків тощо. Така безкорислива допомога зазвичай повертається більшою любов'ю у відповідь. Це допоможе самотній людині змістити фокус зі своїх емоційних потреб на потреби інших людей, додасть їй відчуття, що вона дійсно живе не даремно, і зробить її більш привабливою для інших.

Наступна не менш серйозна проблема для християн, які не перебувають у шлюбі — це **сексуальна фрустрація**. Нереалізовані сексуальні бажання, потреба в любові та близькості збільшують відчуття самотності.

Одна жінка пише про це так: «Мені 35 і за милістю Божою я досі незайнята. І це важко! Я людина, і Бог створив мене з сексуальним бажанням, яке я поки що не можу праведно задовольнити. Як же збентежує думка про те, що я ніколи не зможу мати такий життєвий досвід, якщо я так ніколи й не вийду заміж!» А для тих, хто мав досвід близьких стосунків до того, як стати християнином, це інтенсивне бажання ще більше посилюється і є джерелом постійного внутрішнього болю, боротьби й розчарування. Ні в чому іншому не проявляється внутрішня боротьба і фрустрація з такою силою, як у змушеній безшлюбності. Під «змушеною безшлюбністю» ми маємо на увазі ситуацію, коли людина не має дару безшлюбності, ясно усвідомлює в собі бажання мати романтичні стосунки і створити сім'ю, але з різних причин їй це не вдається. Такі люди особливо можуть страждати від самотності чи навіть сексуальної дезорієнтації.

У боротьбі за сексуальну чистоту Марк Болленжер дає несімейним християнам кілька дієвих порад:

1. Перш ніж боротися з хіттю, просочіться Богом.
2. Моріть свою гріховну природу голодом.
3. Робіть усе це з благодаттю та через віру.[6]

Мається на увазі, що для того, щоб успішно пройти спокусу, треба наблизитися до Нього, сфокусуватися на благодаті, яку ми маємо у Христі. Усвідомлення того, що ми освячені у Христі, і нам уже дана свобода й перемога над гріхом, робить успішними в боротьбі з ним. Біблія не абсолютизує секс. Інтимна близькість у земному контексті — це всього лише дороговказ, лише образ і слабке відображення того щастя й насолоди, що очікують віруючих на небесах. Справжня свобода від внутрішнього пригнічення кориниться в переконанні, що Бог — джерело всілякого щастя, всього, що колись підкоряло наше серце. Говорячи мовою Далласа Вілларда, «Він — найщасливіша Істота у світі».[7] Псалом 36:8-10 підтверджує цю думку: «Люди ховаються в тіні Твоїх крил. Вони насичуються щедротами Твого дому, з потоку Твоїх солодощів Ти їх напуваєш. Бо в Тебе джерело життя». Джерело будь-якого добра та задоволення, яке ми частково скуштували на землі, ми можемо відчути у спілкуванні з Ним, але ще більше чекає нас під час зустрічі з Ним у вічності.

---

[6] Див.: Mark Ballenger, «3 Strategies to Win the War on Lust in 2022», Youtube, https://www.youtube.com/watch?v=Amdu9vMWBrk.

[7] Цит. за: Дж. Елдридж, *Путь желания* (Санкт-Петербург: Шандал, 2002), 19.

Друга порада полягає в тому, щоб не лише не давати підживлення своїм тілесним бажанням, а й навмисно уникати сексуальних спокус. Це означає цілеспрямоване та свідоме уникнення спокуси фізично та емоційно, на рівні уяви та фантазії, контроль над своїми сексуальними бажаннями й думками, що є відповідальністю кожного християнина. Для справжнього християнина його утримання — це обіцянка зберігати вірність Христу, що, окрім іншого, означає збереження себе від різноманітних сексуальних стосунків і думок до укладання шлюбу. Ось чому важливо уникати ситуацій, які можуть провокувати появу сексуальних бажань, що призводять до гріха (таких як перегляд фільмів, мелодрам, які містять відверті сцени, перегляд порнографії, заняття мастурбацією), і наповнювати свої думки Словом Божим. «Уникай молодечих пожадань, настирливо шукай праведності, віри, любові, миру з тими, які кличуть до Господа від чистого серця» (2 Тим. 2:22). Утримання допомагає виробити плід Духа — самоконтроль. А ця духовна якість стане у пригоді і в майбутньому шлюбі.

Додамо лише, що усвідомлення того, що сексуальні спокуси не вічні, теж допомагає. Ми не маємо на увазі, що з віком вони послабнуть (хоча це теж правда), але що Бог не дає спокус понад наші сили. Він дає благодать перемогти спокуси. Апостол Павло підбадьорює: «Вам випало лише людське випробування. Та вірний Бог не допустить, щоб ви випробовувалися понад міру, але при випробуванні дасть і вихід, аби ви могли його витримати» (1 Кор. 10:13).

У зв'язку з цим **відсутність дітей і страх залишитися абсолютно самотнім** у старості — на третьому місці у нашому рейтингу найбільш «проблемних проблем» для безшлюбних християн. У певному віці практично у кожної людини виникає бажання мати дітей. Це природно. І тому сама думка про те, що вони ніколи не стануть мамою чи татом, у них не буде нащадків, яких можна було б залишити після себе, ніколи не буде приголомшливого досвіду зачаття та народження нового життя, — ця думка жахливо лякає та пригнічує багатьох християн, які не перебувають у шлюбі.

У відповідь на це Барі Данилак запевняє, що незаймане життя християн у безшлюбності є відображенням ідеї Воскресіння, про яку згадував Ісус в Євангелії від Луки 20:34–35. Усвідомлюючи, що «істинне та остаточне задоволення всіх потреб людини, зрештою, буде лише у майбутньому віці Царства Божого», християни своїм незайманим життям у безшлюбності вже зараз свідчать про це майбутнє Воскресіння.[8]

Ідея ця, звісно, ясна та прекрасна. Але, з іншого боку тут можна заперечити, що не лише необхідність забезпечити продовження роду й залишити після себе спадкоємців керує людьми в їхньому бажанні мати дітей. Це вроджене від Бога природне бажання й потреба кожної людини, яке теж, до речі, може сприяти розповсюдженню Царства Божого, якщо виховувати дітей в євангельській істині. Концепція безшлюбного незайманого життя християн як образу воскресіння ще з давніх часів викликала чимало критики з боку язичників, які зауважували, що природне «народження дітей, а не бездушна доктрина, з якою виступав святий Павло, є єдиним засобом забезпечити воскресіння з мертвих».[9]

З іншого боку, християни, які не перебувають у шлюбі, і тому не мають своїх біологічних дітей, можуть знайти розраду у тому, що у них можуть бути діти духовні. Якщо подивитися на ситуацію з перспективи вічності, то, справді, «істинне продовження роду приносить не статевий акт, а проповідь Євангелії».[10] А на проповідь не впливає сімейний стан людини. К. Колон і Б. Філд висловлюють схожу думку: «На відміну від старозаповітних реалій, християнам більше не треба шукати фізичного нащадка, щоб зберегти сімейну лінію безперервною. Замість цього християни покликані робити учнями інших людей, створюючи духовних нащадків, що забезпечує продовження церкви».[11]

Тиск рідних, найближчого оточення і часто, на жаль, братів і сестер із церкви для багатьох християн без пари — ще одне з основних джерел роздратування. Цей тиск може проявлятися двояко. З одного боку, він виражається у підозрі та засудженні неодружених християн за їхню безшлюбність. У церквах багатьом одруженим людям не зрозуміло, чому є так багато християн, які у зрілому віці, як мовиться, «при пам'яті» та зовні начебто, «нічого собі», які мають бажання створити сім'ю, однак все одно не у шлюбі. Тоді ці «турботливі» родичі чи брати й сестри, які не бачать жодних зовнішніх перешкод, які б заважали несімейним людям укладати шлюб, доходять висновку, що ці неодружені християни просто

---

[8] Див.: Barry Danylak, *Redeeming Singleness: How the Storyline of Scripture Affirms the Single Life* (Wheaton, IL: Crossway, 2010), 208.

[9] Браун, *Тіло і суспільство*, 21.

[10] Там само, 197.

[11] Christine A. Colón, Bonnie E. Field, *Singled Out: Why Celibacy Must be Reinvented in Today's Church* (Grand Rapids: Brazos Press, 2009), 163.

надто вимогливі, перебірливі. «Перебирають «харчами»: і цей їм не такий, і та не підходить», — кажуть вони з докором із «найкращих побажань», звісно, часом нахабно втручаючись в особисте життя несімейних людей, а інколи навіть намагаючись їх «прилаштувати», познайомити з кимось. Одна сестра з церкви розповідала мені (Валерії), що її запопадлива мамця так старалася нарешті вже видати її заміж, що опублікувала оголошення в місцевій газеті такого змісту: «Шукаю партнера для серйозних стосунків», і вказала номер телефону доньки. До того ж без відома доньки!

Можливо, така «співучасть» у житті людей, які не перебувають у шлюбі, декому з них і подобається (хоча я таких не зустрічала). Але загалом вона дратує, пригнічує, змушує їх почуватися неадекватними, дивними, «залежаним товаром», який терміново треба «спихнути зі знижкою, поки не зіпсувався». І це через те, що в євангельській спільноті немає зваженої богословської позиції щодо безшлюбності. І тому замість того, щоб «використовувати свій стан як прекрасну можливість служити Богу «гідно і ревно», як радить апостол Павло, відсутність власної сім'ї віруючі сприймають як ознаку неуспішного, нещасного життя», — зазначають дослідники Крістін Колон і Бонні Філд.[12]

Через таке негативне чи підозріле ставлення зі сторони інших євангельських віруючих до безшлюбного стану деяких християн, їхнє суб'єктивне відчуття самотності лише посилюється. На підтвердження необхідності укладання шлюбу в церквах часто цитують вірш із Книги Буття, що «недобре бути чоловікові самотнім» (Бут. 2:18). Але якщо розглядати цю біблійну істину у більш широкому спектрі, а не лише як аргумент на користь шлюбу, ми побачимо, що роль християнської громади як інклюзивної спільноти дуже важлива. Церква повинна створювати атмосферу сім'ї, атмосферу прийняття й інтеграції кожної людини незалежно від її сімейного статусу. Навіть отці церкви, наприклад, Василь Великий у своїх правилах для чернецького життя, рекомендував ченцям працювати не самим собою і не в усамітненні, а постійно перебуваючи у спілкуванні, у спільноті.[13]

---

[12] Colón, Field, *Singled Out*, 139.

[13] За словами святого Василія, проживання ченців у спільноті є кращим від відлюдництва з таких причин: 1) Ніхто з нас не є самодостатнім у справі забезпечення своїх тілесних потреб. 2) Усамітнення суперечить закону любові, оскільки усамітнений може служити лише власним інтересам. 3) Це є шкідливим для душі, коли немає кому докорити нам за наші провини. 4) Деякі специфічні християнські обов'язки, такі як нагодувати голодних і одягнути знедолених, неможливі для відлюдника. 5) Ми всі є членами одне одному, і Христос є нашою Головою. Як ми можемо зберегти наші стосунки з Христом, якщо ми відділяємося від наших братів? 6) Ми маємо різні духовні дари. У спільноті кожен

Також у світлі слів Ісуса Христа про те, що для Нього лише той, «хто виконує Божу волю», є по-справжньому братом, і сестрою, і матір'ю (Мр. 3:35), наше розуміння сім'ї розширюється. Це означає, що завдяки викупній роботі Христа, кожен віруючий незалежно від своєї статі, раси, етносу, свого соціального чи сімейного стану однаково може бути частиною сім'ї Божої. Може мати особисті стосунки з Ним і виконувати волю Божу своїм служінням Йому. Це означає, що сім'я церковна, де кожен покликаний піклуватися й любити одне одного, набуває особливого значення, і певною мірою замінює сім'ю для тих, у кого її нема. У кожній церковній спільноті не лише традиційна нуклеарна сім'я має почуватися прийнятою та цінною, але й в рівній мірі, — християни, які не перебувають у шлюбі.

З іншого боку, деякі «супердуховні» християни намагаються нав'язати віруючим, які не перебувають у шлюбі, почуття провини за їхнє бажання укласти шлюб. Зазвичай цей докір супроводжується чимось на кшталт «невже тобі недостатньо Христа»? І, найцікавіше, що ця фраза часто звучить від людини, яка сама-таки перебуває у шлюбі. Але існують фізичні форми й прояви любові (обійми, поцілунки, дотики, пестощі), які просто неможливо відчути як тільки *від* і *через* інших людей. Зазвичай Бог не сходить із неба, щоб обійняти нас, а проявляє таку любов до нас *через іншу людину*, в шлюбі, наприклад. Ніщо з цього не є чимось поганим, якщо виражається у законному шлюбі. Але люди, які не перебувають у шлюбі, цих інтимних проявів любові часто фактично позбавлені. Отже, сильне бажання побудувати власну сім'ю, яке має більшість християн, — це добра річ.

Як ми знаємо, Ісус часто прямо питав людей: «*Чого ти хочеш?*» (Мт. 20:21; Мр. 10:51), тобто «які твої справжні бажання?» І на Свої запитання Христос очікував прямої та щирої відповіді. Також, перебуваючи в пустелі, Ісус, як відомо, «зголоднів». Це Його природна реакція, яка робить законною і нашу спрагу, яку потрібно усвідомлювати, а не соромитися. Тому християни, які не у шлюбі, але бажають створити сім'ю, не повинні почуватися винними за своє бажання, начебто їм недостатньо стосунків із Богом. Як цю думку висловив Марк Болленжер у своїй книзі, «бажання мати подружжя не є проявом відсутності у вас радості

ділитися дарами з братами. 7) Найважливішим з усього є те, що відлюднику загрожує догодження собі, і вважаючи, що вже досяг досконалості, він не може практикувати смирення, співчуття чи довготерпіння. Див. William Kemp Lowther Clarke, *St. Basil the Great: a Study in Monasticism* (Cambridge: Cambridge University Press, 1913), 85–86; Василий Великий, *Творения* в двух томах, т.2, 140.

у Христі».[14] Адже, як уже згадувалося у першому розділі, Бог створив Єву для Адама до їхнього гріхопадіння, як і їхню потребу мати близькі стосунки. Це бажання треба усвідомлювати, прийняти і довіряти Богу, Який «Своєю доброю волею викликає у вас і бажання, і дію» (Фил. 2:13). Тож ми вважаємо, що якщо християнин має велике бажання одного разу одружитися, щоб прославити Бога у своєму шлюбі, це хороший знак того, що цей християнин не має дару безшлюбності, і це воля Бога, щоб йому одружитися, тому такий християнин повинен шукати шлюбу, вірячи, що Бог влаштує це відповідно до його волі.

Безнадійність. Мабуть, одна з найскладніших речей у періоді безшлюбності — це збереження надії. Багато віруючих, особливо якщо їхній період безшлюбності затягнувся набагато довше, ніж вони очікували, схильні впадати в одну з двох крайнощів: одні постійно женуться за романтичними стосунками, щойно попередні закінчилися. Для них переживання самотності через свою безшлюбність переростає в «невроз безшлюбності», при якому бажання знайти чоловіка чи дружину стає «ідеєю фікс», надціллю, нав'язливим хворобливим станом. І мало хто усвідомлює, що саме їхня зацикленість на ідеї шлюбу відштовхує від них потенційних партнерів.

Інші вирішують розпрощатися з будь-якою надією колись створити сім'ю. Вони махнули на себе і на шлюб рукою, вирішивши: «Створення сім'ї — це не для мене». Хтось пасивно очікує казкової появи чарівної принцеси чи принца. А деякі, і жінки, і чоловіки, шукають потіхи і компенсації реальних переживань у фантазіях, мелодрамах і порнографії. Через те, що «надія, яка довго не збувається, послаблює серце» (Пр. 13:12), деякі віддають перевагу тому, щоб взагалі «поховати» надію чи триматися якомога далі від своїх бажань. Це трагічний, але хибний висновок. Трагізм подібної ситуації погіршується й тим, що, говорячи словами Джона Елдріджа, це «самогубство душі» здійснюється з переконанням, що саме цьому й вчить християнство.[15]

Як ми можемо зберігати наші серця живими і продовжувати сподіватися, не занепадаючи духом, якщо бажання і не виповнюються так чи коли ми думали?

Не ставити хрест на своїй долі і не втрачати надію дуже важливо. Тому що надія, як дороговказ, здатна привести нас до бажаної цілі. До

---

[14] Mark Ballenger, *The Ultimate Guide to Christian Singleness,* 39.
[15] Дж. Элдридж, *Путь желания,* 19.

речі, на івриті слово «надія» іноді перекладається як «нитка, мотузка».[16] Надія завжди направлена у майбутнє. Святе Письмо стверджує: «Адже ми надією спаслися. Надія ж, яку бачимо, вже не є надією, бо хіба надіється хтось на те, що бачить?» (Рим. 8:24). Звичайно, ця надія в Посланні до римлян, 8 стосується саме надії нового творіння та повного уподібнення Христу. І це дійсно наша головна надія. Але цей текст також розкриває принцип дії надії. Надія дає нам можливість бачити невидиме і базується на нашій уяві. Так само як перед будівництвом будь-якої споруди є проєкт, попередній план, так і мрії у нашій уяві є підставою для надії. Проте мрії ризикують бути лише порожніми фантазіями, а надії — розбитими, якщо вони не засновані на обіцянках Божих. Отримавши відкриття про Божі обіцянки в надії і застосовуючи їх вірою до своєї ситуації, ми отримуємо обіцяне. Про Авраама Святе Письмо каже: «Він — проти надії — увірував у надії, що стане батьком багатьох народів, за сказаним: „Таке [численне] буде насіння твоє!"» (Рим. 4:18, переклад Огієнка). І, як відомо, Авраам отримав обіцяного нащадка у нечуваному віці (у 100 років!), хоча йому і довелося чекати цього близько 25 років. У контексті нашої теми це означає, що поява супутника життя можлива в будь-якому, навіть дуже «зрілому» віці для людини, яка давно прагне шлюбу і, можливо, по-людськи втратила будь-яку надію, але вибирає краще довіряти Христу в будь-якій ситуації, в якій вона опинилася.

Занижена самооцінка. Ті, хто розлучені чи ніколи не були у шлюбі, часто стикаються з сумнівами, чи гідні вони бути коханими, чи можуть вони комусь подобатися. І тому вони, особливо жінки, дуже часто погоджуються на набагато менше, ніж те, чого вони гідні.[17] Примітно, що як чоловікам, так і жінкам із заниженою самооцінкою властиво шукати причини своєї безшлюбності в собі, у своїх внутрішніх недоліках і комплексах. І тоді людина опиняється у замкненому колі: наявність цих комплексів заважає їй знайти супутника життя, а відсутність сім'ї розвиває ці й нові комплекси. І, як результат, такі люди складні у спілкуванні, важко налагоджують стосунки з іншими людьми, вони дуже напружені, незграбні, а зовнішньо — малоцікаві. З іншого боку, люди із завищеною самооцінкою бачать причини своєї безшлюбності більше у

---

[16] Наприклад, у значенні «мотузка» це слово («тіква») вживається в І. Нав. 2:18, коли Рахав блудниця, відпустивши єврейських шпигунів неушкодженими, взяла з них обіцянку, що вони врятують її і всю її сім'ю від загибелі. А ознакою, за якою вони повинні були впізнати саме її будинок, була червона мотузка, прив'язана до її вікна. Для неї ця червона мотузка і виражала надію на порятунок.

[17] Barbara Sroka, *One is a Whole Number* (Victor Books, 1978), 70.

зовнішніх обставинах. Вони часто схильні звинувачувати інших людей і навіть Бога. У спілкуванні вони підозрілі й зарозумілі, вважають, що не потребують стосунків узагалі.

Що таке адекватна самооцінка? Самооцінку людина завжди формує порівнюючи себе з нормою, прийнятою в значимому для цієї людини суспільстві. Але правда в тому, що поняття норми в суспільстві під впливом культури, моди і просто гріховної людської натури постійно змінюється. І тому те, що вважалося чимось «диким», неприйнятним і навіть протиприродним ще п'ятдесят років тому, може вважатися «нормальним» зараз. Тут християни знову мають перевагу: їхня самооцінка будується на основі вічних непохитних стандартів — на Слові Божому. Для християн — це є норма. Це означає, що християнин не повинен дозволяти світській системі цінностей, іншим людям, навіть своєму близькому оточенню визначати себе і свою цінність, але лише Богу в Його Слові. А цей стандарт Слова Божого оцінив кожну людину дуже високо — ціною крові Сина Божого. Усвідомлення християнином цієї істини, що Бог цінує і любить його безумовно, дозволяє його самооцінці піднятися.

З іншого боку, Святе Письмо стверджує, що Бог святий Сам і вимагає такої самої святості і від нас (Лев. 11:44, Мт. 5:48). Якщо кожен християнин подивиться на своє життя чесно, то він визнає, що постійно не «дотягує» до цих високих етичних стандартів Божої святості. Він потребує Божої благодаті й милості, яку Бог уже подарував нам у Христі. Бог дивиться на християнина крізь призму жертви Свого Сина. Він не ставить за провину віруючому його гріхів, але натомість дарує прощення і праведність Христа. Він «спас нас і покликав святим покликанням, — не за наші діла, але згідно зі Своїм наміром і благодаттю, яка дана нам в Ісусі Христі ще перед вічними часами» (2 Тим. 1:9). Усвідомлення своєї ідентичності у Христі, а також своєї потреби в Божій благодаті й милості — ось що дозволяє самооцінці християнина бути адекватною.

Фінансові негаразди — на останньому місці в нашому рейтингу основних проблем, з якими стикаються люди, які не перебувають у шлюбі. Можливо, для християн із успішних країн зі стабільною економікою фінансове питання взагалі не є проблемою, але для слов'ян — це проблема. Особливо це стосується молодих жінок, а також служителів церков, які постійно у служінні. Говорячи про найскладніші аспекти свого безшлюбного життя, одна дівчина з України (23 роки) поділилася зі мною: «Почуваєшся «робочою конякою», — тобі постійно доводиться думати, де заробити гроші, щоб просто прожити. Треба постійно брати відповідальність за всі побутові питання: підтягнути кран, який тече, колесо машини поміняти, газову колонку налагодити. Почуваєшся як напів мужик. Ще й хочеться мати привабливий вигляд..., але інколи просто немає коли про це думати». Така фінансова незахищеність виснажує та пригнічує жінок.

Особисто для мене в цьому ракурсі завжди величезним підбадьоренням слугувала біблійна історія про Рут. Вона опинилася без чоловіка, біженкою в чужій країні та у фінансових злиднях. Але вона не втратила віру в живого Бога. І тому вона змогла не лише здолати всі свої матеріальні труднощі, але ще навіть дуже вдало вийти заміж і народити дитину, яка потім стала прабатьком Христа! Бог благословляє вірних (2 Хр. 16:9).

Тепер розглянемо самотнє проживання і його зв'язок із самотністю.

3.3. Одиночне проживання і зв'язок безшлюбності з самотністю

Як ми зазначали в першому розділі, всім нормальним людям потрібен час і простір для себе — нам усім потрібне усамітнення. Враховуючи сучасні соціальні тенденції, необхідно відзначити існування так званого «институалізованого усамітнення». Це визнане державою та закріплене на законодавчому рівні право людини на приватне життя, особистий простір, найбільш розповсюдженим проявом якого в сучасному суспільстві є «solo-living» — тобто одиночне проживання. Зазначимо, в чому полягають причини популярності такого способу сучасного життя.

Як не дивно, solo-living є найбільш розповсюдженим типом домогосподарств у Західній Європі та Північній Америці. Його обирають більше 50% дорослого населення.[18] І популярність його має тенденцію до зростання, що викликає занепокоєність на тлі зменшення кількості шлюбів, які щороку укладаються, і збільшення розлучень, як у Західній Європі, так і в Північній Америці.[19] Водночас майже всі сучасні західноєвропейські тенденції в шлюбній та демографічній сферах мають місце і в слов'янських суспільствах: наприклад, постійне підвищення віку першо-

---

[18] Що стосується розповсюдження явища solo-living в Україні, то, згідно з даними державної служби статистики України за 2018 р., біля 20% дорослих громадян України проживають у домогосподарствах, які складаються з однієї особи.

[19] Aarno Laihonen, «Trends in Households in the European Union: 1995–2025», *Statistics in Focus*, Theme 3, 24 (2003): 3, https://core.ac.uk/download/pdf/148911875.pdf.

го укладання шлюбу;²⁰ зменшення чисельності шлюбів, які укладаються, на тлі підвищення частки розлучень і спільного проживання (так званого «цивільного шлюбу»).²¹

Для кращого розуміння причин такої популярності усамітненого способу життя в сучасному суспільстві спробуємо об'єктивно проаналізувати переваги й проблеми, пов'язані з одиночним проживанням і безшлюбністю. Серед основних переваг solo-living порівняно з сімейним життям дослідники Белла Де Пауло та Ерік Кліненберг виокремлюють: більшу свободу першого у виборі кола спілкування й часу усамітнення; більшу мобільність і незалежність у прийнятті рішень; відсутність відповідальності й зобов'язань, пов'язаних із турботою і забезпеченням сім'ї; ширші можливості для власної реалізації, професійного росту, саморозвитку і участі в громадській діяльності; більше часу для спілкування з друзями, батьками, родичами.²² Те, що сімейні люди стають менш уважними до друзів і батьків, ніж коли вони були «без пари», на нашу думку, пояснюється тим, що одружені люди, особливо, в перші п'ять років свого подружнього життя, схильні звужувати своє соціальне коло і більше зосереджуватися на стосунках одне з одним.

Ерік Кліненберг дещо оптимістично зазначає, що

«... люди молодшого та середнього віку, які проживають самі, допомогли оживити громадське життя міст, адже вони частіше, ніж ті, хто проживає з кимось, проводять час із друзями й сусідами, відвідують бари, кафе і ресторани, беруть участь у неформальній соціальній діяльності. Культурне

---

[20] Хоча цей показник в Україні все-таки нижчий, ніж у більшості країн Європи, але станом на 2018 р. середній вік реєстрації першого шлюбу для жінок складає 25 років, а для чоловіків — майже 28 років (порівняно з 21 і 24 у 1990 р. відповідно). Також кількість шлюбів, які укладаються до 18 років, зменшується (1% шлюбів порівняно з трохи менше як 10% в середині 90-х). Див.: «Шлюби і розірвання шлюбів», Держстат України, 2009–2019, http://database.ukrcensus.gov.ua/MULT/Dialog/statfile_c_files/shlub.html.

[21] Інформація наводиться за даними Держстату України. Хоча кількість розлучень 2017 р. в Україні скоротилася порівняно з 1990-ми роками, але у відсотковому співвідношенні 2017 р. 55,6% шлюбів завершилося розлученням, тоді як у 1990-х роках цей відсоток дорівнював 40%. Див.: Держстат України, 2009–2019, http://database.ukrcensus.gov.ua/MULT/Dialog/statfile_c_files/shlub.html.

[22] Bella De Paulo, «Single in a Society Preoccupied with Couples», in *The Handbook of Solitude: Psychological Perspectives on Social Isolation, Social Withdrawal, and Being Alone*, edited by Robert J. Coplan, Julie C. Bowker (Hoboken, New Jersey: Wiley Blackwell, 2014), 302; Eric Klinenberg, *Going Solo: The Extraordinary Rise and Surprising Appeal of Living Alone* (New York: Penguin, 2012), 302, 102.

сприйняття одиночного проживання допомогло звільнити жінок від поганих шлюбів і гнітючих сімей...»[23]

До подібного висновку доходить і соціологиня Руна Сімпсон у своєму нещодавньому дослідженні жінок, які ніколи не виходили заміж. За її словами, певний відсоток таких «жінок вважає своє безшлюбне життя позитивним досвідом особистісного росту», заснованим на усвідомленні своєї здатності вести власне домогосподарство самостійно, без допомоги чоловіків. Це, звісно, кидає виклик ідеї традиційних статевих ролей і взаємодоповнюваності жінок і чоловіків».[24]

Проте, незважаючи на всі згадані переваги одиночного проживання, воно також пов'язане із певними викликами.Чисельні дослідження стверджують, що люди, які живуть без пари й окремо, зазнають більшого ризику страждати від соціальної ізоляції чи самотності[25]. Одиночний спосіб життя одночасно вимагає від людей певної економічної стабільності і незалежності. Ось чому держави заохочують молодих людей жити окремо. Це економічно вигідніше для держави. Адже кожній людині, яка живе окремо, знадобляться окрема плита, холодильник, пральна машина, автівка тощо. І заради власного комфорту вона обере швидше все це придбати, ніж ділити з кимось, якби вона жила в сім'ї. Отже, в таких суспільствах, де більшість людей живе окремо і цінує комфорт, на ці речі завжди буде попит.

Але шлюб є більш вигідним соціальним статусом, оскільки він зазвичай гарантує більш безпечне матеріальне становище для членів сімей. Адже, припустимо, що людина, яка живе окремо, захворіла чи, що ще гірше, втратила працездатність. Хто попіклується про неї тоді? А для багатьох, особливо жінок, які живуть окремо, та вдів середнього і старшого віку, догляд за домогосподарством стає тягарем, оскільки вони

---

[23] Klinenberg, *Going Solo*, 230–231.

[24] Simpson, «Singleness and Self-identity: The Significance of Partnership Status in the Narratives of Never-Married Women», *Journal of Social and Personal Relationships* 33.3 (2016): 395, https://doi.org/10.1177/ 0265407515611884.

[25] Наприклад, див.: Adamczyk K. «An Investigation of Loneliness and Perceived Social Support Among Single and Partnered Young Adults» *Curr Psychol*. 2016, 35(4):674–689. doi: 10.1007/s12144-015-9337-7; Жанна Пузанова, «Социологическое измерение одиночества» (Автореф. дисс. док. социол. наук. Москва, 2009), 11; Béatrice D'Hombres et al., «Loneliness — an Unequally Shared Burden in Europe», *Science for Policy Briefs: European Union* 4 (2018): 3–4, https://ec.europa.eu/jrc/en/research/crosscutting-activities/fairness; Roona Simpson, «Singleness and Self-Identity», 396.

зазвичай мають менше джерел доходу, аніж заміжні, і тому перебувають у менш стабільних економічних умовах.[26]

Викликає занепокоєність, що зростання популярності solo-living і збільшення частки розлучень сигналізує про сучасні процеси підсилення егоцентричності і зниження прив'язаності до інших. Адже людина, яка довгий час живе сама, звикає рахуватися переважно лише зі своїми бажаннями та інтересами, основним її мотивом може стати життя заради власного задоволення і комфорту.[27] А це чистий егоїзм.

На думку Еріка Кліненберга, одним із таких мотивів, який спонукає людей лишатися без пари чи навіть розривати стосунки, є їхня внутрішня самотність, відчуття спустошеності і нездатність спільно проживати з іншими людьми. Він пише:

> «Незалежно від того, наскільки соціально активною, професійно успішною чи здатною жити окремо може зробити себе людина, є щось унікально потужне в близькому зв'язку, створеному, коли людина ділиться своєю оселею з іншою. Проте є дещо унікально болюче в тому, щоб ділитися оселею з тим, хто розтратив чи зловживав цією близькістю і довірою. (...) Одна з причин, з якої так багато людей розлучаються, — це те, що вони самотні одне з одним».[28]

Через розповсюдженість явища solo-living ідея спільної посвяти в стосунках і належності, яка є нормою для подружнього життя, також є під загрозою. Адже подружнє життя все-таки передбачає більший ступінь посвяти, близькості і взаємного пізнання, ніж всі інші типи стосунків.

Цікаво, що в Біблії для позначення такої близькості в міжособистісних стосунках вживається фраза «одне тіло» лише стосовно подружжя (Бут. 2:24; Мт. 19:6) і віруючих, які сукупно являють Тіло Христове (Рим. 12:5; 1 Кор. 10:17, 12:12, 13; Еф. 3:6, 4:4).[29] Отже, подружжя, так само як і церква, є образом єдності, сукупності і цільності у Христі. Тому

---

[26] Див.: Karen T. Seccombe, Rebeca L. Warner, *Marriages and Families: Relationships in Social Context* (Belmont: Thomson/Wadsworth, 2004), 292; Leslie A. Morgan, *After Marriage Ends: Economic Consequences for Midlife Women* (London: Sage, 1991), 29.

[27] Roona Simpson, «The Intimate Relationships of Contemporary Spinsters», *Sociological Research Online* 11, 3, http://www.socresonline.org.uk/11/3/simpson.html.

[28] Klinenberg, *Going Solo*, 84.

[29] Текст 1 Кор. 6:15–16 є особливо цікавим, оскільки порівнює фізичну єдність в одній «плоті» (грец. «sarx») чоловіка і дружини в шлюбі та духовний союз в одному «тілі» (грец. «sola») тих, хто вірить у Христа.

вплив, зокрема, церковної спільноти відіграє дуже важливу роль для нормального розвитку людини і подолання нею почуття самотності.

Висновки до третього розділу

Ми вже вказували, що незадоволення потреби у прив'язаності чи інтимній близькості є однією з проблем, пов'язаних із безшлюбністю і одиночним проживанням. З погляду християнської моралі, сексуальні стосунки повинні супроводжуватися довірою, відданістю, турботою у законному шлюбі. Але для невіруючих, які живуть окремо і без пари, секс і посвячення, характерні для шлюбу, — це різні та окремі речі. Тепер християни, які за своїми релігійними міркуваннями обирають зберігати незайманість до шлюбу, часто стикаються з нерозумінням і критикою з боку своїх сучасників. Їх вважають дивними, старомодними, вузьколобими. І, як наслідок, вони почуваються культурно самотніми. У сучасній світській культурі сексуальна активність розглядається як основа людської ідентичності — того, що означає бути справжнім чоловіком чи справжньою жінкою. Проте свідомий вибір християнина на користь цнотливості є кроком до кращого розуміння віруючим своєї справжньої ідентичності, заснованої не на сексуальності, сімейному статусі чи ролі, а на належності до Христа.

Як ми вже казали, на відміну від безшлюбності часів першої церкви, сучасне явище solo-living не переслідує ціль навчання віруючих якихось духовних практик, а є проявом індивідуалістичних ідеалів свободи й комфорту. І хоча одиночний спосіб життя зручніший, приносить більше моральне задоволення власним життям, проте він може поглиблювати відчуття соціальної самотності та ізоляції.

Можливо, така популярність одиночного способу життя є однією з ознак «останнього часу», про які попереджають біблійні автори. Наприклад, апостол Павло у Другому посланні до Тимофія пише: «Знай же, що в останні дні настануть скрутні часи. Бо люди будуть самолюбні, (…) недружелюбні, непримиренні, (…) зрадники…» (2 Тим. 3:1–4). Цей грецький термін «недружелюбні» описує людину, позбавлену прив'язаності до родичів чи друзів, позбавлену почуття любові й близькості. Тобто Святе Письмо попереджає, що в останні часи люди стануть особливо нездатні уживатися разом. Схоже на сучасну ситуацію. Ми, як народ Божий, повинні усвідомлювати цю небезпеку та протистояти цим сучасним суспільним тенденціям, будуючи та зберігаючи міцні християнські сім'ї та спільноти, щоб протистояти самотності та ізоляції. Ми повинні розуміти, що диявол так само ненавидить міцні традиційні сім'ї, особливо християнські, як і церкву. І він зробить усе можливе, щоб зруйнувати їх або не дати їм утворитися. Тому хай буде сім'я і хай буде церква.

ВИСНОВКИ

Ця книга, яка складається з трьох незалежних частин, має на меті донести одну думку про те, що ми не створені для самотності. У кожному з нас є вроджене бажання належати і бути прийнятим у Божому задумі. І, як каже Святе Письмо, двом краще, ніж одному. Проте в цьому розбитому світі ми часто страждаємо від різноманітної самотності. Ми виявили, що існує принаймні п'ять відмінних типів самотності — соціальна, емоційна, культурна, екзистенційна та духовна. Біблійні історії дають нам зрозуміти, як виникає кожен із цих видів самотності та що ми можемо зробити, щоб із ними впоратися.

Крім того, ми спробували проілюструвати всі п'ять типів самотності через життєві історії реальних людей, яких ми знаємо особисто і яких опитали, щоб проаналізувати найважливіші причини самотності та найефективніші способи її подолання. Ми вважаємо, що корінь проблеми майже кожного типу самотності полягає в порушенні ідентичності. Отже, відновлення нашої справжньої ідентичності як християн є головною метою подолання нашої самотності. У цьому процесі основними стратегіями, які допомагають успішно подолати самотність, є усамітнення, особисті молитви-роздуми над Святим Письмом, виявлення та зміна наших саморуйнівних думок і поведінки.

Врешті-решт, ми написали останню частину книги для неодружених християн. Ми провели тривале дослідження того, яке місце в історії християнської церкви займають самотність і одинокий спосіб життя та як вони впливають на самотність. Усе це було зроблено, щоб допомогти неодруженим християнам із даром безшлюбності виявити й прийняти свій дар і служити Господу найбільш ефективно. А ті християни, які незадоволені своїм безшлюбним станом, які знають, що шлюб — це воля Божа щодо їхнього життя, сподіваємося, знайдуть тут якісь цінні ідеї, як подолати самотність в очікуванні виконання Божої волі щодо них у шлюбі.

Ми вважаємо, що так само, як правильний діагноз є вирішальним для успішного лікування будь-якої хвороби, також важливо визначити, від якого типу самотності ми страждаємо, перш ніж намагатися його лікувати. Ми також з'ясували, як самотність пов'язана зі стилем прив'язаності. У кінці книги ми надаємо унікальну анкету, яка допоможе читачеві визначити свій тип самотності та її рівень, а також стиль, за яким ми будуємо наші стосунки.

Додаток 1

Визначення типу й рівня самотності

Інструкція: Пропонуємо заповнити цю анкету, щоб дізнатися, який тип і рівень самотності у вас є, а також чи можете ви якнайкраще використовувати свій час на самоті чи ні. Будь ласка, уважно прочитайте наведені нижче твердження та висловіть свою згоду чи незгоду з ними, пригадавши, як ви особисто реагували у такій ситуації. Відповідь, яка першою спала вам на думку, краще дати якомога щиріше. Якщо наведена нижче ситуація вас не стосується, позначте відповідь «Зовсім не згоден». Впишіть число у відведене місце, використовуючи цю шкалу оцінювання: Зовсім не згоден = 0, Радше не згоден = 1, Радше згоден = 2 і Повністю згоден = 3. ЗВЕРНІТЬ УВАГУ, що пункти, позначені (R), оцінюються в зворотному порядку! (Зовсім не згоден = 3, Радше не згоден = 2, Радше згоден = 1 і Повністю згоден = 0).

№	Твердження	Зовсім не згоден 0 (R - 3)	Радше не згоден 1 (R - 2)	Радше згоден 2 (R - 1)	Повністю згоден 3 (R - 0)
1.	У мене є близькі люди, з якими я можу поділитися своїми сокровенними думками й почуттями (R) [1]				
2.	Я впевнений(-а), що мої друзі прийдуть на допомогу, коли мені це знадобиться (R)				
3.	Я відчуваю, що в моїх стосунках мені не вистачає душевної близькості й емоційної теплоти				

---

[1] Твердження 1, 2, 7, 15 і 33 були запозичені з SELSA, однак ми змінили початкову фразу «романтичний або подружній партнер» на «близькі люди», оскільки вона краще слугує нашому дослідженню. Для довідки див. Enrico DiTommaso, Barry Spinner, «The Development and Initial Validation of the Social and Emotional Loneliness Scale for Adults «SELSA»», *Personality and Individual Differences* 14 (1993): 127–134.

№	Твердження	Зовсім не згоден	Радше не згоден	Радше згоден	Повністю згоден
		0 (R - 3)	1 (R - 2)	2 (R - 1)	3 (R - 0)
4.	Я довіряю керівництву Божому у своєму житті, хоча і не завжди розумію його (R)				
5.	Коли я залишаюся сам на сам із собою, я відчуваю значний дискомфорт [2]				
6.	У мене є хобі, улюблена справа чи служіння, яке я із задоволенням виконую в своїй громаді (R)				
7.	Я відчуваю, що я і моя сім'я — це одне ціле (R)				
8.	Мені бракує близьких, довірливих стосунків, заснованих на взаємному коханні і прив'язаності				
9.	У мене є друзі, з якими я регулярно і з задоволенням спілкуюся (R)				
10.	Бог здається байдужим і далеким від мене [3]				
11.	На цей момент я не відчуваю справжнього кохання й підтримки від свого чоловіка/дружини/партнера у близьких стосунках				
12.	Щоб зрозуміти чи відчути якісь важливі речі, людині потрібно залишатися наодинці з собою (R)				
13.	Здається, що в моїй церкві/громаді нема практично жодної людини, яка б щиро піклувалася про мене [4]				

---

[2] Твердження 5, 12, 16, 39, 40 і 41 були сформульовані на основі шкали LACA. Для посилань див.: Alfons, Marcoen, Luc Goossens and Paul Caes, «Loneliness in Pre through Late Adolescence: Exploring the Contributions of a Multidimensional Approach», *Journal of Youth and Adolescence* 16 (1987): 561–577.

[3] Твердження 10 та 23 були сформульовані на основі шкали Spiritual Well-Being Scale. Див: Craig W. Ellison, «Spiritual Well-Being: Conceptualization and Measurement», *Journal of Psychology and Theology* 11, 4 (1983): 330–338.

[4] Твердження 13, 34 були сформульовані на основі шкали Differential Loneliness Scale — short student version. Для подальшої інформації, див.: Nancy Schmidt, Vello Sermat, «Measuring Loneliness in Different Relationships», *Journal of Personality and Social Psychology* 44 (1983): 1038–1047.

№	Твердження	Зовсім не згоден 0 (R - 3)	Радше не згоден 1 (R - 2)	Радше згоден 2 (R - 1)	Повністю згоден 3 (R - 0)
14.	Серед інших людей я часто почуваюся «не в своїй тарілці» [5]				
15.	У мене є близькі люди, які завжди готові мене підтримати чи підбадьорити, коли я цього потребую (R)				
16.	Я люблю залишатися наодинці з собою (R)				
17.	Суспільство навколо викликає у мене відторгнення і огиду				
18.	Моє спілкування з Богом є дуже близьким і емоційним (R) [6]				
19.	У моєму житті немає друзів, які розуміють мене і розділяють мої переконання				
20.	Мало хто з мого кола розділяє мої принципи, ідеали й цінності				
21.	Від мене по суті в житті нічого не залежить				
22.	Я вважаю, що краще не надто покладатися на Бога				
23.	Я думаю, що Бог любить мене безумовно і допомагає мені (R)				
24.	Моє найближче оточення підтримує мене в моїх захопленнях і покликанні (R)				
25.	Мені здається, що Бог не завжди справедливий				

---

[5] Ідеї для тверджень 14, 29 і 39 були запозичені зі шкали Motivation for Solitude Scale — Short Form (MSS-SF). Див.: Virginia Thomas, Margarita Azmitia, «Motivation Matters: Development and Validation of the Motivation for Solitude Scale — Short Form (MSS-SF)», *Journal of Adolescence* 70 (2019): 33–42.

[6] Твердження 18, 22, 32, 43 запозичені з Attachment to God Inventory (AGI). Див: Richard, Beck, Angie McDonald, «The Attachment to God Inventory, Tests of Working Model Correspondence, and an Exploration of Faith Group Differences», *Journal of Psychology and Theology* 32, 2 (2004): 92–103. https://doi:10.1177/009164710403200202.

№	Твердження	Зовсім не згоден	Радше не згоден	Радше згоден	Повністю згоден
		0 (R - 3)	1 (R - 2)	2 (R - 1)	3 (R - 0)
26.	Іноді у мене виникає відчуття, що я нібито належу іншій країні чи культурі				
27.	Життя здається мені доволі нудним і безглуздим				
28.	Мені здається, що люди вважають мене не зовсім адекватним (-ною)				
29.	Я шукаю можливості побути наодинці, щоб зайнятися тим, що мені дійсно цікаво (R)				
30.	Я почуваюся «білою вороною» — людиною, яка дуже сильно відрізняється від інших				
31.	Я цілком задоволений(-а) тим, як я прожив(-ла) своє життя (R)[7]				
32.	Я просто не відчуваю глибокої потреби у близьких стосунках із Богом				
33.	У мене немає жодної людини з моєї родини, на підтримку якої я б міг (могла) розраховувати				
34.	У цей момент у мене є такі стосунки, які приносять взаємне емоційне задоволення (R)				
35.	Я бачу певні цілі в своєму житті (R)				
36.	Я відчуваю, що ніхто по-справжньому не розуміє мої почуття і переживання				
37.	Я впевнений(-а), що Бог готовий чути мене щоразу, коли я звертаюся до Нього (R)				
38.	Як не прагни, а в житті нічого змінити неможливо				

---

[7] Твердження 31, 34 були сформульовані на основі шкали Existential Loneliness Questionnaire (ELQ): Aviva M. Mayers et al., «The Existential Loneliness Questionnaire: Background, Development, and Preliminary Findings», *Journal of Clinical Psychology* 58 (September 9, 2002): 1183–1193.

№	Твердження	Зовсім не згоден 0 (R - 3)	Радше не згоден 1 (R - 2)	Радше згоден 2 (R - 1)	Повністю згоден 3 (R - 0)
39.	Усамітнення допомагає мені розібратися в собі і краще себе зрозуміти (R)				
40.	Вірогідність того, що я можу лишитися самотнім(-ою) на все життя, лякає мене				
41.	Коли я наодинці з собою, думки про самотність гнітять мене				
42.	Моє життя сповнене глибокого сенсу (R)				
43.	Я часто переживаю, чи задоволений Бог мною				

Підрахунок балів

Емоційна самотність = сума тверджень: 1, 3, 8, 11, 15, 34

Соціальна самотність = сума тверджень: 2, 6, 7, 9, 13, 14, 19, 33

Культурна самотність = сума тверджень: 17, 20, 24, 26, 28, 30, 36

Екзистенційна самотність = сума тверджень: 21, 27, 31, 35, 38, 42

Духовна самотність = сума тверджень: 4, 10, 18, 22, 23, 25, 32, 37, 43

Відраза до усамітнення = сума тверджень: 5, 12, 16, 29, 39, 40, 41.

Рівень Тип самотності	Низький рівень самотності, сума тверджень	Середній рівень самотності, сума тверджень	Високий рівень самотності, сума тверджень
Емоційна	0–5	6–11	12–18
Соціальна	0–7	8–15	16–24
Культурна	0–6	7–13	14–21
Екзистенційна	0–5	6–11	12–18
Духовна	0–8	9–17	18–27
Відраза до усамітнення	0–6	7–13	14–21

Інтерпретація результатів

Нижче ви можете знайти інтерпретацію результатів відповідно до кожного типу та рівня самотності.

1. Емоційна самотність

1.1. Низький рівень емоційної самотності: у вас немає проблем зі встановленням надійних глибоких стосунків зі своїми близькими. Вам легко виявляти емоційну прив'язаність у стосунках, як нових, так і раніше сформованих. Іншим людям зазвичай легко емоційно зближуватися з вами й отримувати велике задоволення від своїх стосунків із вами. Ви дуже впевнені в собі, і ви не витрачаєте час на хвилювання про успіх чи провал ваших стосунків. Таке ставлення допомагає вам бути набагато спокійнішим(шою) у міжособистісних стосунках, результатом чого є їхнє процвітання та стабільність.

1.2. Середній рівень емоційної самотності: хоча ви можете емоційно присвятити себе близьким стосункам, іноді вам важко будувати надійні глибокі стосунки з близькими людьми, засновані на взаємній довірі. Будьте обережні, щоб брак довіри не зіпсував ваші стосунки, оскільки це може змусити людей уникати вас. Отже, якщо ви спробуєте не боятися відкинення, більше розкриєтесь у своїх стосунках із близькими людьми та отримаєте від них більше задоволення, у вас буде стабільний розвиток взаємин та успіх у них.

1.3. Високий рівень емоційної самотності: результати вашого тесту виявили, що у вас відносно високий рівень емоційної самотності. Емоційна самотність виникає за відсутності надійної емоційної прив'язаності у стосунках, коли немає почуття глибокого розуміння, належності, єдності та прийняття з боку іншої значимої людини. Можливо, це означає, що іншим людям також важко емоційно зблизитися із вами і вони не отримують особливого задоволення від своїх стосунків з вами. Докладання зусиль, аби позбутися негативних думок і очікувань поразки чи відкинення, відкрити себе для більш довірливих стосунків, а також ваша впевненість у собі можуть допомогти вам бути більш емоційно стабільним, більше насолоджуватися стосунками з близькими і створювати нові глибокі та довірливі взаємини.

2. Соціальна самотність

2.1. Низький рівень соціальної самотності: соціальна самотність означає почуття незадоволеності кількістю соціальних стосунків. Розвивається, коли людина позбавлена можливості повноцінного спілкування та взаєморозуміння з іншими людьми. Проте результати цього тесту свідчать про відсутність у вас соціальної самотності на даний момент. Вітаємо вас із гарним спілкуванням, взаєморозумінням і зв'язком з іншими значущими людьми у вашому житті!

2.2. Середній рівень соціальної самотності: результати вашого тесту виявили, що ви відчуваєте середній рівень такої самотності. Соціальна самотність означає незадоволеність кількістю соціальних стосунків через відсутність змістовного спілкування та розуміння з іншими людьми. Цей тип самотності часто розвивається, наприклад, через погані соціальні навички людини, під час тривалого відрядження в нову місцевість або після переїзду за кордон чи приєднання до нової групи. Зазвичай немає нічого серйозного для занепокоєння, оскільки кожен іноді може почуватися самотнім. Однак це може стати проблемою, якщо ці почуття тривалі та постійні, навіть якщо вас оточують друзі чи родина.

2.3. Високий рівень соціальної самотності: ваші відповіді на цей тест виявили, що ви страждаєте від надзвичайної та важкої соціальної самотності. Певне тимчасове відчуття самотності є нормальною частиною життя більшості людей. Але коли ваша самотність переважає і триває довше, ніж зазвичай, це може бути ознакою того, що соціальні зв'язки з іншими людьми у вашому житті не зовсім збалансовані. Можливо, спроби бути більш відкритими з вашого боку, щоб створити нові дружні стосунки з людьми або спілкуватися з членами вашої родини, яким ви довіряєте, вимагатимуть певних зусиль і часу, але вони того варті. Адже такі кроки допомагають багатьом людям позбутися відчуття соціальної самотності.

3. Культурна самотність

3.1. Низький рівень культурної самотності: ваші результати свідчать про те, що у вас немає культурної самотності. Це може означати, що ви відчуваєте себе невід'ємною частиною суспільства, до якого належите, і що ви цілком задоволені культурними нормами, які в ньому домінують.

3.2. Середній рівень культурної самотності: ви відчуваєте помірну культурну самотність, яка проявляється, коли людина вважає культуру, загальноприйняту в суспільстві, неприйнятною. Люди часто відчувають такий тип самотності, наприклад, у суспільствах, які швидко змінюються соціально та культурно, що може сприяти розриву між поколіннями та соціальній нерівності. Іноді ви відчуваєте, що не можете відповідати нормам суспільства, у якому живете.

3.3. Високий рівень культурної самотності: високий рівень культурної або пророчої самотності, який спостерігається у вас, свідчить про помітну відстороненість від вашого культурного оточення та про ваше неприйняття суспільних норм і цінностей, загальноприйнятих у певній спільноті. Для багатьох відданих Богу християн така самотність часто є природним наслідком виконання волі Божої: що більше людина усвідомлює своє покликання від Бога, то більш «чужим» здається їй навколишній світ. Такий тип самотності був властивий і видатним людям історії, чиї прогресивні ідеї значно випереджали свій час. Подібну самотність відчували майже всі пророки, згадані на сторінках Біблії: Мойсей; Ілля; Єремія, апостол Павло і сам Ісус. Можливо, ви одна з таких людей!

4. Екзистенційна самотність

4.1. Низький рівень екзистенційної самотності: результати цього тесту виявляють, що у вас дуже мало або майже немає екзистенційної самотності. Це може означати, що ви людина, яка перебуває в повній гармонії та єдності з собою, маєте розуміння сенсу свого життя та призначення, чітке усвідомлення своєї унікальності та свого місця у Всесвіті. Продовжуйте так само!

4.2. Середній рівень екзистенційної самотності: ваші результати відповідають середньому рівню екзистенційної самотності, що може вказувати на те, що ви шукаєте сенс і мету життя. Як не дивно, така екзистенційна самотність часто є наслідком певних болісних обставин чи страждань у житті людини. Однак такий досвід зазвичай призводить до внутрішнього зростання та більшого усвідомлення фундаментальної унікальності людини, її місця та мети у всесвіті, свого «Я», якщо людина не полишає цей пошук.

4.3. Високий рівень екзистенційної самотності: результати цього тесту виявляють, що ви відчуваєте гостру екзистенційну самотність. Така екзистенційна самотність настає тоді, коли людина втрачає гармонію та єдність із собою. Це відчувається як певне самовідчуження та розчарування в житті і часто виражається в пошуках сенсу життя. Відповідно, така самотність долається усвідомленням людиною своєї принципової унікальності, розумінням свого місця в житті, призначення й ідентичності.

5. Духовна самотність

5.1. Низький рівень духовної самотності: результати вашого тесту виявили, що ви майже не відчуваєте духовної самотності. Це означає, що ваші стосунки з Богом, здається, базуються на довірі та надійній прив'язаності до Нього. Вам подобається особисте спілкування з Ним, незважаючи на незрозумілі або навіть сумні події, які часом трапляються у вашому житті.

5.2. Середній рівень духовної самотності: результати вашого тесту вказують на середній рівень духовної самотності. Це може означати, що у вас є особисті стосунки з Богом, але на цей момент їм бракує довіри, емоційної близькості та надійності. Зазвичай ви впевнені у вірності та любові Бога особисто до вас, але іноді, можливо, під впливом певних життєвих обставин починаєте в цьому сумніватися.

5.3. Високий рівень духовної самотності: результати вашого тесту виявили, що у вас відносно високий рівень духовної самотності. Духовна самотність — це переживання розриву чи відсутності зв'язку та довіри у стосунках людини з Богом. Такий тип самотності властивий людям, які або ніколи не мали досвіду особистих, довірливих стосунків із Богом, або тим віруючим, які через певні життєві обставини відчувають, що Бог покинув їх чи навіть зрадив. Духовна самотність часто відчувається як покинутість Богом. Ми віримо, що таку самотність пережив Ісус на хресті, коли звернувся до свого Бога й Отця: «Боже Мій, Боже Мій, — нащо Мене Ти покинув?» (Мр. 15:34). Саме це почуття духовної відчуженості від Бога пережив Ісус Христос, зазнаючи смерті на хресті, щоб знищити людську відчуженість, відокремленість від Бога, подолати вічну духовну самотність усіх людей і наблизити їх до Отця Небесного. Тож тепер ми можемо з упевненістю і вірою наближатися до Бога!

6. Відраза до усамітнення

6.1. Низький рівень відрази до усамітнення: ви досить позитивно ставитеся до усамітнення. Найімовірніше, вам подобається час, проведений наодинці, навіть якщо це не було заплановано. Ви вмієте ефективно використовувати час усамітнення. Ви навіть цілеспрямовано шукаєте його, тому що надмірне спілкування з людьми виснажує вас. Таке позитивне ставлення та вміння ефективно проводити час на самоті допомагає вам справитися із самотністю.

6.2. Середній рівень відрази до усамітнення: середній рівень відрази до усамітнення означає, що ви зазвичай досить добре використовуєте час, проведений наодинці, з користю та для самореалізації. Однак іноді ваше усамітнення на цьому етапі життя має відтінок самотності. Якщо ви продовжуватимете втікати або лякатися залишатися на самоті, це може загострювати вашу самотність. Однак усамітнення є гарним часом для відпочинку, відновлення душевної рівноваги, самореалізації та усвідомлення своєї ідентичності.

6.3. Високий рівень відрази до усамітнення: результати тесту підтверджують, що у вас високий рівень відрази до усамітнення. Усамітнення в основному асоціюється з неприємними для вас почуттями. Річ у тім, що така огида до усамітнення може збільшити вашу вразливість до самотності, коли ви наодинці. А позитивне ставлення людини до усамітнення може, навпаки, захистити від самотності, коли людина залишається одна. Тому важливо навчитися не боятися бути усамітненим, адже це можливість замислитися над своїм шляхом, своєю роллю, своїм місцем у житті, переосмислити його; навчитися використовувати час усамітнення для самореалізації, творчості чи допомоги іншим. Такі ваші кроки з часом принесуть добрі плоди у вашому житті, тому що самотність може подолати лише той, хто витримує усамітнення.

АНКЕТА СТОСУНКІВ (RQ)[1]

Це анкета з 4 пунктів, розроблена для визначення вашого стилю прив'язаності. Нижче наведено чотири загальні стилі стосунків, про які люди часто повідомляють. Поставте позначку біля літери, що відповідає стилю, який найкраще описує вас або є найближчим до вас.

_____ а) Для мене легко емоційно зближуватися з іншими людьми. Мені зручно залежати від них і приймати їхню залежність від мене. Я не переживаю про те, що вони можуть залишити чи відкинути мене.

_____ б) Мені некомфортно емоційно зближуватися з іншими людьми. Я хочу емоційно близьких стосунків, але мені важко повністю довіряти іншим чи залежати від них. Мене лякає думка, що мені буде боляче, якщо я дозволю собі стати надто близьким до інших.

_____ в) Я хочу бути максимально емоційно близьким з іншими, але я часто відчуваю, що інші не хочуть наближатися настільки, наскільки хотілося б мені. Мені некомфортно, коли у мене немає близьких стосунків, але я іноді хвилююся, що інші не цінують мене настільки, наскільки я ціную їх.

_____ г) Мені зручно без близьких емоційних стосунків. Для мене дуже важливо почуватися незалежною і самодостатньою людиною, і я вважаю за краще не залежати від інших, а також щоб інші не залежали від мене.

Ключі:
Літери відповідають безпечному (а), хаотичному або дезорганізованому (б), амбівалентно-тривожному або залежному (в) та відстороненому (г) стилям прив'язаності.

---

[1] Kim Bartholomew, Leonard M. Horowitz, «Attachment Styles Among Young Adults: A Test of a Fourcategory Model», *Journal of Personality and Social Psychology* 61 (1991): 226–244.

Бібліографія

Ambrose of Milan. 1896. «Concerning Virginity». Book I, chapter 6. In *Nicene and Post-Nicene Fathers*, Second Series. Vol. 10. Translated by H. de Romestin, E. de Romestin, and H.T.F. Duckworth, eds. Philip Schaff and Henry Wace. Buffalo, NY: Christian Literature Publishing Co. https://www.newadvent.org/fathers/34071.htm.

Anderson-Mooney, Amelia J., Marcia Webb, Nyaradzo Mvududu and Anna M. Charbonneau. 2015 «Dispositional Forgiveness and Meaning-Making: The Relative Contributions of Forgiveness and Adult Attachment Style to Struggling or Enduring With God». *Journal of Spirituality in Mental Health* 17 no. 2: 93, DOI: 10.1080/19349637.2015.985557.

Andre, Rae. 1991. *Positive Solitude: A Practical Program for Mastering Loneliness and Achieving Self-Fulfillment.* New York: Harper Collins.

Aristotle. 1995 «Politics». Pages 1986–2129 in vol. 2 of *The Complete Works of Aristotle*, ed. Jonathan Barnes. Princeton: Princeton University Press.

Augustine of Hippo. 1887. «On Holy Virginity». In *Nicene and Post-Nicene Fathers*, First Series, Vol. 3. Translated by C.L. Cornish. Edited by Philip Schaff. Buffalo, NY: Christian Literature Publishing Co. http://www.newadvent.org/fathers/1310.htm.

Augustine of Hippo. 1888. «Homily 4 on the First Epistle of John». In *Nicene and Post-Nicene Fathers*, First Series, Vol. 7. Translated by H. Browne, edited by Philip Schaff. Buffalo, NY: Christian Literature Publishing Co. http://www.newadvent.org/fathers/170204.htm.

Augustine of Hippo. 1888. «Homily 4 on the First Epistle of John». Pages 481–487 in vol. 7 of *Nicene and Post-Nicene Fathers, First Series*. Translated by H. Browne, edited by Philip Schaff. Buffalo, NY: Christian Literature Publishing Co. http://www.newadvent.org/fathers/170204.htm.

Augustine of Hippo. 1955. *Confessions.* Newly translated and edited by Albert C. Outler. https://faculty.georgetown.edu/jod/augustine/conf.pdf.

Ballenger, Mark. «3 Strategies to Win the War on Lust in 2022». Youtube. Accessed December 20, 2022. https://www.youtube.com/watch?v=Amdu9vMWBrk.

Ballenger, Mark. «How to Deal with the Hardest Parts of Singleness: Loneliness, Confusion, Anger towards God». Youtube. Accessed December 20, 2022. https://www.youtube.com/watch?v=YX5-py23vLk.

Ballenger, Mark. 2017. *The Ultimate Guide to Christian Singleness.* CreateSpace Independent Publishing Platform.

Ballenger, Mark. «5 Things That Mean God Is Preparing You to Find True Love Soon». Youtube. Accessed January 16, 2022. https://youtube/uiCvRNIMTBM.

Barclay's Daily Study Bible. «1 Corinthians 7». In *Bible Commentaries*. Accessed December 20, 2022. https://www.studylight.org/commentaries/eng/dsb/1-corinthians-7.html.

Barth, Karl. 1958. «Church Dogmatics. The Doctrine of Creation». In *The Work of Creation*, Vol. 3, Part 1. Translated by J. W. Edwards, O. Bussey, H. Knight, edited, G. W. Bromiley, T. F. Torrance. London: TandT Clark International.

Bartholomew, Kim, Leonard M. Horowitz. 1991. «Attachment Styles among Young Adults: A Test of a Four Category Model». *Journal of Personality and Social Psychology* 61: 226–244.

Basil of Caesarea. 1895. «Letter 199, Concerning fallen virgins». In *Nicene and Post-Nicene Fathers*, Second Series, Vol. 8. Translated by Blomfield Jackson, edited by Philip Schaff and Henry Wace. Buffalo, NY: Christian Literature Publishing Co http://www.newadvent.org/fathers/3202199.htm.

Basil of Caesarea. 1999. «An Ascetical Discourse and Exhortation on the Renunciation of the World and Spiritual Perfection». In *Ascetical Works*, edited by M. Monica Wagner. Washington: The Catholic University of America Press, muse.jhu.edu/book/20872.

Basil the Great. «Second Canonical Epistle». Rule 18. Accessed December 20, 2022. https://people.ucalgary.ca/~vandersp/Courses/texts/cappadoc/basilcep.html#CXCIX.

Baumeister, Roy F., Mark R. Leary. 1995. «The Need to Belong: Desire for Interpersonal Attachments as a Fundamental Human Motivation». *Psychological Bulletin* 117.3: 497–529. doi:10.1037/0033-2909.117.3.497.

Beck, Richard, Angie McDonald. 2004. «The Attachment to God Inventory, Tests of Working Model Correspondence, and an Exploration of Faith Group Differences». *Journal of Psychology and Theology* 32.2: 92–103. doi:10.1177/009164710403200202.

Blue Letter Bible. «Psalm 78. Probable Occasion when Each Psalm was Composed». *Blue Letter Bible*. Accessed December 5, 2022. https://www.blueletterbible.org/study/parallel/paral18.cfm.

Boswell, John. 1984 «Eastburn, Expositio and Oblatio: The Abandonment of Children and the Ancient and Medieval Family». *The American Historical Review* 1.89. February: 10–33.

Bowlby, John. 1973. *Attachment and Loss: Separation*, Vol. 2. New York: Basic Books.

Bowlby, John. 1980. *Attachment and Loss: Loss*, Vol. 3. New York: Basic Books.

Bowlby, John. 1982. *Attachment and Loss: Attachment*. Second Edition, Vol. 1. Tavistock Institute of Human Relations: Basic Books.

Bradshaw, Matt, Christopher G. Ellison, and Jack P. Marcum. 2010. «Attachment to God, Images of God, and Psychological Distress in a Nationwide Sample of Presbyterians». *The International Journal for the Psychology of Religion* 20.2: 130–147. DOI: 10.1080/10508611003608049.

Braz de Aviz, João, José Rodríguez Carballo. 2018. «Instruction 'Ecclesiae Sponsae Imago' on the 'Ordo virginum'». *Bolletino Sala Stampa Della Santa Sede* (04 July). http://press.vatican.va/content/salastampa/en/bollettino/pubblico/2018/07/04/180704d.pdf.

Brown, David R., Jamie S. Carney, Mark S. Parrish and John L. Klem. 2013. «Assessing Spirituality: the Relationship between Spirituality and Mental Health». *Journal of Spirituality in Mental Health* 15.2: 118–224. https://doi.org/10.1080/19349637.2013.776442.

Brown, Peter. 1988. *The Body and Society: Men, Women and Sexual Renunciation in Early Christianity*. New York, Guildford, Surrey: Columbia University Press.

Cacioppo, John, William Patrick. 2008. *Loneliness: Human Nature and the Need for Social Connection*. New York. London: W. W. Norton and Company.

Cacioppo, Stephanie, Angela J. Grippo, Sarah London, Luc Goossens, and John T. Cacioppo. 2015. «Loneliness: Clinical Import and Interventions». *Psychological Science* 10.2: 238–249. DOI: 10.1177/1745691615570616.

Calvin, John. 2001. *Institutes of the Christian Religion*, V.2. Illustrated edition, edited by John T. McNeill. Translated by Ford Lewis Battles. Louisville, Kentucky: Westminster John Knox Press.

Caplan, Gerald. 1990. «Loss, Stress, and Mental Health». *Community Men Health J.* 26.1 (February): 27–48. DOI: 10.1007/BF00752675.

Chornobai, Valeriia A. 2020. «The Development and Initial Validation of the Loneliness Inventory for Christians (LIFC)». *Skhid: Philosophical Sciences* 1.165 (January–February). http://skhid.kubg.edu.ua/article/view/197021.

Chornobai, Valeriia. 2018 «Attachment to God as a Deterrent against Loneliness». *Modern Science — Moderní věda* 1: 79–85.

Chrysostom, John. 1888. «Homily 58 on Matthew». In Vol. 10 of *Nicene and Post-Nicene Fathers*, First Series. Translated by George Prevost and revised by M.B. Riddle, edited by Philip Schaff. Buffalo, NY: Christian Literature Publishing Co.

Chrysostom, John. 1888. «Homily 62 on Matthew». In Vol. 10 of *Nicene and Post-Nicene Fathers*, First Series. Translated by George Prevost and revised by M.B. Riddle, edited by Philip Schaff. Buffalo, NY: Christian Literature Publishing Co. http://www.newadvent.org/fathers/200162.htm.

Cigna 2018 U.S. «Loneliness Index. Gen Z (Adults Ages 18–22) is the Loneliest Generation». Accessed May, 18 2023. https://www.cigna.com/static/www-cigna-com/docs/about-us/newsroom/studies-and-reports/combatting-loneliness/loneliness-survey-2018-full-report.pdf.

Clarke, William Kemp Lowther. 1913. *St. Basil the Great: a Study in Monasticism*. Cambridge: Cambridge University Press.

Clement of Alexandria. 1991. «Stromateis». Book Three. In *The Fathers of the Church. A New Translation*. Translated by John Ferguson, edited by Thomas R. Halton. Washington DC: The Catholic University of America Press.

Clement of Rome. 1867. *Two Epistles Concerning Virginity*. Translated by B. P. Pratten. Edited by Alexander Roberts and James Donaldson. Edinburgh: T&T Clark.

Clinton, Tim, Gary Sibcy. 2002. *Attachments: Why You Love, Feel and Act the Way You Do*. Brentwood: Integrity Publishers.

Cohen, Sheldon, William J. Doyle, Ronald Turner, Cuneyt M. Alper, David P. Skoner. 2003. «Sociability and Susceptibility to the Common Cold». *Psychological Science* 14: 389–395.

Colón, Christine A., Bonnie E. Field. 2009. *Singled Out: Why Celibacy Must be Reinvented in Today's Church*. Grand Rapids: Brazos Press.

Consecrated Virgins. «Who are Consecrated Virgins?» USACV. Accessed January 14, 2023, https://consecratedvirgins.org/whoarewe.

Counted, Victor. 2016. «God as an Attachment Figure: a Case Study of the God Attachment Language and God Concepts of Anxiously Attached Christian Youths in South Africa». *Journal of Spirituality in Mental Health* 18.4: 316–46. https://doi.org/10.1080/19349637.2016.1176757.

Danylak, Barry. 2010. *Redeeming Singleness: How the Storyline of Scripture Affirms the Single Life*. Wheaton, IL: Crossway.

De Paulo, Bella. 2014 «Single in a Society Preoccupied with Couples». In *The Handbook of Solitude: Psychological Perspectives on Social Isolation, Social Withdrawal, and Being Alone*, edited by Robert J. Coplan, Julie C. Bowker, 302–16. Hoboken, New Jersey: Wiley Blackwell.

DeSouza, Jennifer. 2014 «Spirituality and Hope as Influences on Family Cohesion among African American Men». PhD Diss., Walden University.

D'Hombres, Béatrice, Sylke Schnepf, Martina Barjakovà, and Francisco Teixeira Mendonça. 2018. «Loneliness — an Unequally Shared Burden in Europe». Science for Policy *Briefs: European Union* 4. https://ec.europa.eu/jrc/en/research/crosscutting-activities/fairness.

DiTomasso, E., Fizzel, S. R., and Robinson, B. A. 2015. «Chronic Loneliness within an Attachment Framework: Process and Interventions». In *Addressing Loneliness: Coping, Prevention and Clinical Interventions*, eds. Sha'ked A. and Rokach A. New York: Routledge.

Dufton, Brian D., Daniel Perlman. 1986. «Loneliness and Religiosity: in the World but Not of It». *Journal of Psychology and Theology* 14.2: 135–45. https://doi.org/10.1177/009164718601400205.

Eldridge, John. 2007. *The Heart Desire: Waking the Dead*. Nashville, Tennessee: Thomas Nelson.

Ellison, Craig W. 1980. *Loneliness: The Search for Intimacy*. New York: Christian Herald Books.

Ellison, Craig W. 1983. «Spiritual Well-Being: Conceptualization and Measurement». *Journal of Psychology and Theology* 11.4: 330–38.

Ellison, Craig W. 1983. *Saying Good-bye to Loneliness and Finding Intimacy*. San Francisco: Harper and Row Publishers.

Encyclopaedia Britannica ed. «Transcendentalism».Britannica. Accessed May 27, 2020. https://www.britannica.com/event/Transcendentalism-American-movement.

Encyclopaedia Judaica. «Pesikta Rabbati». Encyclopedia.com. Accessed December 22, 2022. https://www.encyclopedia.com/religion/encyclopedias-almanacs-transcripts-and-maps/pesikta-rabbati.

Epstein, 1938. *Babilonian Talmud: Yebamot 63b*. Edited, translated by W. Slotki. London: Soncino Press.

«Genesis». *Cambridge Bible for Schools and Colleges*. Accessed September 01, 2019. https://biblehub.com/commentaries/genesis/4–12.htm.

Granqvist, Pehr. 2014. «Mental Health and Religion from an Attachment Viewpoint: Overview with Implications for Future Research». *Mental Health, Religion and Culture* 17.8: 777–93. https://doi.org/10.1080/13674676.2014.908513.

Gregory of Nazianzus. 2001. «In Praise of Virginity». In *On God and Man: the Theological Poetry of St Gregory of Nazianzus*. Translated and introduced by Peter Gilbert, 98–99. Crestwood, New York: St. Vladimir's Seminary Press. https://archive.org/details/ongodmantheologi0000greg/page/98/mode/2up?q=88andview=theater.

Gregory of Nyssa. 1893. «On Virginity». Pages 343–371 in vol. 5 of *Nicene and Post-Nicene Fathers*, Second Series. Translated by William Moore and Henry Austin Wilson, edited by Philip Schaff and Henry Wace. Buffalo, NY: Christian Literature Publishing Co. http://www.newadvent.org/fathers/2907.htm.

Grenz, Stanley J. 2001. *The Social God and the Relational Self. A Trinitarian Theology on the Imago Dei*. London: Westminster John Knox Press.

Hall, Todd W., Annie Fujikawa, Sarah R. Halcrow, Peter C. Hill, and Harold Delaney. 2009. «Attachment to God and Implicit Spirituality: Clarifying Correspondence and Compensation Models». *Journal of Psychology and Theology* 37.4: 227–44. doi:10.1177/009164710903700401.

Hans Urs von Balthasar. 2000. *Mysteriurn Paschale: The Mystery of Easter*. San Francisco: Ignatius.

Harman, Robert. 2016. *One Sure Thing: The Power of a Life Grounded in Assurance*. Williamsburg, Virginia: Wellhouse Publishers.

Hawkley, Louise, John T. Cacioppo. 2010. «Loneliness Matters: a Theoretical and Empirical Review of Consequences and Mechanisms». *Annals of Behavioral Medicine* 2.40 (October): 218–27. doi: 10.1007/s12160–010-9210–8.

Hegg, Tim. «Studies in the Biblical Text: Psalm 22:16». TorachResourse. Accessed January 17, 2021, https://torahresource.com/psalm-2216-like-lion-pierced/.

Hengstenberg, Ernst Wilhelm. 1890. *Commentary on Ecclesiastes with Other Treatises*. New York: Sheldon and Company.

«Hermit». *Oxford Learner's Dictionaries*. https://www.oxfordlearnersdictionaries.com/definition/english/hermit.

Hill, Jolene M. 2014. «The Differential Prediction of Outcome Following Interpersonal Offenses versus Impersonal Tragedies by Attachment to People and Attachment to God». Thesis, Brock University, St. Catharines.

Hobfoll, Stevan E., John R. Freedy, Carol Lane, and Pamela A. Geller. 1990. «Conservation of Social Resources: Social Support Resource Theory». *Journal of Social and Personal Relationships* 7.4: 465–78. https://doi.org/10.1177/0265407590074004.

Hughes, Philip Edgcumbe. 1977. *A Commentary on the Epistle to the Hebrews*. Grand Rapids: Eerdmans.

Hutchison, Elizabeth D., edited. 1999. *Dimensions of Human Behavior. Person and Environment*. Pine Forge Press.

Ignatius of Antioch. «Letter to the Smyrnaeans». Chapter 8. In *Patristics.info*. Edited by Luke Wilson (06 Jul 2022). https://patristics.info/ignatius-of-antioch-letter-to-the-smyrnaeans.html.

Ind, Jo. 2015. *Loneliness: Accident or injustice? Exploring Christian responses to loneliness in the Thames Valley*. Oxford: Diocese of Oxford.

Jacqueline Olds, Richard S. Schwartz. 2009. *The Lonely American: Drifting Apart in the Twenty-First Century*. Boston, MA: Beacon Press.

Jerome of Stridon. 1893. «Letter 22, To Eustochium». Pages 22–41 in Vol. 6. Of *Nicene and Post-Nicene Fathers*, Second Series. Translated by W.H. Fremantle, G. Lewis, and W.G. Martley. Edited by Philip Schaff and Henry Wace. Buffalo, NY: Christian Literature Publishing Co.. http://www.newadvent.org/fathers/3001022.htm.

John Gill's Exposition of the Bible. «Jeremiah». Bible Study Tools. Accessed February 27, 2020. https://www.biblestudytools.com/commentaries/gills-exposition-of-the-bible/jeremiah-20-7.html.

Justin Martyr. «First Apology». Chapter 15. In *Patristics.info*. Edited and formatted by Luke Wilson. Accessed July 06, 2022. https://patristics.info/justin-martyr-first-apology.html.

Keil, Carl Friedrich and Franz Delitzsch. «Commentary on Genesis». In Keil and Delitzsch Old Testament Commentary. (1854–1889). Accessed August 31, 2019. https://www.studylight.org/ commentaries/kdo/genesis-1.html.

Kirkpatrick, Lee A. and Shaver, Phillip R. 1992. «An Attachment-Theoretical Approach to Romantic Love and Religious Belief». *Personality and Social Psychology Bulletin* 18.3: 266–275. doi:10.1177/0146167292183002.

Kirkpatrick, Lee, Shaver, Phillip. 1990. «Attachment Theory and Religion: Childhood Attachments, Religious Beliefs, and Conversion». *Journal for the Scientific Study of Religion* 29.3: 315–334.

Klinenberg, Eric. 2012. *Going Solo: The Extraordinary Rise and Surprising Appeal of Living Alone*. New York: Penguin.

Köstenberger, Andreas J. and Margaret E. Köstenberger. 2014. *God's Design for Man and Woman: a Biblical — Theological Survey*. Wheaton, IL: Crossway.

Laihonen, Aarno. 2003. «Trends in Households in the European Union: 1995–2025». *Statistics in Focus, Theme* 3, 24: 1–8. https://core.ac.uk/ download/pdf/148911875.pdf.

Lawson, Steven J. 2004. «Job». In *Holman Old Testament Commentary*. Nashville, Tennessee: Broadman and Holman Publishers..

Luther, Martin. 1931. *Works of Martin Luther,* Vol. IV. Philadelphia, Pennsylvania: A. J. Holman Company and the Castle Press.

Mayers, Aviva M., Martin Svartberg. 2001. «Existential Loneliness: A Review of the Concept, Its Psychosocial Precipitants and Psychotherapeutic Implications for HIV-Infected Women». *British Journal of Medical Psychology* 74: 539–553.

Mayers, Aviva M., Siek-Toon Khoo, Martin Svartberg. 2002. «The Existential Loneliness Questionnaire: Background, Development, and Preliminary Findings». *Journal of Clinical Psychology* 58.9 (September): 1183–1193.

McWhirter, Benedict T., John Horan. 1996. «Construct Validity of Cognitive-behavioral Treatments for Intimate and Social Loneliness». *Current Psychology* 15.1 (Spring): 42–52. DOI: 10.1007/BF02686933.

Merton, Thomas. 1960. *Disputed Questions*. New York: Farrar, Straus and Cudahy.

Meyer, Heinrich August Wilhelm, ed. 1884. *Critical and Exegetical Hand-Book: to the Epistles to the Corinthians*. New York: Funk and Wagnalls Publishers.

Mills, Stella. 2017. «Loneliness: Do Interventions Help?» *Rural Theology* 1.2: 113–123. https://doi.org/10.1080/14704994.2017.1373474.

Moltmann, Jürgen. 1981. *The Trinity and the Kingdom*. Translated by Margaret Kohl. San Francisco: Harper and Row.

Moltmann, Jürgen. 1996. *The Coming of God: Christian Eschatology*. First Edition. Translated by Margaret Kohl. Minneapolis: Fortress Press.

Moon, Sarah L. 2013. «Religious Coping as a Moderating Variable». Doctor of Psychology Degree Diss., Wheaton, Illinois.

Moore, David George. 2003. «Ecclesiastes, Song of Songs». In *Holman Old Testament Commentary*. Nashville, Tennessee: Holman Reference.

Moore, Sebastian. 1982. *The Inner Loneliness*. New York: Cross Road.

Morgan, Leslie A. 1991. *After Marriage Ends: Economic Consequences for Midlife Women*. London: Sage.

Moustakas, Clark E. 1961. *Loneliness*. Englewood Cliffs, NJ: Prentice-Hall.

Origen. 2002. *Homilies on Joshua*. Translated by Barbara J. Bruce, edited by Cynthia White. Washington, D.C.: The Catholic University of America Press.

Paine, David R. and Steven J. Sandage. 2015. «More Prayer, Less Hope: Empirical Findings on Spiritual Instability». *Journal of Spirituality in Mental Health* 17.4: 224–231. https://doi.org/10.1080/19349637.2015.1026429.

Pargament, Kenneth I., Bruce W. Smith, Harold G. Koenig, and Lisa Perez. 1998. «Patterns of Positive and Negative Religious Coping with Major Life Stressors». *Journal for the Scientific Study of Religion* 37.4: 710–724.

Pargament, Kenneth, Joseph Kennell, William Hathaway, Nancy Grevengoed, Jon Newman, and Wendy Jones. 1988. «Religion and the Problem-Solving Process: Three Styles of Coping». *Journal for the Scientific Study of Religion* 27.1: 90–104. Doi: 10.2307/1387404.

Putman, Anna Ruth. 1998. «The Loneliness of Koheleth». In *Loneliness. Boston University Studies in Philosophy and Religion*, edited by Leroy S. Rouner, 143–159. Vol. 19. Notre Dame: University of Notre Dame Press.

Reis, Harry T. 1990. «The Role of Intimacy in Interpersonal Relations». *Journal of Social and Clinical Psychology* 9.1: 15–30. https://doi.org/10.1521/jscp.1990.9.1.15.

Reynolds, Jill, Margaret Wetherell, Stephanie Taylor. 2007. «Choice and Chance: Negotiating Agency in Narratives of Singleness». *The Sociological Review* 55.2: 331–351. https://doi.org/10.1111%2Fj.1467-954X.2007.00708.x.

Robertson, Archibald, Alfred Plummer, eds. 1957. T*he International Critical Commentary. 1 Corinthians.* Edinburgh: T&T Clark.

Rokach, Ami. 1999. «Cultural Background and Coping with Loneliness». *The Journal of Psychology* 133.2: 217–229. https://doi.org/10.1080/00223989909599735.

Rokach, Ami. 2018. «Effective Coping with Loneliness: A Review». *Open Journal of Depression* 7 (November): 61–72. https://doi.org/10.4236/ojd.2018.74005.

Rutledge, Fleming. 2015. *The Crucifixion: Understanding the Death of Jesus Christ.* Grand Rapids, Michigan / Cambridge, U.K: William B. Eerdmans Publishing Company.

Sailhamer, John H. 2008. *Expositor's Bible Commentary*: *Genesis.* Vol. 1, edited by Longman III, T., Garland, D. E. Grand Rapids, MI: Zondervan.

Sandage, Steven J., Peter Jankowski, Sarah A. Crabtree and Maria Schweer. 2015. «Attachment to God, Adult Attachment, and Spiritual Pathology: Mediator and Moderator Effects». *Mental Health, Religion and Culture* 18.10: 804–805. https://doi.org/10.1080/13674676.2015.1090965.

Sartre, Jean-Paul. 1966. *Kierkegaard Vivant: Colloque Organise par Unesko a Paris lu 21–23 April 1964.* Paris.

Schmidt, Nancy, Vello Sermat. 1983. «Measuring Loneliness in Different Relationships». *Journal of Personality and Social Psychology* 44: 1038–1047. https://psycnet.apa.org/doi/10.1037/0022-3514.44.5.1038.

Scholz, Piotr O. 1999. *Eunuchs and Castrati*. Translated by John A. Broadwin and Shelley L. Frisch. Princeton, NJ: Markus Wiener Publishers.

Schwarz, Christian A. 2001. *The 3 Colors of Ministry: A Trinitarian Approach to Identifying and Developing Your Spiritual Gifts.* St. Charles, IL: ChurchSmart Resources.

Seccombe, Karen T., Warner, Rebecca L. 2004. *Marriages and Families: Relationships in Social Context.* Belmont: Thomson/Wadsworth.

Seepersad, Sean. S. 2015. «Helping the 'Poor Get Richer' — Successful Internet Loneliness Intervention Programs». In Vol. 1. of *Addressing Loneliness: Coping,*

Prevention and Clinical Interventions, edited by. A. Sha'ked, and A. Rokach, 231–240. New York: Routledge.

Shaver, Phillip R., Cynthia Hazan. 1992. «Adult Romantic Attachment: Theory and Evidence». In Vol. 4 of *Advances in Personal Relationships*, edited by W. Jones, and D. Perlman, 29–70. London: Jessica Kingsley.

Sheriff, Duane. «Who am I». YouTube series. Accessed December 20, 2022. https://www.youtube.com/watch?v=gPja9OQrlbsandlist=PLNEz4ajKSEZ9KmBw4R2LjSWHbhhbn4zKY.

Simpson, Roona. «The Intimate Relationships of Contemporary Spinsters». *Sociological Research Online* 1.3. http://www.socresonline.org.uk/11/3/simpson.html.

Simpson, Roona. 2016. «Singleness and Self-identity: The Significance of Partnership Status in the Narratives of Never-Married Women». *Journal of Social and Personal Relationships* 33.3: 385–400. https://doi.org/10.1177/ 0265407515611884.

Smith, Adam. 2006. *Theory of Moral Sentiments*, Sixth Edition. Sao Paulo: MexaLibri.

Spence, Canon, H. D. M., Joseph S. Exell, eds. 1910. *The Pulpit Commentary. 1 Corinthians*. New York and Toronto: Funk and Wagnalls Company.

Spero, Shubert. «A People That Shall Dwell Alone: Curse or Blessing?» *Jewish Bible Quarterly* 43.2 (April — June 2015): 1–26.

Sroka, Barbara. *One is a Whole Number*. Victor Books, 1978.

State Statistics Service of Ukraine, 2009–2019. «Marriages and divorces». Accessed December 6, 2022. http://database.ukrcensus.gov.ua/MULT/Dialog/statfile_c_files/shlub.html.

Storr, Anthony. 1989. *Solitude*. London, Flamingo: An Imprint of Harper Collins Publishers.

Stott, John. 1986. *The Cross of Christ*. Downers Grove: InterVarsity

Synodical Letter and Canons. «The Council of Gangra, Historical Note». In *Corpus Juris Canonici, Gratian's Decretum*, Pars I., Dist. XXX., C. V.

Tertullian, Kwint. «On Exhortation to Chastity». Chapter IX. https://ccel.org/ccel/s/schaff/anf04.xml.

Tertullian, Kwint. 1956. «To His Wife». In *Writers: The Works of The Fathers in Translation*, edited by Johannes Quasten, Joseph C. Plumpe. Translated and Annotated by William P. Le Saint. The Newman Press, Westminster, Maryland.

The Pulpit Commentary. «Genesis». Bible Hub. Accessed January 17, 2018. http://biblehub.com/commentaries/pulpit/genesis/1.htm.

Thomas, Virginia, Margarita Azmitia. 2019. «Motivation matters: Development and Validation of the Motivation for Solitude Scale — Short Form (MSS-SF)». Journal of Adolescence 70: 33–42.

Toonstra, Rob. 2014. *Naked and Unashamed: Exploring the Way the Good News of Jesus Transforms Sexuality*. Oro Valley, Doulos Resourses.

Tozer, Aiden W. 1980. *The Best of A. W. Tozer*. Grand Rapids, MI: Baker Book House Company.

Tozer, Aiden W. 1985. *The Root of the Righteous*. Camp Hill, Pennsylvania: Christian Publishing Inc.

Walsh, Joseph, Patrick R. Connelly. 1996. «Supportive Behaviors in Natural Support Networks of People with Serious Mental Illness». *Health and Social Work* 21.4: 296–303. https://doi.org/10.1093/hsw/21.4.296.

Wehr, Kathryn. 2011. «Virginity, Singleness and Celibacy: Late Fourth-Century and Recent Evangelical Visions of Unmarried Christians». *Theology and Sexuality* 17.1: 75–99. doi:10.1558/tse.v17i1.75.

Weiss, Robert. 1975. *Loneliness: The Experience of Emotional and Social Isolation*. Cambridge: MIT press.

Well, Tara. 2019. «The Link between Loneliness and Smiling». *Psychology Today* (September 26). https://www.psychologytoday.com/us/blog/the-clarity/201909/the-link-between-loneliness-and-smiling.

Wiesel, Elie. 1998. «The Lonely Prophet». In Vol. 19 of *Loneliness, Boston University Studies in Philosophy and Religion*, edited by Leroy S. Rouner, 127–142. Notre Dame, IL: University of Notre Dame Press.

Wildman, Wesley J. 1998. «In Praise of Loneliness». In Vol. 19 of *Loneliness, Boston University Studies in Philosophy and Religion*, edited by Leroy S. Rouner. Notre Dame, IL: University of Notre Dame Press.

William George Braude, trans. 1968. *Pesikta Rabbati: Homiletical Discourses for Festal Days and Special Sabbaths*. Vol. 2. New Haven: Yale.

Williams, David T. 1999. «Who Will Go for Us? (Is.6:8): The Divine Plurals and the Image of God». *Old Testament Essays* 12.1: 173–90.

Young, Emma. 2019. «Preliminary Evidence that Lonely People Lose the Reflex to Mimic Other People's Smiles Potentially Sustaining the Isolation». *Neuropsych* (June 23). https://bigthink.com/neuropsych/loneliness/.

Zahl, Bonnie Poon, Nicholas J. S. Gibson. 2012. «God Representations, Attachment to God, and Satisfaction with Life: A Comparison of Doctrinal and Experiential Representations of God in Christian Young Adults». *International Journal for the Psychology of Religion* 22.3: 216.

Zizioulas, John D. 1975. «Human Capacity and Human Incapacity: A Theological Exploration of Personhood». *Scottish Journal of Theology* 28, 5 (October): 408.

Zodgiates, Spiros, edited. 2008. *Hebrew — Greek Key Word Study Bible*. Chattanooga, TN: ANG International.

Августин Аврелий. 1994. «О супружестве и похоти». В *Трактаты о любви: сборник текстов*, ред. Ольга Зубец. Москва: Российская академия наук.

Августин Гуляницкий. «Предисловие» в *Два окружных послания св. Климента Римского о девстве, или к девственникам и девственницам*. https://acathist.

ru/en/literatura/item/ep-avgustin-gulyanitskij-dva-okruzhnykh-poslaniya-sv-klimenta-rimskogo-o-devstve-ili-k-devstvennikam-i-devstvennitsam.

Августин, 2000. *Творения*. Том 4, часть 1. Санкт-Петербург: Алетейя; Киев: УЦИММ-Пресс.

Аристотель. 1983. *Сочинения. Политика*. Т. 4. Перевод О. Кислюка. Москва: Мысль.

Балко, Олеся О. «Інститут шлюбу за римським правом та його рецепція у континентальному типі правової системи». Дисертація. Львів, 2015.

Бердяев, Николай. 1934. *Я и мир объектов. Опыт философии одиночества и общения*. Париж: YMCA PRESS.

Браун, Пітер. 2003. *Тіло і суспільство. Чоловіки, жінки і сексуальне зречення в ранньому християнстві*. Переклад В. Т. Тимофійчука. Київ: Мегатайп.

Валентей, Дмитрий И. ред., 1985. *Демографический энциклопедический словарь*. Москва: Советская энциклопедия.

Василій Великий, 2007. «Слово про подвижництво і заохочення до зречення від світу і про духовну досконалість». У *Морально-аскетичні твори*. Пер. з давньогрецьк. Л. Звонської. Львів: Свічадо., https://www.truechristianity.info/ua/books/st_vasily_01.php.

Василій Великий. «Друге канонічне послання». Правило 18. У *Книга правил святих апостолів, вселенських і Пмісних соборів, і святих отців*. https://parafia.org.ua/biblioteka/svyatoottsivski-tvory/knyha-pravyl-svyatyh-apostoliv-vselenskyh-i-pomisnyh-soboriv-i-svyatyh-ottsiv/#toc-----14.

Винч, Гай Л. 2014. *Первая психологическая помощь*. Минск: ООО «Попурри», http://loveread.ec/view_global.php?id=47095.

Вольф, М. 2012. *По подобию нашему. Церковь как образ Троицы*. Пер. с англ. О. Розенберг . Черкассы: Коллоквиум.

Г'юм, Девід. 2003. *Трактат про людську природу. Спроба запровадження експериментального методу міркувань про об'єкти моралі*. Ред., передмов. Ернста К. Месснера, пер. Павла Насади. Київ: Видавничий дім «Всесвіт».

Гасанова Патимат, Г., Марина К. Омарова. 2017. *Психология одиночества*. Киев: ООО «Финансовая рада Украины».

Грабовська, Ірина М., Сергій І. Грабовський. 2005. «Відчуження». У *Енциклопедія сучасної України*. Т.4. Ред. Іван Дзюба та ін. Київ: Інститут енциклопедичних досліджень НАН України. https://esu.com.ua/article-34424.

Григорий Богослов. 1844. «Слово надгробное Василию». У *Творения святых отцов в русском переводе*, 52–140. Т. 4. Часть 4. Москва: Типография Августа Семена.

Григорий Богослов. 1912. «К монахам». У *Творения: песнопения таинственные*, 169–172. Т. 2 Санкт-Петербург: Издательство П. П. Сойкина.

Григорий Палама. 1995. *Триады в защиту священно-безмолвствующих*. Москва: Канон.

Григорій Богослов. «Похвала Дівоцтву». У *Повне зібрання творінь*. https://parafia.org.ua/biblioteka/svyatoottsivski-tvory/hryhorij-bohoslov-povne-zibrannya-tvorin/svyatytel-hryhorij-bohoslov-virshi-bohoslovski-virshi-istorychni-epitafiji-nadpysannya/rozdil-ii-virshi-moralni/#1.

Гриценко, Вікторія А. «Соціально-педагогічні умови подолання стану самотності студентів вищих навчальних закладів I-II рівнів акредитації». Дис. канд. пед. наук, ун-т ім. Бориса Грінченка, Київ, 2014. https://nolonely.info/socio-pedagogical-conditions-overcoming-loneliness.pdf.

Гриценко, Вікторія А. 2012. «Переживання самотності й особливості духовно-емоційної та комунікативної сфер життя старших підлітків». У *Збірник наукових праць Кам'янець-Подільського національного університету імені Івана Огієнка*. Вип. XVIII. Ред. Л. П. Мельник, В. І. Співак. Кам'янець-Подільський: Медобори-2006. https://fkspp.at.ua/Bibl/18.pdf.

Держстат України, 2009–2019. «Шлюби та розірвання шлюбів». Accessed January 18, 2023. http://db.ukrcensus.gov.ua/mult/dialog/statfile_c_files/shlub.html.

Ириней Лионский. 2008. *Против ересей. Доказательство апостольской проповеди*. Перевод прот. П. Преображенского, Н.И. Сагарды. Санкт-Петербург: Издательство Олега Абышко.

«Изоляция». *Энциклопедия социологии «Академик»*. Accessed August 25, 2019. https://dic.academic.ru/dic.nsf/socio/1177.

Іоанн Золотоустий. «Книга про дівоцтво». У *Повне зібрання творінь у 12 томах. Творіння Святого Іоанна Золотоустого*. Том I. Книга 1. https://parafia.org.ua/biblioteka/svyatoottsivski-tvory/ioan-zolotoustyj-povne-zibrannya-tvorin-u-12-tomah/tvorinnya-svyatoho-ioana-zolotoustoho-tom-i-knyha-1/knyha-pro-divotstvo/.

Каценельсон, Лев, Давид Г. Гинцбург, ред. 1906–1913. *Еврейская энциклопедия*, Т.4. Санкт-Петербург: Тип. акц. общ. Брокгауз-Ефрон.

Кон, Игорь С. 1990. *Многоликое одиночество. Популярная психология. Хрестоматия*. Москва: Просвещение.

Кьеркегор, Сьорен. 1993. *Страх и трепет*. Москва: Республика.

Лютер, Мартин. 1994. *Избранные произведения*. Сост.-ред. А. П. Андрюшкин. Санкт-Петербург: «Андреев и согласие».

Мазуренко, Елена А. 2006. «Одиночество как феномен индивидуальной и социальной жизни». Автореф. дис. Архангельск: Поморский государственный университет имени М. В. Ломоносова.

Мертон, Томас. 2019. *Ніхто не є самотнім островом*. Пер. з англ. Остапа Гладкого. Львів: Свічадо.

Протоиерей Максим Козлов. «О практике целибата в русской церкви». Молодежный интернет журнал МГУ «Татьянин день». Accessed December 27, 2010. http://www.taday.ru/text/814342.html.

Пузанова, Жанна. 2009. «Социологическое измерение одиночества». Автореф. дисс. док. социол. наук. Москва.

Санніков, Сергій В. 2012. *Популярна історія християнства. Двадцять століть у дорозі*. Київ: Самміт-Книга.

Свендсен, Ларс Фр. Г. 2017. *Філософія самотності*. Переклад Софії Волковецької. Київ: Ніка-Центр.

Святий Августин. 1999. *Сповідь*. Книга 2. Ч. 2, книга 6, ч.15. Книга 10, ч. 30. Переклад з лат. Ю. Мушака, Київ: Основи. https://shron1.chtyvo.org.ua/Augustinus_Aurelius/Spovid.pdf?PHPSESSID=ggd7fc9uurq8sfnpgplk14ti45.

Тертуллиан, Квинт, 1994. «Об поощрении целомудрия». В *Избранные сочинения*. Перевод с лат., общ. ред. и сост. А. А. Столярова. Москва: Издательская группа «Прогресс».

Торо, Генрі Девід. 2020. *Волден, або життя в лісах*. Пер. Я. Стріхи. Київ: Темпора. https://readukrainianbooks.com/page-39–739-volden-abo-zhittja-v-lisah-genri-devid-toro.html.

Хайдеггер, Мартин. 2013. *Основные понятия метафизики: мир–конечность–одиночество*. Перевод В. В. Бибихина, Л. В. Ахутина, А. П. Шурбелева. Санкт-Петербург: Владимир Даль.

Хамітов, Назіп В. 2017. *Самотність у людському бутті. Досвід метаантропології*. 2 вид. перероб та доп. Київ: КНТ. https://enpuir.npu.edu.ua/bitstream/handle/123456789/15873/N.%20Hamitov%20Samotnist%20u%20ludskomu%20butti.pdf?sequence=6.

Харитонов, Євген О., ред. 2019. *Основи римського приватного права. Навчально-методичний посібник*. Одеса: Фенікс.

Харман, Роберт. 2003. *Основания веры: Понимание доктрин спасения, крещения и суда вечного*. Global Vision Ministries: «Antikva».

Четвертий повний переклад Біблії з давньогрецької мови (UTT). Accessed July 12, 2023, https://www.ukrbs.org/bible/UTT/JER.20/%D0%84%D1%80%D0%B5%D0%BC%D1%96%D1%97–20/.

Чорнобай, Валерія А. 2018. «Стратегії подолання самотності християн: соціально-релігійний аспект». *Практична філософія* 68.2: 193–99.

Чорнобай, Валерія. 2020. «Богословське осмислення феномена самотності». Дисертація канд. філос. наук, Київ: НПУ Драгоманова.

Чумак В. В. 2012. «Відлюдник». *Словник української мови у 20 т*. Т.2. Київ: Наукова думка. https://sum20ua.com/Entry/index?wordid=13000&page=427

Шагивалеева, Гузалия Р. 2013. «Культурологическое и психологическое понимание феномена одиночества». *Концепт, Спецвыпуск* 1: 10.

Шварц, Кристиан А. 1998. *Новый тест «Духовные Дары»*. Новгород: Агапе.

Шевченко, І. В. уклад.: та ін.; Тараненко О. О., Єрмоленко С. Я. наук. ред. 2015. «Ізолювати». *Словник української мови у 20 т*. Т.6. Київ: Укр. мов.-інформ. фонд. https://sum20ua.com/Entry/index?wordid=38810&page=1213

Елдридж, Джон. 2002. *Путь желания*. Санкт-Петербург: Шандал.

Юстин МучеНик Філософ. *Апологія Перша*. Розділ XV, 6. Перек. О. Кіндій, У. Головач, А. Третяк. https://er.ucu.edu.ua/bitstream/handle/1/781/%D0%9A%D1%96%D0%B4%D0%BD%D1%96%D0%B9_%D0%AE%D1%81%D1%82%D0%B8%D0%BD%20%D0%A4%D1%96%D0%BB%D0%BE%D1%81%D0%BE%D1%84.pdf?sequence=4&isAllowed=y.

Подяки

Подяка від Вікторії

Завдяки геніальності моєї дорогої сестри Валерії ця книга стала можливою. Захоплююся її працелюбністю, етичністю й уважністю як до широких понять, так і до деталей! Та найбільше мене захоплює її щира любов і практична турбота про людей. Невичерпне бажання допомогти тим, хто самотній, було її мотивом написати цю книгу і долучити мене до цього процесу!

Жодна з моїх письмових праць не була б можливою без підтримки мого дорогого чоловіка Дениса Гриценка. Зокрема, я вдячна за те, що він проводив час із нашими дітьми і, розважаючи їх, давав мені час зосередитися на книзі й писати. Дякую також моїм дітям і мамі!

Я вдячна Бобу Харману за його редакторську роботу над книгою. Його досвід, знання і практичні поради допомогли мені висловити свої думки у більш зручній для читача формі!

Подяка від Валерії

Я хочу подякувати передусім моїй чудовій сім'ї за її підтримку у всіх моїх «божевільних» ідеях: нашій мамі, сестрі Анжелі за те, що завжди вірили в нас і підбадьорювали в усіх починаннях. Дякую особливо своїй сестрі Віці. Вона є однією з тих, на чию підтримку, я впевнена, завжди можу розраховувати. Її особистий приклад і старанність заохотили мене спочатку до написання дисертації, а потім і цієї книги. Зазвичай я втягувала Віку в якісь «авантюри», а потім вона, як більш відповідальна і старша (на 15 хвилин) сестра, допомагала мені з них вийти гідно. Однією з таких «авантюр» і стала ця книга про самотність — я попросила Віку як більш компетентного спеціаліста з питань стратегій подолання самотності написати другий розділ разом зі мною. Дякую, Віко, що ти погодилася стати співавтором книги і завжди підтримувала мене! Я щаслива, що у мене є така близнючка!

Ця книга була б суха й безбарвна, і сприймалася б читачем набагато важче, якби не оповіді про реальних людей, кожного з яких ми знаємо і з захопленням спостерігаємо, як Бог пише Свою історію в їхньому житті.

Щоб зберегти конфіденційність, ми не називаємо їхніх реальних імен, але вони знають, що ми говоримо про них. Дякую вам за сміливість поділитися своєю історією з багатьма іншими людьми, які також ідуть своєю долиною того чи іншого типу самотності.

Я також вдячна своїм науковим керівникам і колегам, які згодом стали моїми гарними друзями, за їхню підтримку словом, порадою, молитвами і навіть фінансами: Сергію Саннікову, Роману Соловію, Тарасу Дятлику, Аллі Нечипорук. Дякую також Пітеру Квонту з видавництва «Langham» за усвідомлення важливості цієї теми, за те, що повірив у нас і підтримав написання книги. Це величезна честь для нас — знати вас і служити разом Господу!

Хочу висловити особливу подяку моєму духовному ментору, викладачу, другу впродовж уже кількох десятків років і першому редактору цієї книги — Бобу Харману. Боб, твої підбадьорення, поради в процесі написання книги, твоя підтримка словом і ділом, молитвами, твій особистий приклад як істинного християнського служителя багато в чому сформували мене.

І безмежна подяка моєму Господу за те, що провів мене шляхом самотності, щоб мені краще розуміти, що переживають самотні люди й як їм можна допомогти, за те, що незмінно був зі мною, давав мені потрібних людей, ідеї та слова!

Релігійне видання

Краще, ніж одному: теологія самотності

Валерія Чорнобай і Вікторія Гриценко

Літературна редакція: *Марія Граждан*
Корекція: *Ліна Бородинська*
Верстка: *Андрій Тригуба*

Підготовка до друку
ПУ «Східноєвропейський інститут теології»
Рішення № 2117164600093 від 03.06.2021

Підписано до друку 01.02.2024 р.
Формат 60 х 921/16. Папір офсет.
Ум. друк. арк. 23,00. Зам. № 3

Видрукувано ПП «Формат-А»
35304 Рівненська область, Рівненський район,
с. Корнин, вул. Центральна, 58

Свідоцтво суб'єкта видавничої справи
ДК № 6834 від 08.07.2019

www.ingramcontent.com/pod-product-compliance
Lightning Source LLC
Chambersburg PA
CBHW071740150426
43191CB00010B/1648